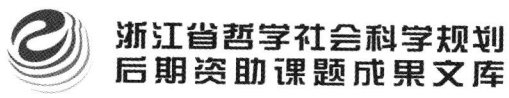
浙江省哲学社会科学规划
后期资助课题成果文库

境外企业跨境上市法律问题研究：
以"红筹股"公司回归为切入点

Jingwai Qiye Kuajing Shangshi Falü Wenti Yanjiu:
Yi "Hongchougu" Gongsi Huigui Wei Qierudian

李海龙　著

中国社会科学出版社

图书在版编目(CIP)数据

境外企业跨境上市法律问题研究：以"红筹股"公司回归为切入点 / 李海龙著.
—北京：中国社会科学出版社，2018.5
（浙江省哲学社会科学规划后期资助课题成果文库）
ISBN 978-7-5203-2353-6

Ⅰ.①境… Ⅱ.①李… Ⅲ.①证券法-研究-中国 Ⅳ.①D922.287.4

中国版本图书馆 CIP 数据核字（2018）第 073740 号

出 版 人	赵剑英
责任编辑	宫京蕾
责任校对	秦 婵
责任印制	李寡寡

出　　版	中国社会科学出版社
社　　址	北京鼓楼西大街甲 158 号
邮　　编	100720
网　　址	http：//www.csspw.cn
发 行 部	010-84083685
门 市 部	010-84029450
经　　销	新华书店及其他书店

印刷装订	北京君升印刷有限公司
版　　次	2018 年 5 月第 1 版
印　　次	2018 年 5 月第 1 次印刷

开　　本	710×1000　1/16
印　　张	12.25
插　　页	2
字　　数	210 千字
定　　价	59.00 元

凡购买中国社会科学出版社图书，如有质量问题请与本社营销中心联系调换
电话：010-84083683
版权所有　侵权必究

目　　录

第一章　绪论：研究的总体介绍 …………………………………………（1）
　　一　问题的提出 ……………………………………………………（1）
　　二　研究的意义 ……………………………………………………（6）
　　三　研究的思路 ……………………………………………………（7）
　　四　研究的内容 ……………………………………………………（8）
　　五　研究的方法 ……………………………………………………（8）

第二章　文献综述：国内外研究现状分析 ……………………………（11）
　　一　国内研究现状综述 ……………………………………………（11）
　　二　国外研究现状综述 ……………………………………………（13）
　　三　简要评价 ………………………………………………………（15）

第三章　理论学说：跨境上市制度的基石 ……………………………（17）
　　一　境外企业跨境上市概述：法律内涵的厘定与研究范畴的
　　　　界分 ………………………………………………………………（17）
　　二　境外企业跨境上市正当性论证：传统理论学说的观点 ……（26）
　　三　境外企业跨境上市正当性新论证：法学的分析视角 ………（32）
　　四　境外企业跨境上市的法律适用："企业选择理论"的阐释
　　　　角度 ………………………………………………………………（44）

第四章　美国经验：境外企业跨境上市的实践 ………………………（54）
　　一　境外企业进入美国证券市场：方式选择与监管制度 ………（54）
　　二　"双轨制"下公司治理的规制：联邦与州的传统分工及其
　　　　突破 ………………………………………………………………（55）
　　三　境外企业在美跨境上市：证券监管理念的变迁及原因
　　　　剖析 ………………………………………………………………（64）
　　四　豁免条款：在美跨境上市境外企业别样的监管手段 ………（72）

五　互认制度：美国对境外企业跨境上市监管的革新尝试 …… （95）
第五章　跨境上市："红筹股"回归的途径 ………………………… （102）
　　一　我国境内企业境外上市：历史沿革与现状分析…………… （102）
　　二　"红筹股"公司回归的必要性与可行性阐释 ……………… （116）
　　三　"红筹股"公司回归的方式选择与对比分析 ……………… （122）
第六章　框架结构：我国跨境上市法律制度的构建 ……………… （131）
　　一　全球证券市场多元化格局：塑成与强化 …………………… （131）
　　二　多元化的证券市场监管：模式分类与定位选择…………… （137）
　　三　我国境外企业跨境上市监管模式选择：他国的经验及
　　　　启示 ……………………………………………………………… （145）
　　四　制度设计：我国境外企业跨境上市法律框架的构设
　　　　建议 ……………………………………………………………… （159）
参考文献 ……………………………………………………………… （176）

第一章

绪论：研究的总体介绍

一 问题的提出

美国著名新闻工作者（经济学家）托马斯·弗里德曼（Thomas Loren Friedman）在其著作《世界是平的》中提到："世界正被抹平。"[①] 在他看来，世界已经被新技术和跨国资本碾成一块没有边界的平地。当今世界，经济的全球化已若洪流般涌来，其势不可阻挡。正如有学者说的那样："全球化如同国际化一样，被视作'描述国家间跨境交易的又一形容词'。它在国际交流与相互依存的背景下继续发展。交易的不断发展以及投资资本的持续流动，这一趋势使超越一国界线进入更加强大的形态——全球化经济——成为可能。"[②]

就证券市场而言，自21世纪开始，全球化发展趋势以及技术飞速革新共同推动了全球证券交易所并购格局的出现。"国际贸易并不新鲜，在过去早已出现并逐步扩展。然而，技术的革新降低了服务以及商品贸易的结构性门槛，从而使得全球化的资本市场真正成为可能。"[③] 证券交易所作为资本市场的重要纽带使资本在国际间的流动更加顺畅，同时使资本市场全球化这一趋势更加凸显，因而，企业的跨境上市也变得愈发频繁。

[①] 弗里德曼在《世界是平的》出版之前，已经是美国公认的最有影响力的新闻工作者。《世界是平的》更奠定了他趋势大师的地位，他的影响力早已不限于美国。他在《纽约时报》每周三、五见报的国际事务专栏，透过其供稿系统，固定被全世界七百多种报纸转载。《世界是平的》以敏锐的视角、前瞻性的眼光、身边的采访故事和深入浅出的语言揭示出经济全球化已经成为不可逆转的必然规律。

[②] Infed, Definitions of Globalization, http://www.infed.org/biblio/defining_globalization.htm.

[③] Ethiopis Tafara, Robert J. Peterson, A Blueprint for Cross-Border Access to U.S. Investors: a New International Framework, 48 Harv. Int'l L. J. 31, p. 33.

"全球化削弱了跨境资金流动的门槛,同时为信息的实时流动提供了便捷通道。当下,证券市场国际范围内的竞争已然成为一种事实,在此之前则是一件不可想象的事情。基于此,企业,尤其是那些来自新兴经济体的企业可以自由选择上市融资的证券市场。"[1] 还有学者这样说道:"企业境外上市是自二十世纪80年代以来非常普遍的金融现象,并成为急剧扩张的跨境资本流动的重要组成部分。"[2] 可以说,企业选择跨境上市(cross-listing)已成为其自身不断发展壮大的重要渠道;这一选择也与投资者获取利润最大化的目标相契合。在学者看来,证券市场的国际化是供求关系规律的必然结果:投资者一方存在分散与本国证券市场有关的系统性风险并从可以提供更具有吸引力的风险与收益的组合证券中获得更多收益的需求;境外企业所发行的证券恰恰能提供这样的供给,同时又能满足企业融资的需求。[3] 概言之,企业跨境上市就在这样独特的历史背景下诞生并不断壮大起来,这是对资本市场发展的时代呼应。

随着全球经济的不断繁荣发展,尤其是发展中国家资本市场的兴起与空前勃兴,这些国家的企业要求参与到世界证券市场中来的渴求越来越强烈。20世纪80年代以来,世界经济开始朝着全球化方向发展;区域经济一体化、国际经济技术合作及国际间的经济政策协调等都在不断加强;企业跨境融资数额迅猛增加,其所占比重也在不断提升。在经济全球化的浪潮中,一个引人注目的现象就是各国企业纷纷走出国门并谋求境外上市。"在金融全球化的背景下,证券市场国际化成为全球资本市场发展的亮点,它实质上是资本以证券为媒介在国际间的流动,它是融资证券化和资本市场全球一体化的必然结果。"[4] 进入20世纪90年代,世界各国企业境外上市数量增长快速,其中境外上市的企业40%来自新兴市场,主要是亚洲和拉美地区的新加坡、中国、印度、智利、墨西哥等国家。这一现象一直延续至今,以在纽约证券交易所(New York Stock Ex-

---

[1] John C. Coffee, Jr. Racing towards the Top?: The Impact of Cross - listings and Stock Market Competition on International Corporate Governance, 102 *Colum. L. Rev.* 1757, pp. 1759–1760.

[2] Doidge et al.,: Why Are Foreign Firms Listed in the U. S. Worth More? J. Fin. Econ, 2004, p. 205.

[3] Amir N. Licht, Regulatory Arbitrage for Real: International Securities Regulation in a World of Interacting Securities Markets, 38 *Va. J. Int'l L.* 563, p. 568.

[4] 邱润根:《论我国证券市场国际板法律制度之构建》,《东方法学》2012年第3期。

change，以下简称"NYSE"）上市的境外企业为例来说，截至2014年2月，除了发达国家的加拿大（152家）、英国（31家）、日本（15家）之外，还包括来自发展中国家的数量不容小觑的企业，例如，中国74家、巴西26家、墨西哥15家、阿根廷13家、智利12家、印度10家、南非7家等。[1]

随着参与到跨境上市这一行列中的企业数目的不断增加，对这一问题的理论研究与现实关注也逐渐多了起来。如学者所说的那样："就有关SEC的'过去、现在与将来'这一主题的会议，有关境外企业规制问题似乎是证券法领域中的边边角角。但是，要记住的是，这一看似边边角角的问题却引发了之前金融危机发生后几个月内大家所关注的最显眼且严肃的话题：美国对资本市场监管越发严格是否造成了其竞争优势的削弱。"[2] 相关的研究始于20世纪90年代，很快便成为学者所关注的重点问题。如学者所言："在全球化的大背景下，企业出于财务、商业等多种动机大量地进入国际资本市场，交叉上市（跨境上市）成为近二十年来国际金融市场的最大亮点之一，并相应地成为经济学、金融学研究的重要主题。"[3] 同时，法学学者也从法学的角度提出了有关企业跨境上市的相关理论，这些都为本书对跨境上市问题的研究提供了重要的理论基础和参考价值。

毋庸置疑，无论从制度成熟还是市场容量来说，美国证券市场都是他国所无法比肩的。因此，该国证券市场也成为他国众多企业跨境上市的首选之地，尤其是对那些大型的企业而言。20世纪90年代初，便有学者认为境外企业之所以愿意进入美国证券市场（gaining access to U. S. capital markets）是出于如下两个方面的考虑：第一，美国证券市场有企业发展

---

[1] https://usequities.nyx.com/sites/usequities.nyx.com/files/curlistofallstocks_02-28-14.pdf. 有经济学家认为金融全球化进程减少了一国制度对本国"企业首次公开募集股份"（IPO）的限制给企业所造成的束缚，从而使得更多的企业走出国门进行融资，即所谓的全球IPO。Craig Doidge et al., The U. S. Left Behind? Financial Globalization and the Rise of IPOs outside the U. S, J. Fin. Econ, 2013, p. 546.

[2] Kenneth B. Davis, The SEC and Foreign Companies – A Balance of Competing Interests, p457. SEC 是"美国证券交易委员会（U. S. Securities and Exchange Commission）的简称。

[3] 尹兴中、王红领：《交叉上市理论研究评述》，《经济学动态》2009年第9期。交叉上市是指"同一家公司在两个或者多个证券交易所上市的行为，通常是指同一家公司在两个不同的国家上市的情形"，与跨境上市的含义相符合。括号内的内容为本书作者所加。

所需要的资金,即"美国可以提供更多的资金,而且其成本低于母国";第二,美国的法律制度对境外企业更加友好、宽松、灵活。①

美国有关境外企业跨境上市的实践,对我国相关制度的建设具有重要的借鉴意义。"美国的证券市场向公众投资者提供了一个更加友好、更有利于投资者权益保护的环境,而这一点是其他证券市场所无法比拟的。健全的法律制度,专业的法律人士确保法律制度的实施以及复杂的法院系统为公司治理功能的发挥提供了基础性保障,所有这些都为美国证券市场的良好运作提供了重要保障。"② 鉴于此,本书将对境外企业跨境上市的法律制度建设及相应经验予以深入考察、挖掘,以期为我国相关法律制度构设提供可资参考的建议。

毫无疑问几乎整个20世纪,美国证券市场霸主地位从未被撼动过。然而,这一格局在21世纪开始发生微妙的变化。③ 尤其是随着包括欧盟、亚太等地区经济的快速发展及证券市场的逐渐完善,这些区域中的证券市场已开始成为美国证券市场的重要竞争对手。例如,相关研究报告调查发现,2014年第一季度,美国证券市场影响力仍无起色,其中跨境上市数量继续减少。④ 在全球跨境上市资源激烈竞争的过程中,不同国家基于自身特殊国情,出台了不同的制度以吸引更多的境外企业前来上市,从而保证自身在证券市场的国际竞争中立于不败之地。在此过程中,有成功的经验,也有失败的教训,所有这些实践对于思考、研究我国境外企业境内上市这一重要课题具有不可忽视的借镜价值。

就我国而言,对外开放意味着全面的开放,不仅包括商品交易、贸易往来,在世界范围内的资本融通也是开放的题中之意。近年来,我国证券市场国际化发展的步伐不断加快,在"走出去"与"引进来"两个层面

---

① James R. Silkenat, Overview of U. S. Securities Markets and Foreign Issuers, 17 *Fordham Int'l L. J.* S4. 在本书中,对境外企业而言,进入美国资本市场包括两种情形:第一,向美国居民公开募集股份;第二,在美国的证券交易所公开交易股票。

② Amir N. Licht, Cross‐listing and Corporate Governance: Bonding or Avoiding? 4 *Chi. J. Int'l L.* 141, p. 141.

③ Eric C. Chaffee, Contemplating the Endgame: An Evolutionary Model for the Harmonization and Centralization of International Securities Regulation, 79 *U. Cin. L. Rev.* 587, p. 592.

④ Continuing Competitive Weakness in U. S. Capital Markets, Committee on Capital Markets Regulation, http://capmktsrge.org.

都有了实质性的进展和突破。本书重点关注作为"引进来"重要内容之一的跨境上市问题。[1]基于特殊的历史原因,"一直以来,由于汇率、资本项目管制等基础性制度的低市场化程度,我国资本市场对外开放的深度和广度并不高,境外企业在我国发行证券并上市的大门一直是紧闭的。"[2]与我国国内企业很早就在境外上市(包括直接上市与间接上市)事实不同(例如近期阿里巴巴、京东在美上市就是适例),至今仍没有境外企业在我国境内上市的先例。尽管有关"红筹股"公司回归境内上市一度成为热门话题,如学者所言:"为了充分利用境内外两个市场、两种资源,这些到境外上市的企业从上市的初期就开始谋求到境内证券市场上市。"[3]但由于国内相关法律制度建设尚不健全、市场变化、政策调整等因素的影响,"红筹股"公司回归问题一度被搁置。本书认为,要大力推进我国证券市场国际化发展,促进并强化境内企业境外上市固然重要;然而通过不断创设、完善相关法律制度,利用制度优势积极吸引包括"红筹股"公司在内的境外企业在我国境内上市才是我国证券市场国际化的完整含义。对此,有学者说道:"一个国际金融中心,需要的是越来越多的好企业来上市,需要越来越多的资金来入市。只有越来越多的好企业来上市,才会有越来越多的资金来入市。"[4] 也就是说,只有采取"兼容并包"的宽广胸怀,我国的资本市场才能更加强健、完善,国际金融中心才能从根本上得以建立并不断稳固。目前,尽管我国国内证券市场的发展现状对于全面

---

[1] 学者认为,中国资本市场的国际化法律制度包括中国资本市场对外开放和内部发展两方面所涉及的法律制度。就中国资本市场对外开放来讲,中国资本市场对外开放侧重于吸收外汇资金,通过引进外资来服务于国内资本市场的发展。从目前来看,与中国资本市场对外开放有关的法律制度主要包括外国投资者对中国境内 A 股上市公司的战略投资、合格外国机构投资者(即 QFII)对中国境内 A 股上市公司的投资和外资证券公司在国内设立金融机构或者并购国内金融机构等方面的法律制度。此外,还包括国内公司直接或者间接到中国境外证券交易所上市、从境外融通外汇资金并将资金汇入境内等。唐应茂:《私人企业为何去海外上市:中国法律对红筹模式海外上市的监管》,《政法论坛》2010 年第 4 期。

[2] 蒋辉宇:《跨国证券融资的法律冲突与监管问题研究》,《证券市场导报》2009 年第 11 期。

[3] 丁岚、董秀良:《境外上市公司回归 A 股市场交叉上市动因研究》,《中国工业经济》2010 年第 8 期。

[4] 邢会强:《外国企业来我国上市的必要性及其法律准备》,《中央财经大学学报》2007 年第 12 期。

实施境外企业境内上市的实践仍有相当难度,但是借助多个自由贸易实验区建设这一有利契机,通过先行试点的做法,可以很好地总结有关境外企业在境内上市制度建设的经验与不足,最终构建我国境外企业跨境上市的法律制度。

二 研究的意义

现如今,全球不断发展的资本市场具有两大明显的时代特征:第一,各类市场的全球化以及信息技术的迅速提升;第二,金融危机或丑闻接二连三地出现。[①] 无论是应对前者还是预防后者,都需要制定合理、全面的法律制度体系。在资本市场全球化过程中,对境外企业跨境上市问题的研究就具有了时代性的价值,同时对这一问题的研究在很大程度上对防范金融危机或跨境金融监管风险这一问题的思考也具有一定的启示。从另一方面讲,金融发展能极大地推动一国经济的迅速发展,当然推动金融发展的核心要素很多,法律制度便是其中不可或缺的重要方面。"法律制度以及其执行影响着国家资本市场发展的规模和范围。"[②] 换言之,法律制度在推动境外企业跨境上市方面发挥着不可替代的作用。正如学者所说的那样:"为减少执行成本及机会行为,政府可通过证券法来具体规定契约的框架。"[③]

(一) 理论价值

1. 对境外企业跨境上市问题的研究,离不开对动机理论的阐释。从法学角度提出的"约束理论"、"逃避理论"等都在很大程度上丰富了企业跨境上市的动机理论。可以说,跨境上市要取得预想的效果,离不开法律制度的建设和完善。

[①] Ethiopis Tafara, Robert J. Peterson, A Blueprint for Cross-Border Access to U. S. Investors: a New International Framework, 48 *Harv. Int'l L. J.* 31, p. 33.

[②] Rafael La Porta et al., Legal Determinants of External Finance, 52 *J. Fin.* 1131, 1149 (1997).

[③] Rafael La Porta et al., What Works in Securities Laws?, 61 J. F IN. 1, 2 (2006). 对于这一观点,有的学者提出了质疑。在他们看来,政府最好的做法是保持中立,让市场自由地调节。证券发行人有充分的激励去披露重要的信息,因为如果不这样做的话,借助市场调节的力量会让投资者认为该企业不具有发展的潜力。事实上,学者借助实证研究的方法证明了证券法具有不可替代的重要作用,完全让市场来调整的做法并不可行。Rafael La Porta et al., What Works in Securities Laws?, 61 *J. Fin.* 1, 1 (2006).

2. 法律冲突以及如何适用法律是境外企业跨境上市过程中遇到的需要认真对待和思考的问题。传统理论对跨境上市过程中出现的问题提出了一些解决的办法和途径，但仍旧留下了不少无法解决的难题。"企业选择理论"、互认制度以及美国学者新近提出的让境外证券交易所在美国境内开展业务而无须遵守其相关规定的观点都是对这一问题的崭新思考与实践尝试。

3. 目前条件下，境外企业跨境上市时，上市地法律应予适用。同时，需要注意的是，境外企业由于受到本国文化、政治等因素的影响，往往与上市地公司治理之间存在不少差别。在这一情况下，如何将上市地法律，尤其是有关公司治理的法律适用于境外企业是需认真反思的问题。

（二）实践价值

1. 包括美国在内的西方国家（地区）在跨境上市法律制度建设上已形成较为成熟的体系结构，在考察其制度建设的基础上，有对比地予以借鉴，对于我国该领域中的法律制度建设不无裨益。

2. 诸如巴西、墨西哥等发展中国家在跨境上市法律制度建设改革过程中取得的经验以及失败的教训，对于同样是发展中国家的中国也具有较好的参考价值。

3. "红筹股"公司回归是我国境外企业跨境上市的重要对象之一，本书有关跨境上市制度建设的建议对于这些公司的顺利回归可提供制度上的保障和基础。换言之，完善的法律制度建设是"红筹股"公司境内上市的重要制度保证和前提。

4. 美国 SEC 所制定的大量豁免条款在很大程度上是吸引境外企业跨境上市的"利器"。在我国境外企业跨境上市实践过程中，尤其是在境外企业在国内上市数量较少的一段时间内，美国的这一做法值得借鉴。

三 研究的思路

本书围绕境外企业跨境上市法律问题展开研究，具体的研究思路可表述如下：首先，在厘定跨境上市法律内涵的基础上，确定研究范围和研究对象；其次，在完成与跨境上市相关文献综述的基础上，明确这一问题的研究现状，并确定研究的方向；再次，夯实跨境上市的理论基础，确立问题研究的坚实法理基础；复次，在挖掘美国针对跨境上市领域法律制度建设有益经验的基础上，有针对性地分析"红筹股"公司回归的相关法律问题；最后，基于我国证券市场发展的现状，结合国外相关经验，提出境外企业跨境上市法律制度设计的基本建议。本书的基本研究思路如下图所示：

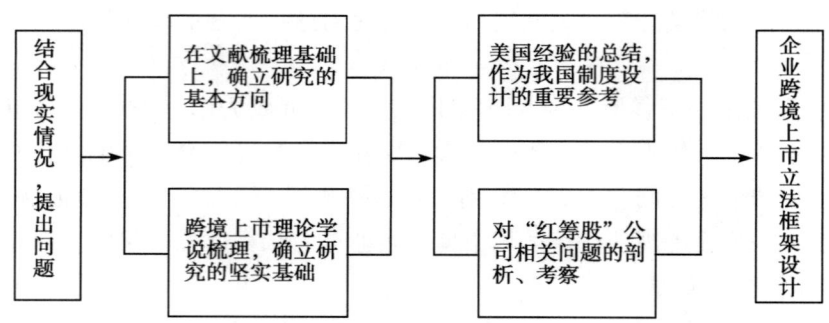

四 研究的内容

本书以"红筹股"公司回归为切入点，重点研究境外企业跨境上市过程中需应对的法律问题。研究共分为六个重要的有机组成部分，具体研究内容如下：

§第一章，重点阐述问题的提出、研究意义、研究思路、研究内容、研究创新等问题。

§第二章，从国内外两个维度对与跨境上市有关的权威文献进行详细的爬梳、整理，并进行简要评析。

§第三章，阐释跨境上市传统理论观点，并阐述从法学视角提出的跨境上市新理论。

§第四章，重点围绕美国跨境上市法律制度设计及其实践展开论述，总结、提炼美国在跨境上市问题上的有益经验与做法。

§第五章，重点分析"红筹股"公司回归的必要性、可行性及回归手段等问题。

§第六章，在借鉴他国（地区）跨境上市法律制度建设方面有益做法的基础上，结合我国证券市场发展的现状，提出我国境外企业跨境上市法律制度构建的基本建议。具体的研究内容框架如下图所示：

五 研究的方法

第一章 绪论：研究的总体介绍

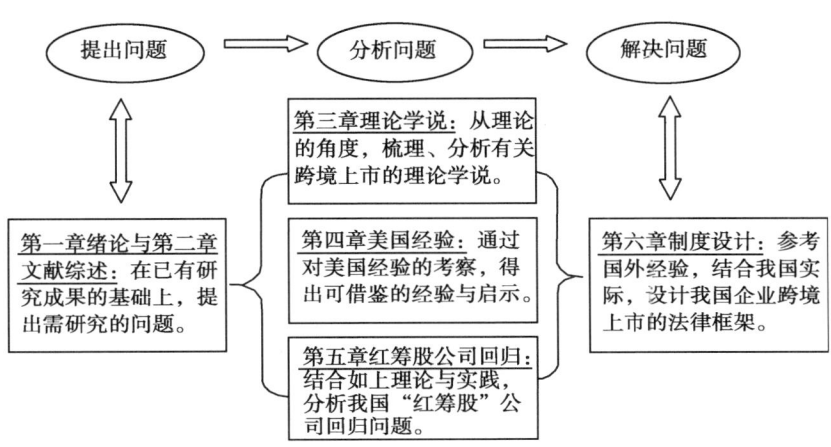

（一）历史分析的方法

本书详细考察了跨境上市法律制度在美国的变迁，并阐述了"红筹股"公司的产生、发展以及在此过程中我国证券监管者在规制理念及政策态度方面的变迁，这些问题的研究都涉及大量历史资料的梳理、分析。历史分析的方法有助于厘清制度的起源、衍变，为本书的写作奠定了坚实的事实根基。

（二）比较研究的方法

跨境上市是一个全球范围内的现象，因此在我国跨境上市法律制度构设时，有诸多可借鉴、参考的外国样本与经验。与此同时，这些制度都与一国经济、政治、文化密切关联，在这一情况下，比较研究的方法便不可忽视，它不仅对制度进行比较研究，而且要深入挖掘并对比隐藏在背后的内在原因。

（三）文献研究的方法

尽管跨境上市行为的大量出现是近年来才出现的现象，但是由于这一问题对于一国证券市场的发展意义重大，因此很快便成为学术研究的重要领域，并产出了大量的研究成果。在梳理相关文献的基础上，瞄准研究方向、提出研究思路则需要运用到文献研究的方法。

（四）案例研究的方法

虽然至今没有境外企业在我国境内上市的成功案例，但是诸如我国境内企业在境外上市的实践，尤其是"红筹股"公司的出现以及诸多"去红筹架构"回归的案例的出现，再加上"A+H"发行上市的成功案例，都为本书主题的研究提供了鲜活的案例。在这一过程中，案例研究的方法既生动又具有极强的说服力。

第二章

文献综述：国内外研究现状分析

一 国内研究现状综述

梳理国内学者针对跨境上市问题的研究成果之后，可以将其研究内容归纳为如下五个层面：第一，跨境上市动机理论研究，主要针对跨境上市动机问题展开探讨，同时以"A+H"为实证分析对象，论述该理论的确当性；第二，境内企业境外上市问题研究，主要论述包括"红筹股"公司在内的"中概股"公司的跨境上市问题；第三，境外企业境内上市问题研究，尤其注重对"红筹股"公司回归这一问题的思考；第四，证券跨境监管问题研究；第五，国际板市场建设问题研究。以下将对如上研究领域的基本观点作一简要阐释。

（一）跨境上市基础理论研究及实证分析

有学者（胡国晖、吴丛生，2005）对企业境外上市动机这一问题进行了较为全面的梳理。有学者（尹兴中、王红领，2009）认为全球化的不断推进促成了跨境上市问题研究的兴起，早期研究以"市场分割理论"为核心展开，同时，"约束理论"的发展开拓了广阔的研究空间。有学者（李开秀，2009）从跨境上市动机、上市地点及时机选择、上市影响及证券交易所对境外上市资源的竞争等方面，梳理归纳了有关跨境上市基础理论及相关研究成果。有学者（周煊、林小艳，2008）分析研究了跨境上市的理论与现实动机，并指出国内企业境外上市的主要考量因素。有学者（王化成、李志杰、孙健，2008；辛清泉、郭磊，2012；崔学刚、徐金亮，2013）从跨境上市与公司治理的角度展开研究，认为尽管跨境上市的约束效应有助于公司治理的改善，但这种改进作用可能是有限的。有学者（丁岚、董秀良，2010）以在香港上市的H股公司为实证分析对象，对跨境上市动因理论进行实证分析，他们认为国内A股市场过高的发行溢价导致低的廉资本成本、境内外融资管理的差异以及政府制度推动是 H 股公司回归 A 股市场的表层动因，而 H 股公司控股股东追求控制权隐性收益则是推动其回归 A 股市场的深层动因。有学者（胡章宏、王晓坤，2008）从实证角度详细描述了 51 家 A+H 股上市公司自上市以来的价差变化趋势，并从多个角度深入分析了 A+H 股价差的影响因素，证明了包括流动性假说、信息不对称假说以及市场分割假说的合理性、说服力。有学者（沈红波、廖冠民、廖理，2009；任虹、刘光友，2011）以 60 家 A+H 股上市公司会计年度财务报表为实证研究对象，发现在香港资本市场上市的中国内地公司会计信息披露质量得到明显提高，证实了"约束理论"的确当性。

（二）我国境内企业境外上市问题研究

有学者（易宪容、卢婷，2006）认为国有企业海外上市不但不会造成国有资产流失，反而是国有资产保值增值的一种方式。有学者（唐应茂，2010）认为我国企业在采用红筹模式海外上市的过程中出现了国有企业海外上市监管严、私有企业海外上市特定时间监管相对宽松的情况。有学者（刘小元、程广林，2009；邱永红，2012；余波，2013）对我国企业在美国上市的现状、遇到的问题以及可能存在的法律风险进行了系统研究。有学者（吴献金、刘晓兰，2002）对我国企业利用"美国存托凭证"（American Depositary Receipt，以下简称"ADR"）方式境外上市展开研究，提出企业应根据 ADR 方式的特点、自身的发展以及外部环境，选择合适的境外上市方式进行筹资。

（三）境外企业境内上市问题研究

有学者（程惠芳，2007；李霖，2007；邢会强，2007；陈岱松，2008；陈岱松，2009；刘澎，2009；乔炜，2010）对"红筹股"公司回归 A 股市场必要性、可行性、回归方式以及制度安排进行了研究。有学者（徐明、蒋辉宇，2009；郭洪俊，2009）对境外企业回归 A 股市场的法律适用问题以及制度构设进行了研究。有学者（王跃龙、唐浩臻、陶紫薇，2012；郭雳、陈俐利，2013）对境外企业"去红筹架构"相关法律问题进行了分析，尤其是比较分析了已有的近二十宗成功实例及国内外有关司法案例，对相关操作和监管的逻辑、效果、合法性和自洽性进行了评价，特别是就相关的"类红筹"、返程投资、对赌协议、协议控制、外汇登记和税收优惠补缴等具体问题展开了较为全面的讨论。

（四）证券跨境监管问题研究

有学者（邱润根，2006）对证券跨境交易的监管模式开展了深入研究，认为有效的监管模式是在强化单边法律监管的同时，积极参与国际监管的协调。有学者（陈岱松，2006）对证券市场国际监管问题进行了评析，认为各国需要加强证券监管的合作。有学者（邱润根、郑勇，2013）对我国证券市场国际化的立法方式进行了分析，认为我国证券市场国际化应采取从实践立法到全面立法的分阶段方式推进。最后，有学者（邱永红，1999；杨峰、涂永前，2009；蒋辉宇，2009）对证券跨国发行与交易中存在的证券侵权损害赔偿法律问题与法律冲突和监管问题进行了研究。

（五）国际板法律制度建设研究

有学者（曲冬梅，2011；胥佚萱，2011；邱润根，2012；冯果、袁康，2013）在对比境外证券市场发展情况，尤其是证券交易所上市条件的基础上，结合我国现实情况，提出了完善我国国际板法律制度建设的建议。有学者（冯果、袁康，2013）认为境外企业在我国境内上市于市场准入、法律冲突、市场监管和投资者保护等方面存在一定的法律障碍与漏洞；我国现行证券法制面临着巨大的挑战和困境。为了适应国际板市场发展要求和保障国际板健康有序的发展，我国证券法制应与时俱进地实现制度的完善与革新。

二 国外研究现状综述

国外有关跨境上市法律问题的研究成果较多，对权威性的文献进行梳理之后，可以将研究划分为如下几类：第一，跨境上市的理论研究及实证分析；第二，美国对待境外企业在美上市问题的研究；第三，证券市场国际化问题研究。以下对如上三个研究层次分别予以简要阐释。

（一）跨境上市的理论研究与实证验证

有学者（John C. Coffee，1999，2002，2007）从法学的研究角度提出了"约束理论"，他认为境外企业之所以愿意选择美国证券市场募集资本，是因为这些企业希望将自身依照美国较为严格的信息披露制度运作，从而提高企业治理水平及运作品质。与此同时，他还从美国法律执行体系这一角度，论证"约束理论"的确当性。在他看来，尽管在美国证券市场上市的境外企业发生了"分化"，但是那些愿意在美上市的企业实际上是看中了美国法律执行体系节省融资成本这一独特优势。有学者（Ribstein，2005）综合分析了诸学者所提出的观点并结合自己的论述证明"约束理论"的正确性。另一方面，针对这一理论，也有学者提出了反对的观点，学者（Natalya Shnitser，2010）从执法的视角发现，境外企业在美资本市场实际上"豁免"了适用于境内企业的诸多条款，因此"约束理论"的前提并不成立。还有学者（Amir N. Licht，2003）在反对"约束理论"的基础上，提出了"逃避理论"。在他看来，境外企业之所以愿意在美国证券市场上市，正是由于在这里上市可以"逃避"诸多严苛的法律规定。

有学者（Romano，1998）提出了"企业选择理论"，认为那些跨境上市的境外企业可以自由选择适用的法律制度，而不一定非要遵守上市地的法律制度。有学者（Stephen J. Choi & Andrew T. Guzman，1998）提出了"便携式互认理论"，他们同样认为应当赋予企业在上市过程中自由选择调整自身运作法律制度的权利。另外，学者（James A. Fanto, Roberta S. Karmel，1997；Howell E. Jackson，Eric F. Pan，2008）从实证分析的角度分析了在美上市企业的动机。

（二）美国有关境外企业法律制度研究

有学者（James R. Silkenat，1994；Roberta S. Karmel，2004；Robert G. DeLaMater，2006；Steven M. Davidoff，2010；Kenneth B. Davis，2010）梳理了"美国证券交易委员会"（Securities Exchange Committee，以下简称"SEC"）对待境外企业法律制度的变迁并深入剖析了其内在原因。学者将其划分成"孤立主义时期"、"国际化时期"、"单边主义时期"三个重要发展阶段。在此基础上，深入剖析了引起这种变化的内在原因。有学者（Kenji Taneda，2003；Kate Litvak，2007；Natalya Shnitser，2010）从境外企业在美上市这一视角指出 SOX 法案（《萨班斯·奥克斯利法案》the Sarbanes-Oxley Act，以下简称"SOX"法案）对美国证券市场造成的负面影响，并指出该法案给美国证券市场竞争力带来了一定损害。在此基础上，有学者（Kenji Taneda，2003；Roberta S. Karmel，2004；Larry E. Ribstein，2005）认为立法者在规制境外企业跨境上市时，应当对境外企业的治理结构尽量少干预，相反，应着力于信息最大程度上的披露及相关制度的完善。与这一问题密切相关，有学者（James A. Fanto，1996；Amir N. Licht，2003，2004）认为公司治理与一国文化、政治、社会等因素密不可分，在跨境上市领域中，采取整齐划一的公司治理调整模式并不可行。

（三）证券市场国际化发展研究

有学者（John C. Coffee，2002；Steven M. Davidoff，2007；Howell E. Jackson，Eric F. Pan，2008）认为在证券市场领域中，全球竞争越来越激烈，美国独霸天下的格局已被打破，证券市场及证券交易所间在上市资源领域中的争夺达到了白热化程度。有学者（Chris Brummer，2008）认为证券交易所的国际化并购趋势及"公司化"改革大大推动了这一进程。在此基础上，有学者（Jose Miguel Mendoza，2008；Hans-Peter Burghof, Adrian Hunger，2003）对除美国之外的其他证券市场多元化发展趋势进行了考察，尤其对英国、德国、巴西证券市场的改革举措及其成功经验与失败教训进行了分析、总结。

与此同时，针对美国在证券市场中优势地位的削弱这一问题，有学者（Ethiopis Tafara，Robert J. Peterson，2007）提出了不断开放美国证券市场的建议，例如允许境外证券交易所及经纪商进入美国证券市场从事证券相关业务，且无须遵守美国的相关法律规定。此外，针对证券跨境上市过程中出现的法律适用冲突问题，有学者（Eric C. Chaffee，2010；Pierre-Hugues Verdier，2011）提出了强化国际合作的方式及建议。

三 简要评价

本书对国外资料的搜集以美国跨境上市法律问题的文献为主体，同时也论及包括德国、英国、日本以及我国香港地区在内的相关研究成果。总体上而言，境外相关研究呈现出如下特点：第一，对跨境上市理论研究起步较早，而且较为全面、成熟；在经济学对跨境上市问题研究基础上，从法学的角度提出了相关理论观点。第二，文献对跨境上市制度的实践研究成果丰富，从中不仅可以窥见包括美国在内的西方国家有关跨境上市实践的变迁，而且也对在实践中的有益经验与不足进行了剖析、总结。第三，对跨境上市制度最新观点及革新尝试进行了阐释、研究；包括互认制度、美国应允许境外证券交易所及经纪商进入美国资本市场而无须遵守美国相关法律制度等观点都是这一领域中的最新研究成果。国外研究文献的不足在于研究视角相对狭小，没有放在全球的视角下对这一问题展开更加深入的研究。

就国内的研究成果而言，经济学着重于跨境上市过程中股价变化、对市场影响等问题的研究，法学着重于制度建设及相关法律问题的解决。本书着重于对后者的分析，因此，利用的多数研究成果也集中在这一领域。国内学者对跨境上市问题也开展了一定的研究，并提出了诸多建设性的意见，但这些成果呈现出零散化、碎片化、非体系化的特点。而且，对境外相关制度建设经验与实践启示的分析与总结也较少。本书以美国相关法律制度建设及实践的考察为基础，以"红筹股"公司回归为切入点，深入地分析境外企业在我国境内上市法律制度的构建这一问题。

第三章

理论学说：跨境上市制度的基石

一 境外企业跨境上市概述：法律内涵的厘定与研究范畴的界分

（一）境外企业跨境上市法律内涵的厘定

在阐释跨境上市这一术语的基本法律内涵之前，有必要先对发行人（issuer）的概念作一简单解释。通常情况下，根据发行人国籍的不同，可以将其分为境内发行人（domestic issuer）与境外发行人（foreign issuer）两种。所谓境外发行人，是指外国政府以及依照外国法律成立、组建的公司及其他组织。① 与这一概念密切相关的"境外非政府发行人"（foreign private issuers）又被称作"非本国企业"、"境外企业"、"外国公司"（foreign companies），特指除了外国政府之外的境外发行人。② 鉴于称谓上的习惯以及行文方便，本书使用境外企业这一术语。当然，需要注意的是，为了准确界定境外企业所指称的范围，需确定具体的判断标准。例如，在美国，按照法律的规定，境外企业是指排除了如下情况的企业类型：超过50%以上的已公开发行且有投票权的证券直接或间接由美国居民持有。③ 同时，还应满足如下任一条件：1. 企业过半数以上的高级管理人

---

① 17 C. F. R. § 240.3b-4 (b). 外国政府包括这个国家的政府以及政治上是该国的有机组成部分两种情形。

② Steven M. Davidoff, Regulating Listings in a Global Market, 86 *N. C. L. Rev.* 89, p. 91. 按照英文字面的意思，也可以译成"境外非政府发行人"，考虑到本书研究重点系企业，且照顾到行文习惯，采用境外企业这一术语，特此说明。有学者认为境外企业又称为"离岸公司"（Offshore Company），即在中国以外登记注册的公司。陈岱松：《浅析境外公司境内上市法律问题》，《甘肃政法学院学报》2009年第9期。

③ 所谓居民（resident），是指在除自己家乡以外的其他地方长期居住的人。Bryan A. Garner, *Black's Law Dictionary* (9th ed. 2009), Thomson Reuters.

员或董事是美国公民或居民;① 2. 企业超过 50% 的资产在美国境内;3. 企业的主要业务在美国。② 根据学者的观点,美国采取设立地标准并附加股权及其他辅助标准的做法,是为了防止——形式上属于外国公司而实质上还是国内公司——"纸上公司"规避美国证券法的规定。③ 就我国而言,有学者认为所谓境外企业是指在境外注册,并且实际控制人或主要营业地均在国外的企业类型。④

毋庸置疑,境外企业进入他国(地区)证券市场从事证券发行与上市活动就会涉及企业跨境上市问题。跨境上市又被称作"双重上市"(dual listing)、"多重上市"(multiple listing),是指企业的股票(同时或异时)在两个以上的证券交易所上市交易的情形。另外,跨境上市还被称作"境外上市"(foreign lisiting),尽管这一概念涵盖双重上市的基本内涵,但同时它也涵括了企业不在本国上市而选择在境外上市的情况。⑤ 本书所指称的跨境上市包含如上两种基本情形。

众所周知,跨境上市由来已久,并不是一个新鲜事物。据记载,18 世纪初,苏格兰有一位资本家在法国成立了一家"密西西比公司"(Mississippi Company),它已跨出法国范围向欧洲其他国家的投资者销售股票。再如,1858 年,一家名为"沿海苏伊士运河环球公司"(Universal Company of the Maritime Suez Canal)成立并向诸多国家投资者发行股票以便快速建造苏伊士运河。⑥ 当时光的车轮转到 20 世纪早期时,"加拿大铁路公司"就已在 NYSE 以及伦敦证券交易所上市融资了。到了 20 世纪 80 年代,来自美国、欧洲以及日本的公司往往会在这些地区的证券交易所跨境上市。据统计,自 20 世纪 90 年代早期开始,境外企业在发达国家证券

---

① 按照《元照英美法词典》的解释,所有在美国出生或通过入籍方式取得美国国籍并受其管辖的人,均为美国公民(citizen)。

② 17 C. F. R. § 240. 3b-4 (c)。

③ 邱润根:《论我国证券市场国际板法律制度之构建》,《东方法学》2012 年第 3 期。

④ 邢会强:《外国企业来我国上市的必要性及其法律准备》,《中央财经大学学报》2007 年第 12 期。

⑤ Amir N. LICHT, Legal Plug-Ins: Cultural, Distance, Cross-listing, and Corporate Governance Reform, 22 *Berkeley J. Int'l L.* 195, p. 200.

⑥ Karmel, Roberta S, The Securities and Exchange Commission Goes Abroad to Regulate Corporate Governance, 33 *Stetson L. Rev.* 849, p. 858.

市场跨境上市的数量已占到上市公司数量的 5% 至 15%。① 进入 21 世纪后，随着美国以外的其他证券市场的不断壮大，企业境外上市数量明显增加，尽管从个别国家来看数量上存在些许差异。全球市值排在前十的证券交易所的境外上市统计结果（2000 年至 2013 年）可以印证如上结论。境外企业在这些证券交易所的上市具体数量，如下图所示：

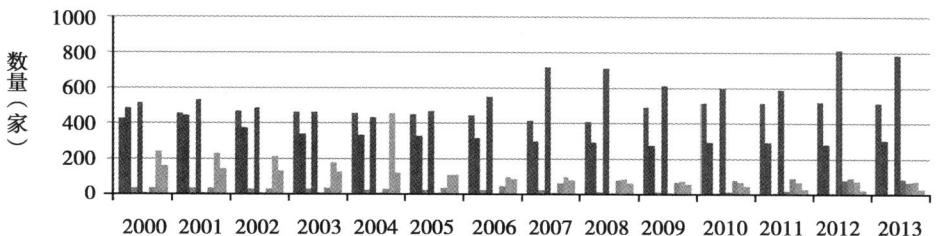

境外企业跨境上市可采取的方式并不单一。境外企业在他国融资（包括在证券交易所上市以及不通过上市的方式融资），通常会采用存托凭证（Depositary Receipt，以下简称"DR"）这一方式。DR 是指在一国证券市场流通的代表外国公司有价证券的可转让凭证。也就是说，某国的上市公司为使其股票在外国流通，就将一定数量的股票，委托某一中间机构保管，由保管银行通知外国的存托银行在当地发行代表该股份权益的存托凭证，之后存托凭证便开始在外国证券交易所或柜台市场交易。② DR 具有发行成本低、流通性强、筹资能力强等优点。③ 以美国为例来说，境外企业进入美国证券市场采取的方式称作"ADR"，即面向美国投资者发行并在美国证券市场交易的存托凭证。④ 根据学者的考察，ADR 在 20 世纪 90

---

① AmirN. Licht，Regulatory Arbitrage for Real：International Securities Regulation in a World of Interacting Securities Markets，38 *Va. J. Int'l L.* 563，p. 564（1998）.

② 邢会强、申林平：《中国企业境外上市法律实务》，法律出版社 2011 年版，第 12 页。

③ 同上书，第 12—13 页。

④ J. P. Morgan 在 1927 年首次发行了 ADR，以便本国投资者投资一家英国零售企业 Selfridge's 的股票，并免除股息发放时来回邮寄股票以进行股东确认的成本的繁琐，从而减少了股东确认的成本。

年代初期快速发展主要是由国有企业私有化引发的，尤其是在欧洲与南美地区体现得最为明显。① 境外企业在并购、员工补偿计划、增加融资等情况下常常使用该种制度。从 20 世纪 50 年代起，部分德国公司使用"纽约存托凭证"（"New York Shares"）的方式进入美国证券市场。此外，全球存托凭证（"Global Shares Program"）也是一种代替 ADR 进入美国证券交易所上市的方式。② 除了这一方式外，境外企业还可以采取在他国证券交易所直接上市的方式。③ 例如，加拿大、以色列等国的企业就很少使用 ADR 方式，而是采取直接在美国的证券交易所上市的方式。④

境外企业采用 ADR 进入美国证券市场，可以在如下几种选择空间范围内挑选最适合自己的方式。⑤ 按照基础证券发行人是否参与存托凭证的发行为标准，美国存托凭证可分为无担保的存托凭证和有担保的存托凭证。前者由一家或多家银行根据市场的需求发行，基础证券发行人不参与，存券协议只规定存券银行与存托凭证持有者之间的权利义务关系。有担保的存托凭证由基础证券发行人的承销商委托一家存券银行发行。它又可细分为一、二、三级公开募集存托凭证和私募 ADR。⑥ 以下对三级 ADR

---

① John C. Coffee, Jr. Racing towards the Top？：The Impact of Cross‐listings and Stock Market Competition on International Corporate Governance, 102 *Colum. L. Rev.* 1757, p. 1772.

② Yuliya Guseva, Cross‐Listings and the New World of International Capital：Another Look at the Efficiency and Extraterritoriality of Securities Law 44 *Geo. J. Int'l L.* 411, p. 425. 按照学者的观点，GDR 是指发行范围不止一个国家的存托凭证。从本质上讲，GDR 和 ADR 区别不大，两者都以美元标价，都以同样标准进行交易和交割，二者股息都以美元支付，而且存托银行提供的服务及有关协议的条款与保证都是一样的。邢会强、申林平主编：《中国企业境外上市法律实务》，法律出版社 2011 年版，第 127 页。

③ Daniel Hemel, Issuer Choice after Morrison, 28 *Yale J. on Reg.* 471, pp. 475-476.

④ 截至 2014 年 2 月，在美上市的 152 家加拿大公司均不是采用 ADR 方式。在美上市的 11 家以色列公司中，采用 ADR 方式的只有 2 家。英国在美上市的 31 家公司中，有 23 家采用 ADR 方式。http：//www.world‐exchanges.org/statistics/statistics‐definitions.

⑤ 根据股票发行公司是否参与存托银行的 ADR 发行计划，可将 ADR 分为无保荐 ADR 和有保荐 ADR 两类。无保荐 ADR 是指没有股票发行公司的参与，存托银行与发行公司不签订协议的情况下设立的 ADR。有保荐 ADR 是指发行公司直接参与 ADR 的发行，由其与存托银行签订存托协议，据此而设立发行的 ADR，存托协议明确了发行公司、存托银行和 ADR 持有人之间的权利义务关系。邢会强：《论场外交易市场（拟）挂牌公司的公开发行》，《证券法苑》（第 9 卷），法律出版社 2013 年版，第 128 页。

⑥ 邢会强、申林平：《中国企业境外上市法律实务》，法律出版社 2011 年版，第 13 页。

做一简要说明。第一，一级 ADR。这一方式是境外企业进入美国证券市场最简单的渠道。在这一方式中，尽管美国的银行及其他机构可以持有境外企业股票并向投资者发行反映其价值的凭证，然而上述凭证只能在场外市场交易（例如"粉单市场"）。正因如此，这些境外企业不必符合美国"一般公认会计准则"（Generally Accepted Accounting Principles，以下简称"GAAP"）以及 SEC 所规定的其他要求。第二，二级 ADR。在这一方式中，境外企业确立存托凭证机构，此时，其存托凭证可以在证券交易所上市交易，但不能在美国公开发行以募集资金。按照这一方式进行融资，境外企业财务报表应当按照 GAAP 的要求制作，同时还必须满足证券交易所规定的上市条件。第三，三级 ADR。在这一方式中，其存托凭证可以在证券交易所上市交易，同时还可以在美国证券市场公开募集资金，同时进入一级、二级证券市场。由于这一方式涉及公开发行，因此应当遵循美国证券法律的有关规定，并遵循证券交易所的上市条件。可以说，这一方式是所有可能选择中要求最苛刻的。第四，私募 ADR。通过 SEC 所制定的 144A 方式私募并将其存托凭证在机构投资者间的私人交易市场（Private Offerings Resale and Trading Through Automated Linkages，简称"PORTAL"）上市交易。[①] 按照 144A 的规定，在发行人向投资者提供要求的信息的条件下，允许发行人不通过向 SEC 注册登记而向合格的机构投资者（Qualified International Buyer，简称"QIB"）和符合 S 规则（Regulation S）的非美国投资者发行证券，该证券可以在合格的机构投资者之间自由转让。[②] 这一方式对企业的要求较为宽松，正因如此它已成为境外企业跨境融资经常采取的方式。[③]

[①] John C. Coffee, Jr. Racing towards the Top?: The Impact of Cross–listings and Stock Market Competition on International Corporate Governance, 102 Colum. L. Rev. 1757, p. 1785. 这里的机构投资者包括：养老基金、保险公司、共同基金以及银行集体信托计划等。

[②] 邢会强：《论场外交易市场（拟）挂牌公司的公开发行》，《证券法苑》（第 9 卷），法律出版社 2013 年版，第 129 页。

[③] 根据统计数据，2000 年至 2012 年间，ADR 融资借助 144A 方式占境外企业在美融资比例分别为：1.5%、3.4%、3.5%、1.8%、1.0%、13.3%、46.8%、13.7%、5.0%、4.1%、3.8%、6.3%、26.5%。http://capmktsreg.org/education-research/competitiveness-measures/. 另外，数据统计显示，2014 年第一季度，境外企业在美首次募集股份中，融资总额的 91% 是借助 144A 这一方式完成的。Interim Report, Committee on Capital Markets Regulation, Nov. 30, 2006, available at http://www.capmktsreg.org/index.html.

截至 2014 年 2 月，我国在美上市的 74 家企业中，61 家选择了 ADR 方式发行上市，占在美上市总量的 82.4%。① ADR 方式广受我国企业青睐，在一定程度上说明诸多企业达不到在 NASDAQ、NYSE 等证券交易所直接上市的标准及要求，ADR 以灵活的方式较好地解决了这一难题。当然，随着证券市场国际化发展趋势的不断强化，投资者可以通过他国证券交易所直接购买证券，可以预见，这一模式的作用空间必将逐渐被限缩。

（二）境外企业跨境上市研究范畴的界分

1. 跨境上市的基本内涵

从全球范围来看，基于法律、文化、经济等因素的考虑，企业通常会选择先在国内证券市场完成首次上市（Primary listing），结合自身发展的需要，然后才会考虑选择在其他国家证券市场跨境上市。这一做法在发达国家尤为普遍，例如，基于自身证券市场的优势，美国证券法律明确禁止本国企业未在国内上市而选择先在境外上市。② 与此相反，对发展中国家的企业来说，在境外首次上市的情况比比皆是。造成这一现象的原因很多，其中最关键的因素是本国经济快速发展与其证券市场相对滞后之间的错位，正如学者所言："它们之所以选择在本国之外首次上市，很有可能是因为当地制度建设与经济实力的增长无法同步。"③ 简言之，本书研究的跨境上市问题，实际上包含两个层面的意涵：发达国家企业的跨境上市及发展中国家在境外首次上市。就境外企业在我国证券市场跨境上市而言，对"红筹股"公司来说，实现在境内上市，则属于第一种情形。同时，在我国境内证券市场不断发展、制度不断成熟的基础上，可逐步吸引境外企业在我国证券市场实现首次上市。

2. 证券公开发行与证券上市的区分

证券公开发行（public offering）与证券上市（listing）之间的差异明显。证券公开发行是指向社会公众公开募集股份，与私募（private offering）仅向特定投资者募集股份相对应。根据募集股份时间的不同，公开募集股份分为首次公开募集股份（initial public offering，以下简称

---

① http://www.world-exchanges.org/statistics/statistics-definitions.

② Steven M. Davidoff, Regulating Listings in a Global Market, 86 *N. C. L. Rev.* 89, p. 92.

③ Ibid., p. 113.

"IPO")和公开发行新股两种类型。根据学者的观点,一个活跃的 IPO 市场是一个国家的重要资产。这一市场可以为企业家以及风险资本提供便利。①

证券上市则指企业的股票在证券交易所(含其他交易场所)挂牌交易。然而,在包括我国在内的多层次资本市场尚未建立,或者尚不成熟的国家,公开发行与上市往往是相挂钩的,公开发行就意味着一定能上市,上市之前则必须有公开发行。② 实际上,在成熟的资本市场中,二者之间没有必然的联系,发行不是上市的前提;上市也不一定是公开发行的结果。"公开发行后不一定非得上市,上市前也不一定非得公开发行。公开发行后可以上市,也可以不上市。上市之前,可以有公开发行,也可以没有公开发行。"③ 本书研究的内容主要是境外企业境内上市问题,对企业证券的公开发行问题没有过多地涉及。换言之,由于二者分属证券市场一级市场与二级市场中的行为,彼此之间存在较大的差异,本书研究的焦点是境外企业跨境上市问题,对公开发行问题着墨不多。当然,作为企业融资的重要渠道,在本书写作过程中也会有所提及。

3. "红筹股"与"中国概念股"

"红筹股"这一概念诞生于 20 世纪 90 年代初期的香港证券市场,用以表明股票具有境内背景,并就其规模和实力等方面与通常所说的"蓝筹股"加以区别(源于赌场上不同筹码使用的颜色)。④ 可见,"红筹股"特指那些在境外注册并在香港上市的带有我国内地概念的股票。⑤ 与此相关联,"中概股"是外资因为看好我国经济成长而对所有在海外上市的中国股票的称呼。换言之,"中概股"主要是指拟在或者已经在

---

① Craig Doidge et al., The U. S. Left Behind? Financial Globalization and the Rise of IPOs outside the U. S., *J. Fin. Econ*, 2013, p. 546.

② 邢会强:《论场外交易市场(拟)挂牌公司的公开发行》,《证券法苑》(第 9 卷),法律出版社 2013 年版,第 334 页。

③ 同上书,第 335 页。

④ 郭雳、陈俐利:《红筹架构企业回归 A 股首发上市实践与监管研究》,《证券法苑》(第 9 卷),法律出版社 2013 年版,第 547 页。

⑤ 李霖:《红筹股公司回归 A 股市场法律问题研究》,《金融理论与实践》2007 年第 7 期。

境外股票交易所上市的、在我国注册的公司和虽在国外注册但主要业务和商务关系在大陆的公司股票。① 通过对二者的比较可以发现,"中概股"的外延远远大于"红筹股"的外延。本书研究的视角主要聚焦"红筹股"公司,因此对包括在美国、德国等地上市的"中概股"也关注较少。②

4. "红筹股"公司回归

"红筹股公司回归"、"红筹架构企业回归"、"红筹股私有化回归"是三个相互联系,但实际上又存在较大差异的概念。"红筹架构企业回归"是指已经搭建红筹架构但还没有在境外上市的企业,这些企业(通常是民营企业)的回归主要是通过拆除红筹架构的方式转回境内A股市场。"红筹股私有化回归"则是指已经在境外上市的企业,由于种种原因回归境内市场,这些企业回归需要先私有化退市,然后拆除红筹架构才能在我国境内证券市场上市。③ "红筹股回归"与上述两个概念都存在较大差异,它是指在境外注册且在香港证券交易所上市交易的"红筹股"公司回归境内证券市场。在这一过程中,它既不在境外证券市场退市,也不拆除红筹架构,而主要是实现在境内证券交易所的上市,可见,其内涵被跨境上市的基本含义所覆盖。正如学者所言:"红筹公司的主要注册成立地包括中国香港、开曼、百慕大、维尔京群岛等地,因此,红筹公司从法律性质上属于境外公司。"④

(三)认真对待境外企业跨境上市制度的构建

1998年,由哈佛大学La Porta等人所提出并不断完善的"法金融学"(law and finance)声名鹊起,该学说反对传统法经济学主张"私人契约是

---

① 王跃龙等:《中国概念股"去红筹架构"相关法律问题研究》,《长江论坛》2012年第4期。

② 近些年来,"中概股"在美国等地的发展可谓一波三折,有时迎来发展春天,发展迅猛;有时则遭遇"做假账风波"等不利境况,影响到"中概股"在国外的发展。对于"中概股"危机等问题,可以参阅余波《境外中概股危机:背景、成因与影响》,《证券市场导报》2013年第1期;邱永红《中国企业赴美国上市的法律风险和对策》,《法学论坛》2012年第3期。

③ 郭雳、陈俐利:《红筹架构企业回归A股首发上市实践与监管研究》,《证券法苑》(第9卷),法律出版社2013年版,第550—554页。

④ 郭洪俊:《境外公司发行A股的法律适用问题研究》,《证券法苑》(2009)年第1卷,第208页。

投资者保护的关键"的基本观点。在前者看来,法律制度对投资者保护来说不可或缺。① 同时,该学说认为与大陆法系国家法律制度相比,英美法系国家的法律制度更利于投资者合法权益的保护,尽管有学者对这一观点持不同意见。② 毋庸置疑,La Porta 等人所组成的团队开启了研究的新视角、新思路、新领域。此后不久,越来越多的学者加入法律制度与金融发展关系研究的崭新领域中。如学者讲的那样:"学者加入研究中试图挖掘隐藏在背后有力推动金融发展的法律制度。有时,这种研究如同中世纪人们对点石成金的点金石的探求那样痴迷。"③

具体到证券市场,该学说的观点同样具有启发意义。众所周知,完善、成熟的证券市场对于经济发展具有促进作用。搭建合理的法律架构不仅对保护投资者的合法权益来说至为重要,而且还可以有效激励投资,从而促进资本的积累并提升生产力。④ 当然,建立合理、科学的证券市场绝非一朝一夕就可以完成。在证券市场建设过程中,作为重要前提的法律及配套制度的完善不可忽视。换言之,就庞大的证券市场体系来说,法律制度的建设虽不能代表所有要素,然而它却具有基础性的地位。"投资者保护规则尽管仅是支撑证券市场框架中的一部分,但是它对于该框架其他部分的建设具有重要的推进作用。而且,在很大程度上,这些规则可以从他国予以借鉴。"⑤

---

① Larry E. Ribstein, Cross–listing and Regulatory Competition, 1 *Rev. L. &Econ.* 97, 100 (2005). 据考察,在 1997 年到 1998 年之间,有学者已经认为强大的金融将有力地推动经济发展。然而,La Porta 等人提出的理论则是首次将关注的重点放在法律制度这一方面的学说。John C. Coffee, Jr., Law and the Market: The Impact of Enforcement, 156 *U. Pa. L. Rev.* 229, n37. 当然,对于他们所提出的这一理论,也有不少反对的声音和观点。其中最值得一提的是 Mark West 教授。John C. Coffee, Jr., Law and the Market: The Impact of Enforcement, 156 *U. Pa. L. Rev.* 229, n37-38. 有关对这一理论的批判和反对,可参阅 John C. Coffee, Jr., Law and the Market: The Impact of Enforcement, 156 *U. Pa. L. Rev.* 229, pp. 250-251.

② Rafael La Porta et al., Law and Finance, 106 *J. Pol. Econ* 1113 (1998).

③ John C. Coffee, Jr., Law and the Market: The Impact of Enforcement, 156 *U. Pa. L. Rev.* 229, p. 243 (2007).

④ Beck, Thorsten, Ross E. Levine, and N. Loayza. 2000. Finance and the Sources of Growth, 58 *J. Fin. Econ* 261.

⑤ Bernard S. Black, The Legal and Institutional Preconditions for Strong Securities Markets, 48 *UCLA L. Rev.* 781, 848 (2001).

进一步言之，我国的证券市场要建设成对境外企业具有一定吸引力的市场，从而争取到更多的上市资源，则应当在制度建设尤其是投资者权益保护制度建设方面下工夫。在学者看来，如果无法很好地做到如下两点，则根本不可能建立一个有效的证券市场体系："第一，让中小股东获得有关公司商业价值的有效信息；第二，让中小股东确信公司管理层及控制股东不存在从事损害其权益的'自我交易'行为的可能。"[①]

综上，上述学者所提出的法律制度与金融发展之间关系的观点对于证券市场尚处于不断改革和完善阶段的我国来说具有重要的启示意义。"流动性好且发展成熟的证券市场只有在那些保护小股东权益及其预期的国家才会存在。"[②] 可见，构建功能健全、运行正常的证券市场，不能忽视法律在这一过程中的支撑与保障功能。另一方面，从国际经验来看，构建境外企业跨境上市法律制度也是一国参与到证券监管合作事务中的基础和前提。正如学者所言："我国应和发达国家的做法一样，首先强化自己的单边法律监管模式，再在此基础上加强国际监管、合作监管。"[③] 概言之，要贯彻单边法律监管模式，完善国内相关立法必不可少。

二 境外企业跨境上市正当性论证：传统理论学说的观点

（一）国内法律革新遇阻：跨境上市产生的重要背景

从某种程度上讲，由于母国法律很难在短时间内修改并臻于完善，因此对企业来说，选择跨境上市成为一种快速提高企业经营能力并扩大企业规模的重要渠道。有些国家，尤其是发展中国家自身存在诸种阻碍在短时间内完成修改法律这一任务的政治阻力、文化隔阂以及来自法律自身的复杂性等掣肘因素，在不同程度上影响了修法的进程。具体而言，这些障碍主要包括如下几个方面：第一，来自利益集团的阻挠和反对。公司运作和规制的现状得到了现存利益集团的认可，他们已经习惯

[①] Bernard S. Black, The Legal and Institutional Preconditions for Strong Securities Markets, 48 UCLA L. Rev. 781, 781 (2001).

[②] Rafael La Porta et al., Corporate Ownership Around the World, 54 J. Fin. 471 (1999).

[③] 邱润根：《证券跨境交易的监管模式研究》，《当代法学》2006年第3期。学者称："监管的国际合作与各个国家的经济法制密不可分，因而涉及的利益冲突方方面面，这表明国际监管合作的过程必将复杂与艰巨，这种复杂性从反面说明目前对于证券跨境交易的监管仍主要是以单边监管为主。"邱润根：《证券跨境交易的监管模式研究》，《当代法学》2006年第3期。

了从现有的结构体系和组织环境中获取利益的做法。在这种情况下，任何试图削弱或剥夺其权益的行为必然会遭到他们的强烈反对和阻挠，"尤其是实施信息披露等在内的保护小股东权益的措施使控制股东的行为透明化，将会严重威胁到控制股东的权益。"[1] 第二，法律修订本身是一个漫长的过程。通常而言，法律改革需要全面、深入、彻底地修改现有的陈旧规定和制度，然而由于受到需要协调制度间的关系等因素的影响，这一过程注定是艰难而漫长的。而且，改善股东保护状况、优化公司运作环境是一项系统性工程，修法仅是其中的一个组成部分。可以说，法律的革新将是一项需要支付巨大成本的艰巨工作。[2] 第三，文化与政治的隔阂。改善股东权益保护，建立更加完善、健康的证券市场，除了法律的修订之外，还可能涉及基础文化及政治结构的变革。公司治理、股东权益保护等与一国文化、政治密切关联。借鉴成熟资本市场成功经验进行本国制度改革，并试图取得较好的改革成效，则应当同时对相关的文化制度与政治结构一并做出调整。当涉及这些方面时，法律改革的工程就越发变得艰难了。第四，无法预测的改革效果也是一个重要阻碍因素。改革的最终效果在很大程度上无法预测，特别是无法用"成本—收益"方法进行测定，这在很大程度上导致改革派与保守派之间的分歧，从而进一步增加改革的阻力。[3]

以上论述表明，由于受到政治、文化等社会因素的影响，对证券法律进行有效革新注定是一项艰巨的任务。如学者所言："……境外企业选择前往美国资本市场则必须遵循美国有关公开募集股份的法律规定以及 SEC 相关规则等这些成本极高的制度壁垒，而这些制度阻却了更多的企业进入美国资本市场。"[4] 对企业而言，与其等待漫长的法律修改完成后再上市融资，还不如采取跨境上市的方式来得更加快捷、高效。可见，"诸多差异的存在致使进行宏观层面的改变变得极为困难，因此，借助跨境上市迫

---

[1] Larry E. Ribstein, and Regulatory Competition, 1 *Rev. L. & Econ.* 97, p. 102（2005）.

[2] Larry E. Ribstein, Cross-listing and Regulatory Competition, 1 *Rev. L. & Econ.* 97, p. 102（2005）.

[3] Larry E. Ribstein, Cross-listing and Regulatory Competition, 1 *Rev. L. & Econ.* 97, pp. 102-103（2005）.

[4] Howell E. Jackson & Eric J. Pan, Regulatory Competition in International Securities Markets: Evidence from Europe in 1999-Part I, 56 *Bus. Law.* 653, 665（2000）.

使企业进行微观层面的改变则更为实际。"[1] 当然，存在可以融资的外部环境也是跨境上市得以实现的重要因素。也就是说，有充足的资本供给是吸引企业跨境上市的基础条件。此时，"在经济全球化背景下，资本就是王道。那些拥有用于投资资本的人将会竭力使其收益最大化，而不会顾及国界或忠诚度的问题。"[2]

(二) 境外企业跨境上市的正当性论证：传统理论学说的基本观点

境外企业缘何会选择跨境上市？对这一问题的思索实际上就是对境内企业境外上市动机的反思与研究。境外企业选择跨境上市的动机极为复杂，往往涉及多个因素的综合考量。例如，学者对在美上市的境外企业相关实证数据分析后发现，境外企业之所以将美国作为跨境上市的目的地，是出于信息披露规定、具体业务、美国证券市场优势以及特定行业等因素的考虑。[3] 换言之，就每一个具体的境外企业而言，其是否选择跨境上市以及如何选择跨境上市可能会受到多种因素的影响，因此其动机也是千差万别的。尽管如此，结合一定范围的数据与样本，对一定时间跨度内的跨境上市企业进行总体性的研究所得出的结论，即有关境外企业跨境上市动机的研究从宏观上来说仍具有相当的价值。

企业为什么会选择跨境上市？对这一疑问最直接的回答是跨境上市可提升企业的价值。当再进一步追问缘何跨境上市会增加企业的价值这一问题时，则需要对其进行深入剖析。随着跨境上市企业数量的持续增加，自20世纪80年代开始，人们对跨境上市问题的研究也逐渐增多，对境外企业跨境上市动机的研究尤为突出。在学界，有关跨

---

[1] Larry E. Ribstein, Cross‑listing and Regulatory Competition, 1 *Rev. L. & Econ.* 97, p. 120 (2005).

[2] Richard C. Breeden, The Globalization of Law and Business in the 1990's, 28 *Wake Forest L. Rev.* 509, p. 513 (1993).

[3] James A. Fanto & Roberta S. Karmel, A Report on the Attitudes of Foreign Companies Regarding a U.S. Listing, 3 *Stan. J. L. Bus. & Fin.* 51, p. 72 (1997). 通常而言，企业上市的成本包括直接成本与间接成本两种。前者主要包括：交易费用、法律与会计咨询费以及新股发行的费用等；间接成本则包括管理层的代理成本、诉讼成本等。Jose Miguel Mendoza, Securities Regulation in Low‑Tier Listing Venues: the Rise of the Alternative Investment Market, 13 *Fordham J. Corp. & Fin. L.* 257, p. 276.

境上市动机问题的系统探究始于20世纪末。"公司海外上市动机十分复杂，总的来说可分为两类：一是财务动机，即海外上市可降低资本成本，或者更容易获得资本。二是商业动机，海外上市可以提高公司在供应商、雇员和顾客中的声誉，加强公司在行业中的竞争地位。"① 就实证方面而言，有学者对运用实证研究方法所得出的结论进行梳理之后，认为有两种观点值得关注。第一种观点认为相对于那些没有上市的类似企业而言，选择跨境上市的企业产生了一个良好的溢价（valuation premium）。第二种观点认为境外企业在美国证券交易所上市将减少融资成本。也就是说，通过如上两个方面的努力，境外企业通过跨境上市不仅增大了企业价值，而且大大减少了融资所需要付出的成本和费用。② 针对境外企业跨境上市的动机理论研究主要形成了如下几种权威观点和学说。③

1. "市场分割理论"（market segmentation hypothesis）。该理论又被称为"风险回报理论"，它是最早提出的有关跨境上市动机问题的理论观点。在这一理论看来，国际资本流动会遇到外汇自由兑换、交易成本、信息成本、法律限制等障碍，这导致了国家间资本市场的分割，使得企业融资渠道狭窄、资金成本畸高。④ 由于税收差异、监管限制、信息约束等因素的影响造成了国家（地区）间投资壁垒与障碍，为实现市场间的统一，跨境上市进入了人们的视野。事实表明，在市场分割状态下，借助跨境上市这一方式可以提升股票价格，或者说，当企业宣布境外上市时，国内市场上的股票价格会有明显的上升，而且被分割程度越高的市场获益将越

---

① 胡国晖、吴丛生："企业境外上市动机研究综述"，《经济学动态》2005年第7期。比如，学者Jordan Siegel就认为境外企业选择跨境上市与其说是期望上市地法律的约束力，不如说是期望获得更有价值的名声。Jordan Siegel, Can Foreign Firms Bond Themselves Effectively by Renting U. S. Securities Laws?, 75 *J. Fin. Econ.* 320 (2005).

② Natalya Shnitser, A Free Pass for Foreign Firms? An Assessment of SEC and Private Enforcement against Foreign Issuers, 119 *Yale L. J.* 1638, p. 1648.

③ 按照学者的观点，境外企业境内上市，从20世纪80年代以来，经历了80年代的小幅上升、90年代中期的快速上升、90年代末的下降、目前趋于平稳的曲折发展过程，但是关于境内上市的研究则是从90年代初开始，逐渐成为学术界的一个研究热点，也是各国资本市场国际化与证券交易所国际化的研究重点之一。李开秀：《境外公司境内上市研究的文献综述》，《上海金融》2009年第11期。

④ 李开秀：《境外公司境内上市研究的文献综述》，《上海金融》2009年第11期。

大,这一结论有力地支持了"市场分割理论"。① 当然,值得注意的是,随着国际资本市场一体化程度的强化,到 20 世纪 90 年代末,"市场分割理论"不能解释一些新出现的市场现象:资金成本的降低所带来的收益和跨国上市的公司数量并没有随着国际市场一体化的加强而逐步减少,相反却在逐年增加;通过跨国上市可以获利的公司中只有 10% 选择跨国上市等问题。②

2. "流动性理论"(liquidity hypothesis)。根据学者的观点,在流动性较好的证券市场中,交易指令能够被迅速执行,交易成本低,并且交易行为不会对市场价格造成影响。③ 学者通常用买卖差价和成交量来衡量流动性的大小。投资者看重流动性,在其他条件相同的情况下,流动性越大,资本成本就越低。通常认为,到一个流动性更高的外国证券交易所上市能减少流动性风险,从而获得更多的预期收益。当然,对于该理论观点,也有学者提出了质疑。换言之随着资本市场一体化发展进程的推进,人们开始质疑跨境上市是否真能增加流动性,是否以国内流动性的减少为代价,流动性增加是否具有持久性,这种流动性的增加是否会影响价格发行问题。④

3. "投资者认知理论"(investor recognition hypothesis)。这一理论认为企业跨国上市是为了增加企业自身的知名度(visibility),可以获得上市市场上大量分析师的研究与媒体报道,具有广告效应,从而扩大其投资者

---

① 胡国晖、吴丛生:"企业境外上市动机研究综述",《经济学动态》2005 年第 7 期。另可参阅:Narayanan Jayaraman et al., The Impact of International Cross Listings on Risk and Return: The Evidence From American Depository Receipts, 17 *J. Banking & Fin.* 91, 96 – 97 (1993); Gordon J. Alexander et al., Note, Asset Pricing and Dual Listing on Foreign Capital Markets: A Note, 42 *J. Fin.* 151, 151 (1987).

② 李开秀:《境外公司境内上市研究的文献综述》,《上海金融》2009 年第 11 期。

③ 胡国晖、吴丛生:《企业境外上市动机研究综述》,《经济学动态》2005 年第 7 期。

④ 李开秀:《境外公司境内上市研究的文献综述》,《上海金融》2009 年第 11 期。Amir N. Licht, Cross-listing and Corporate Governance: Bonding or Avoiding? 4 *Chi. J. Int'l L.* 141, p163. 有学者借助查问卷的方式获得的欧洲企业选择前往美国资本市场融资的动机从弱到强依次为:价格需求、名誉追求、并购支付、行业考虑、执行稳定性、分析师跟进、机构进入。Howell E.Jackson, Eric J. Pan, Regulatory Competition in International Securities Markets: Evidence from Europe – Part II, 3 *Va. L. & Bus. Rev.* 207, pp. 224-225. (2008).

第三章 理论学说：跨境上市制度的基石

基础和增加公司的销售收入。[1] 有学者在此基础上对原有理论观点进行了改进，认为境外上市如果能扩大股东基础，则可以为企业创造价值。因为股东基础扩大可以使公司的风险在更多的股东中间分担，这会降低公司的资本成本。[2]

4. "投资者保护理论"（investor protection hypothesis）。与前面几种理论观点相比，"投资者保护理论"是一种最近才出现的理论。该理论认为，对股东利益的保护程度影响到公司筹集外部资金的成本。学者研究表明投资者保护在不同国家差异甚大，而投资者保护事关公司治理和公司融资，低水平的投资者保护与不发达的金融市场、高昂的外部融资成本和控股股东的私人利益间相互关联在一起。[3] 申言之，该理论认为美国严格的法制环境、上市标准、信息披露是外国公司选择在美国上市的原因，因为这能显示上市公司的高公司治理水平与良好的声誉。[4] 如有学者说的那样："有经济学家认为良好的信息披露制度不仅能减少不确定性和信息不对称问题，还可以降低单一化风险。"[5] 对于这一理论，本书后面将做进一步的阐释。

5. "信号效应理论"（signaling effect）。该理论认为来自信息披露和投资者保护法律制度不健全国家的企业，如果能够到一个规范化、成熟化的境外市场成功上市，会产生积极的"信号效应"，因为境外上市在一定程度上证明了该企业的质量和前景。为了使经理层不谋取额外私利，到具有更健全监管机制的证券交易所上市是一条高效的途径。在这一情况下，投资者将会对境外上市企业的公司治理水平更有信心，企业的市场估价将上涨。例如，学者对加拿大在美跨境上市的数据进行了分析和验证，结果表明加拿大企业通过境外上市，将自己置于美国的监管环境之下，的确导致了企业价值的增加。[6]

---

[1] 李开秀：《境外公司境内上市研究的文献综述》，《上海金融》2009年第11期。

[2] 胡国晖、吴丛生："企业境外上市动机研究综述"，《经济学动态》2005年第7期。Amir N. Licht, Cross-listing and Corporate Governance: Bonding or Avoiding? 4 *Chi. J. Int'l L.* 141, p. 144.

[3] 胡国晖、吴丛生：《企业境外上市动机研究综述》，《经济学动态》2005年第7期。

[4] 李开秀：《境外公司境内上市研究的文献综述》，《上海金融》2009年第11期。

[5] Luzi Hail & Christian Leuz, International Differencesin the Cost of Equity Capital: Do Legal Institutions and Securities Regulation Matter?, 44 *J. Acct. Res.* 485, 487 (2006).

[6] 周煊、林小艳：《国内企业境外上市的动机及市场选择策略研究》，《中南大学学报》（社会科学版）2008年第5期。

6. "获取资本理论"(access to capital hypothesis)。这一理论认为有些境外企业到美国上市后价值增长,是因为它们绕开了国内不发达的资本市场,这些需要筹集资金的企业可以从美国市场更大的流动性和高效中获益。学者研究发现,在美国上市的企业信贷约束减轻,其投资对现金流的依赖比上市前下降。该理论的要旨是在美国上市等于获得了通向资本的渠道。其隐含的意思是,有最好投资机会的企业,从上市中获得的利益也最大。[1]

三　境外企业跨境上市正当性新论证:法学的分析视角

(一)"约束理论":对跨境上市动机的法学分析

如上所述,在"法金融学"理论看来,证券市场的发达程度与其法律制度建设直接相关。新兴经济体或者处于转型期的经济体可能无法在短时间里建立足以支撑证券市场运作的法律框架。而且,确保证券市场运作的法律制度可能与他国的政治、文化及社会制度相冲突,这意味着贸然采取制度移植的举措绝非明智之举。如上困境表明:一方面,某一国家证券发展的要求亟须建立并不断完善证券市场体系;另一方面,采取全盘复制他国制度的做法又不可行。面对这一难题,跨境上市可能是妥帖的解决之道。[2] 概言之,"尽管政治制度和立法做出妥协较为困难,但是资本却具有流动性特性。企业可借助流动性这一特质寻求最优的规制环境。"[3] 借助跨境上市这一方式,境外企业可以跨越本国在企业融资方面落后的制度阻碍,"租用"成熟、发达资本市场的法律制度,从而达到企业快速融资的目的。

在这一基本背景下,"约束理论"(bonding hypothesis)得以诞生。"约束"(bonding)是现代制度经济学中的术语,由詹森等人(Jensen and Meckling)首次提出。它通常指机构或企业为确保投资者按照其承诺履行义务所应承担的成本或责任。[4] "约束理论"认为借助跨境上市的方式在

---

[1] 胡国晖、吴丛生:《企业境外上市动机研究综述》,《经济学动态》2005年第7期。

[2] Larry E. Ribstein, Cross-listing and Regulatory Competition, 1 *Rev. L. & Econ.* 97, p. 98 (2005).

[3] Ibid..

[4] Michael C. Jensen & William H. Meckling, Theory of the Firm: Managerial Behavior, Agency Costs and Ownership Structure, 3 *J. Fin. Econ.* 305, p. 325 (1976).

美国的证券交易所上市的境外企业将更利于保护小股东权益，同时也将披露更彻底、更全面的信息。经济学理论早就预测到企业越是诚信地遵循更加严格的信息披露制度，越是能降低企业融资成本的信息不对称问题。[1] 以美国为例，之所以能做到这一点，在学者看来主要是由于如下几个方面的原因：第一，跨境上市的境外企业成为 SEC 监管的对象；第二，投资者具有可获得形式更加有效、成本更低廉的法律救济途径的能力，例如集团诉讼与派生诉讼；第三，按 SEC 的要求提供更加全面的财务信息，同时使企业财务报表与美国 GAAP 协调一致。[2] 除此之外，当境外企业进入美国证券市场之后，还必须接受美国享有盛誉的中介机构——承销商、审计机构、信用评级机构以及证券分析师——的审查和监督。"分析师可被视作金融监管者，在揭露金融欺诈行为时，如同证券监管者那样专业，因此，接受其审查的企业受到承诺的约束则必须做出更全面、公正的信息披露。"[3] 有学者以 IPO 为例，通过数据分析与实证调查的方法得出了如下结论："IPO 行为依赖于国家层面的法律与治理制度的水平。"[4] 因此，有些来自证券法律制度不完善国家的企业往往会选择在法律制度健全、完善的国家启动 IPO。简言之，在"约束理论"看来，跨境上市的最大优势在于"在不改变母国法律与文化的前提下，向中小股东提供强大的法律保护"。[5]

综上，"约束理论"可很好地解释如下问题：第一，为什么境外企业对采取上市方式而不是其他渠道进入美国证券市场的反应更加乐观；第二，为什么那些来自发展中国家的企业上市后股票价格上涨较快；第三，为什么有的企业不愿意选择跨境上市。[6] 在"约束理论"看来，境外企业

---

[1] John C. Coffee, Jr. Racing towards the Top?: The Impact of Cross-Lstings and Stock Market Competition on International Corporate Governance, 102 *Colum. L. Rev.* 1757, p. 1783.

[2] Ibid., pp. 1780-1781.

[3] Ibid., p. 1781.

[4] Craig Doidge et al., The U. S. Left Behind? Financial Globalization and the Rise of IPOs outside the U. S, *J. Fin. Econ*, 2013, p. 546.

[5] Larry E. Ribstein, Cross-listing and Regulatory Competition, 1 *Rev. L. & Econ.* 97, p. 118 (2005).

[6] John C. Coffee, Jr., Law and the Market: The Impact of Enforcement, 156 *U. Pa. L. Rev.* 229, p. 285 (2007).

通过跨境上市这一方式,"借道"其他国家的成熟、完善法律制度就可实现公司治理结构自我提升的目的。①

(二)"约束理论":来自实证的支持

要证成"约束理论"的确当性,不仅需要证明跨境上市的确提升了境外企业的价值,并帮助企业获得了更多的资金支持,同时,还得证明这种积极效果是由上市地法律使然,该国(地区)的法律发挥了"约束"的功效。学者通过对跨境上市企业相关数据的测验和实证研究,提出了诸多佐证"约束理论"的观点。相关的权威观点分列如下:

1. 有学者(Doidge et al.,)通过研究发现,在美上市境外企业的托宾 Q 比率(Tobin's Q)远大于那些同一国家(地区)中没有在美上市的企业。同时,这种差异性在投资者保护水平越低的国家越明显。②根据其统计数据,截至 1997 年年底,在美跨境上市的境外企业的托宾 Q 比率是 16.5%,高于同一国家没有在美上市的企业。那些在美国大型证券交易所上市(例如 NYSE、AMEX、NASDAQ)的境外企业,这一数值达到了 37%。可见,选择在美跨境上市的境外企业,其估值溢价是同一国家没有在美上市的企业的两倍。学者进一步研究发现 1990—2001 年在美上市境外企业的平均估值溢价为 17.5%,高于那些没有选择在美上市的境外企业 2002 至 2005 年溢价水平的 14.3%。③

2. 有学者(Reese&Weisbach)研究发现,跨境上市的企业大多来自大陆法系国家,相对而言,这些国家(地区)保护投资者权益的法律较薄弱。尽管美国的法律不能对他国的证券买卖者提供直接救济措施,但是在美上市之后,境外企业需要接受美国法律的规制,保证其向美国投资者

---

① Amir N. Licht, Cross-listing and Corporate Governance: Bonding or Avoiding? 4 *Chi. J. Int'l L.* 141, p. 162.

② Doidge, G. Andrew Karolyi, and Rene M. Stulz. 2004. Why are Foreign Firms Listed in the US Worth More? 71 *J. Fin. Econ* 205. 托宾 Q 比率是公司市场价值对其资产重置成本的比率,反映的是一个企业两种不同价值估计的比值。

③ Craig Doidge et al., Has New York Become Less Competitive in Global Markets? Evaluating Foreign Listing Choices Over Time 4, p. 33. (Charles A. Dice Ctr. for Research in Fin. Econ., Working Paper No. 2007-9, 2007), available at http://ssrn.com/abstract=982193.

提供真实、可靠的信息。在这一过程中，也将会确保对母国投资者信息披露的透明、公开。①

3. 有学者（Benos&Weisbach）借助数据分析，发现来自欧洲国家的企业在美跨境上市的数量明显增加，尽管欧洲已经建立了统一的证券市场。这一研究结果表明除了流动性之外，跨境上市还存在其他一些企业可能会考虑的因素。②

4. 有学者（Fuerst）研究发现，企业跨境上市往往选择较他国（地区）法律更严格的国家。同时，在他国上市的美国企业与在美跨境上市的境外企业相比，前者股票价格上涨远小于后者。这一现象即使在没有市场分割及流动性差异时同样如此。③

5. 有学者（Doidge et al.,）研究发现，同一国家的跨境上市企业的市值要高于那些没有跨境上市的企业，尤其是在那些投资者权益保护较弱的国家。这一现象表明跨境上市地科学、完善的法律制度造成了这样的差异。④

6. 有学者（Hail&leuz）研究发现，跨境上市带来的融资成本的减少有别于分析师预测的结果。这表明企业宣布跨境上市后回报的增长来自于对企业内部人士违规行为减少的市场预期，而不是对企业成长机会的预

---

① Reese, W. A., Jr., and M. S. Weisbach. 2001. Protection of Minority Shareholder Interests, Cross-Listings in the United States, and Subsequent Equity Offerings, NBER Working Paper 8164, www. nber. org/papers/w8164. 正如有学者所称的那样："越全面的信息披露要求和越严格的证券监管显现出的是融资成本的降低。" Luzi Hail & Christian Leuz, InternationalDifferencesin the Cost of Equity Capital: Do Legal Institutions and Securities Regulation Matter?, 44 *J. Acct. Res.* 485, 524 tbl. 1 (2006). 另外，根据学者的测算，如境外企业选择在美上市的话，其融资成本将减少 70 到 120 个基点。Luzi Hail & Chritian Leuz, Cost of CapitalEffects and Changes in GrowthExpecta-tions Around U. S. Cross-Listings36 (European Corporate Governance Inst., Working Pa-per No. 46/2004, 2006), a-vailable at http: //ssrn. com/abstract=938230.

② Benos, Evangeline, and Michael S. Weisbach. 2003. Private Benefits and Cross-Listings in the United States, SSRN Working Paper, http: //papers. ssrn. com/paper. taf? abstract_ id=462027.

③ Fuerst, Owen. 1998. A Theoretical Analysis of the Investor Protection Regulations Argument for Listing of Stocks, SSRN Working Paper, http: //papers. ssrn. com/sol3/papers. cfm? abstract _ id = 139599.

④ Karolyi, G. Andrew. 2004. The Role of ADRs in the Development of Emerging Equity Markets, SSRN Working Paper, http: //papers. ssrn. com/paper. taf? abstract_ id=472700.

期。这一结果在法律规制较为薄弱的国家尤为明显。①

7. 有学者（Ferrell）研究发现，对那些在美跨境上市拥有双重股权的企业来说，会造成投票权重高的股票与投票权重低的股票价格上的差异，这一点在投资者保护薄弱的国家更加突出。这一研究结论表明跨境上市增加透明度后，减少了控制股东挪用、侵占公司财产的几率。②

8. 有学者（Lang，Raedy，Yetman）通过实证调查发现，跨境上市的企业与没有跨境上市的企业相比，其收入以及管理层收入都有很大程度上的增长。治理较好的企业与那些治理相对较弱的企业选择跨境上市时，前者的边际成本更低。③

9. 有学者（Melvin，Valero，Tonone）研究发现，境外企业跨境上市成功之后，其本国（地区）的竞争对手的价值有所降低。同时，在跨境上市企业股东财富增加时，来自这个国家的没有跨境上市的企业的股东财富将会减少。这表明企业跨境上市之后，市场对这个国家中没有跨境上市的企业会做出不利的评估。④

10. 有学者（Pagano，Roell，Zechner）研究发现，欧洲某一国企业在欧洲其他国家跨境上市后会增加借贷数额，而在投资者权益保护较完善的美国跨境上市之后会扩大股权融资规模。这一观点佐证了"约束理论"。⑤

11. 有学者（Wojcik，Clark，Bauer）研究发现，在美国跨境上市的欧洲企业与没有在美跨境上市的企业相比，前者具有较高的公司治

---

① Hail, Luzi, and Christian Leuz. 2004. "Cost of Capital and Cash Flow Effects of U. S. Cross-Listings," ECGI - Finance Working Paper No. 46/2004, http：//papers.ssrn.com/sol3/papers.cfm? abstract_id=549322.

② Ferrell, Allen. 2004. The Case for Mandatory Disclosure in Securities Regulation Around the World, Law and Economics Discussion Paper No. 492, Harvard Law School, http：//papers.ssrn.com/paper.taf? abstract_id=631221.

③ Lang, M. H., J. S. Raedy, and W. M. Wilson. 2004. Earnings Quality and Cross Listing：Are Reconciled Earnings Comparable to US Earnings? SSRN Working Paper, http：//papers.ssrn.com/paper.taf? abstract_id=511842.

④ Melvin, Michael, and Magali Valero-Tonone. 2003. The Effects of International Cross-Listing on Rival Firms, SSRN Working Paper, http：//papers.ssrn.com/paper.taf? abstract_id=472723.

⑤ Pagano, Marco, Ailsa A. Roell, and Joseph Zechner. 2002. The Geography of Equity Listing：Why Do European Companies List Abroad?，57 *J. Fin* 2651.

理等级水平。相对而言,在欧洲跨境上市的企业则不具有如上的关联关系。①

综上,"绝大多数跨境上市企业旨在选择东道国的强制信息披露法律制度,看中的不仅仅是其市场。"② 基于此,那些向境外企业提供更具吸引力的法律制度的国家将会在跨境上市企业资源的竞争中获得胜利。对此,有学者曾言:"截至目前,造成证券市场之间竞争的主要机制是企业决定将在境外证券交易所跨境上市,尤其是在美国。"③ 当然,也有学者认为美国严苛执法以及过度监管将会严重削弱美国证券市场的竞争力。对此,"约束理论"的提出者 Coffee 教授并不赞同,在他看来,较高的执法强度降低了美国经济发展所需的资本成本,并提高了证券自身价值。尽管严格的监管可能会恫吓部分企业,但也对另外的企业产生他国所无法比拟的吸引力。④ 换句话说,严苛执法既带来了收益,也带来了一定的成本。对于那些不愿意接受严格法律监管的企业而言,可能不会选择在美跨境上市。从这一角度看,美国严苛的证券监管的确给其资本市场竞争力造成了一定的负面影响。正如有学者说的那样:"绝大多数不愿意选择在美跨境上市的境外企业都存在控制股东的现象。按照企业注册地的法律,对牺牲一部分中小股东利益而让控制股东获取一定权益的行为并不界定为违法。"⑤ 另一方面,应当看到,对于那些愿意接受美国严格法律监管的企业则是另一番不同的景象。在这一情况下,在是否将美国证券市场作为跨境上市目的地这一问题上,境外企业可能存在明显的"分化"现象。⑥

---

① G. L. Clark, and R. Bauer, Corporate Governance and Cross-Listing: Evidence from European Companies, SSRN Working Paper, http://papers.ssrn.com/paper.taf?abstract_id=593364 (2004).

② Larry E. Ribstein, Cross-listing and Regulatory Competition, 1 *Rev. L. & Econ.* 97, p.116 (2005).

③ John C. Coffee, Jr., Racing towards the Top?: The Impact of Cross-listings and Stock Market Competition on International Corporate Governance, 102 *Colum. L. Rev.* 1757, p.1770.

④ John C. Coffee, Jr., Law and the Market: The Impact of Enforcement, 156 *U. Pa. L. Rev.* 229, p.230 (2007).

⑤ John C. Coffee, Jr., Law and the Market: The Impact of Enforcement, 156 *U. Pa. L. Rev.* 229, n5.

⑥ John C. Coffee, Jr., Law and the Market: The Impact of Enforcement, 156 *U. Pa. L. Rev.* 229, pp.231-232 (2007).

当然，除了学者的上述观点，欧盟的做法也是检验这一问题的重要样本。学者借助调查问卷的方式，于1999年对包括在伦敦以及欧洲其他金融中心工作的律师、投资银行家以及熟悉欧洲融资实践的监管官员等在内的55名人员进行了详细的调查与交流。在此基础上，就欧洲范围内有关境外企业跨境融资过程中监管机制相互竞争的问题展开研究。通过研究得出了如下两个基本结论：第一，市场力量决定了欧洲企业更愿意披露更多信息，即遵循要求更高的法律制度。这一点与学者所提出的"竞优"观点相一致。例如，英国与德国对融资规定较为严格的条件成为诸多企业上市所瞄准的对象。第二，对融资企业来说，遵循要求更高的法律制度，必然使他们支出更多的成本。[①]

具体而言，欧盟委员会确定了欧盟成员国在证券监管领域所应当遵循的最低要求和标准。成员国可以根据本国情况提高相应的标准或要求，但不能突破规定的最低标准。在此基础上，欧盟委员会还制定了适用于欧盟各国的互认制度。互认制度作为"通行证"，允许欧盟一国企业进入其他成员国资本市场，在遵循本国法律基础上，并没有必要再遵循他国法律的要求。在证券法领域，欧盟委员会有两个相关指令对于境外企业境外融资极为重要。第一，上市特殊指令（listing Particulars Directive，简称"LPD"）。根据这一指令，在母国上市的企业可在其他成员国证券交易所上市，无须遵循其相关法律要求。第二，公开发行指令（Public Offers Directive，简称"POD"）。根据这一指令的要求，母国企业可向其他成员国资本市场公开募集股份，其所提交的材料只需要遵循本国法的要求即可。根据学者的观点，这两项指令确立了欧洲范围内有关规则的"竞争市场"的基本前提条件。[②] 欧盟各国企业境外融资的事

[①] Howell E. Jackson & Eric J. Pan, Regulatory Competition in International Securities Markets: Evidence from Europe in 1999-Part I, 56 *Bus. Law*. 653, 655 (2000).

[②] Howell E. Jackson & Eric J. Pan, Regulatory Competition in International Securities Markets: Evidence from Europe in 1999-Part I, 56 *Bus. Law*. 653, 662 (2000). 按照学者的观点，要创造一个良好的法律规范的"竞争市场"，至少应具备如下三个要素：第一，存在多个适格的法律制度可供选择；第二，不能存在过高的成本和不便阻碍企业自由选择、流动；第三，政府具有积极改革本国法律以适应新情况的倾向与积极性。Howell E. Jackson & Eric J. Pan, Regulatory Competition in International Securities Markets: Evidence from Europe in 1999 - Part I, 56 *Bus. Law*. 653, 659 (2000).

实证明，企业选择更加严格的法律制度倾向性明显。例如，学者调查发现，欧盟国家诸多企业选择前往英国上市的一个重要的考虑是其严格、完善的证券法律规定。① 另一方面，如上两个指令所确定的互认制度在欧盟各国适用的并不多，从这一角度来说，欧盟范围内规则相互竞争的格局并没有如立法者所设想的那样出现。当然，造成互认制度逐渐失去其作用的另一因素是类似于美国144A条款的融资方式在欧洲的兴起，这一方式——International-style Offerings——豁免了诸多法律规定，从而使得互认制度存在的空间大大缩小。此外，随着如上两个指令的出台，欧盟成员国企业采取交叉上市的方式融资的必要性也不复存在。② 可以说，这在很大程度上加剧了欧盟范围内证券交易所争夺上市资源的竞争程度。在此基础上，为了获取更多的上市资源并保证自身在竞争中立于不败之地，证券交易所"公司化"改革及并购成为其自身立于不败之地的不二之选。

(三)"逃避理论"：对约束理论的质疑和反对

如上所述，"约束理论"认为境外企业之所以愿意采用跨境上市的方式进入美国证券市场，是希望可以借助美国较为成熟、先进的法律提升公司的治理水平。正因如此，有学者将境外企业"租用"美国法律制度的现象称为"借道"（piggybacking）。③ "通过证券市场跨境上市为在更加合理的公司治理框架下保证公司内部人诚信地开展活动提供约束机制。"④ 然而，有学者认为这一理论并不成立，并在此基础上提出了"逃避理论"（avoiding hypothesis）。在他们看来，"企业之所以选择跨境上市可能是多个原因所促成的，但对绝大多数企业来说，企业治理的自我提升并不在此之列。与其说是为了与境外法律捆绑在一起，还不如说是为了避开它。"⑤ 申言之，按照这一理论，境外企业之所以选择跨境上市，主要是出于获取

---

① Howell E. Jackson & Eric J. Pan, Regulatory Competition in International Securities Markets: Evidence from Europe in 1999-Part I, 56 *Bus. Law.* 653, 665 (2000).

② Ibid..

③ Bernard S. Black, The Legal and Institutional Preconditions for Strong Securities Markets, 48 *UCLA. L. Rev* 781, p. 816 (2001).

④ Amir N. Licht, Cross-listing and Corporate Governance: Bonding or Avoiding? 4 *Chi. J. Int'l L.* 141, p. 142.

⑤ Ibid., p. 163.

低成本资本以及提升知名度的考虑。① 就"约束理论"所提及的治理结构自我提升问题,境外企业则采取了"唯恐避之不及"的态度。简言之,这一理论的核心认为借助跨境上市的方式,境外企业实际上避开了上市地法律的相关规定,从而达到逃避规制的目的。"境外企业所'租用'的监管制度与适用于境内企业的法律制度之间存在较大差异"。② 沿着这一理论的逻辑思路可以推断,对上市目的地法律采取回避姿态,企业通过跨境上市提升企业治理水平的目标将无法达成。"逃避理论"实际上在传达这样一种信息:境外企业公司治理水平的提高不能依赖于上市地的法律,相反,应当将努力的重心放在母国相关法律的建设与完善上。③

除了"逃避理论"之外,还有其他一些反对声音。例如学者 Merritt Fox 认为"约束理论"并不能带来最优的结果,因为企业"信息披露的私人成本将大于其社会成本"。④ 在他看来,多样化的信息披露制度将对投资者造成差异化的后果及负面影响。⑤ 学者 Prentice 认为这一模式将加剧管理层寻租的代理问题,从而引发监管者间的"竞低"(race to the bottom)现象。⑥ 还有学者从执法效果这一视角对"逃避理论"提出质疑。详言之众所周知,美国证券法是世界上最严格的法律。⑦ 在学者 Shnitser 看来,尽管美国的证券相关诉讼最为发达,SEC 也是世界上最为活跃的证券监管者,但是,数据调查及相关研究表明境外企业游离于美国严格的诉讼框架体系之外。⑧ 换

---

① Amir N. Licht, Cross‐listing and Corporate Governance: Bonding or Avoiding? 4 *Chi. J. Int'l L.* 141, p. 142.

② Ibid.

③ Ibid., p. 163.

④ Merritt B. Fox, The Issuer Choice Debate, 2 *Theoretical Inq. L.* 563, p. 564 (2001).

⑤ James D. Cox, Regulatory Duopoly in U.S. Securities Markets, 99 *Colum. L. Rev.* 1200, pp. 1229-1235 (1999).

⑥ Robert A. Prentice, Regulatory Competition in Securities Law: A Dream (That Should Be) Deferred, 66 *Ohio St. L. J.* 1155, pp. 1228-1230 (2005).

⑦ Michael R. Bloomberg & Charles E. Schumer, Sustaining New York's and the US' Global Financial Services Leadership (2007), p. 71.

⑧ Natalya Shnitser, A Free Pass for Foreign Firms? An Assessment of SEC and Private Enforcement against Foreign Issuers, 119 *Yale L. J.* 1638, p. 1644. 学者 Jordan Siegel 也坚持这样的观点,通过实证研究,他发现在美国,SEC 以及中小股东针对境外企业行为,在贯彻法律方面效果并不理想。Jordan Siegel, Can Foreign Firms Bond Themselves Effectively by Renting U.S. Securities Laws?, 75 *J. Fin. Econ.* 319, pp. 319-320 (2005).

言之，不论是从适用法律的严格程度上来说，还是从其所面临的执法严格程度来讲，都不能与境内企业同日而语，二者之间的不平等性是显而易见的。根据他的观点，对这一理论的反驳主要来自如下几方面：第一，诉讼风险。根据调查数据，针对境外企业的诉讼极少，因此约束理论本身的作用实际上值得怀疑。① 第二，自我选择问题。在有的学者看来，约束理论选择在美国上市的境外企业与来自同一国家但没选择在美上市企业进行比较，前者具有较强的成长性，依此证明约束理论的确当性。然而，这种对比研究不具有合理性，犹如拿苹果与橘子进行比较，毫无意义。第三，市场泡沫解释。境外企业之所以在20世纪90年选择在美上市，或者说这一时期在美上市境外企业特别多，其原因是正好赶上技术大发展时代这样的机遇，而与约束理论所说的法律制度优劣并无太多关联关系。②

（四）"跨境上市"：作为一种激发竞争的手段

如上所阐述的"约束理论"及其反对者从法律的角度挖掘了境外企业跨境上市的动机，尽管在观点上存在较大差异；但这些观点都承认一点，即与经济学者所提出的观点相比，法律在境外企业跨境上市中也同样发挥着不可或缺的作用。本书认为，"约束理论"的观点具有相当的合理性，同时，对于"逃避理论"提及的公司治理文化与政治差异的观点也应当予以肯定和充分重视。本书坚持这一观点意味着：境外企业跨境上市后，上市地的法律无论对上市企业而言，还是对其母国法而言，都将会产生一定的影响。同时，由于受到文化差异、政治隔阂等因素的约束，无论是在法律制度的趋同性问题上，还是在企业治理的融合性问题上都还存在不少阻碍，消弭这些影响注定是一个漫长的进程。

1. 境外企业跨境上市对母国法律产生的影响

按照"约束理论"的观点，在一定程度上，跨境上市会影响境外企业母国的法律制度。之所以这样说，是出于两个方面的原因。首先，境外企业跨境上市之后，会受到东道国相关法律的规制，即在诸多方面需做出改变以符合东道国法律的要求。此时，这些境外上市企业会请求、游说东

---

① John C. Coffee, Jr. Racing towards the Top?: The Impact of Cross-listings and Stock Market Competition on International Corporate Governance, 102 *Colum. L. Rev.* 1757, pp. 1794-1798.

② 关于这一问题的争论还可参见：Howell E. Jackson, Eric J. Pan, Regulatory Competition in International Securities Markets: Evidence from Europe - Part II, 3 *Va. L. & Bus. Rev.* 207, pp. 211-212 (2008).

道国修改相关法律,使二者间的法律规定相协调,从而减少企业运作的制度成本。其次,为防止上市资源的过度流失,鉴于东道国良好的制度规定,母国立法者及相关利益团体也会建议修改本国法律制度,以留住原本打算前往境外上市的企业,甚至在境外企业上市资源中"分一杯羹",从而推动本国的证券市场的繁荣。①

尽管如上两种因素可能在某种程度上推动母国修法步伐的加快,但不能高估它们的作用。换言之,尽管跨境上市对母国法可能会产生一定的积极影响力,但其作用十分有限。第一,法律修改可能受到利益集团的阻挠。原有的利益格局已经形成,通过立法改变这种格局必定会遭到他们的强烈抵抗和反对。第二,立法的改革可能会影响到母国原有公司文化与基本价值理念。大陆法系国家公司利益相关者保护至上理念与英美法系国家股东利益至上理念的差异便是明证。对此,有学者提出如下疑问:"外国的法律元素是否能够巧妙地嵌入当下公司治理结构体系之中并与之相互协调一致,从而达到预想的改善效果?"② 第三,游说修法的利益团体并非铁板一块,彼此之间的利害关系程度并不一样,因此很难形成较为整齐划一的合力。③

可见,无论是为吸引更多上市资源而修改现行法律,还是通过跨境上市进入他国证券交易所上市,都可能会涉及公司治理中"嵌入"外国法律元素的问题。学者认为在改善一国企业治理结构,尤其是涉及借鉴国外经验和因素时,应当充分评估两国间的差异性,因为文化差异横亘在二者之间是一个不争的事实。④ 例如,有学者就认为美国文化深深根植于公司

---

① Larry E. Ribstein, Cross-listing and Regulatory Competition, 1 *Rev. L. & Econ.* 97, p. 117 (2005).

② Amir N. Licht, Legal Plug-Ins: Cultural, Distance, Cross-listing, and Corporate Governance Reform, 22 *Berkeley J. Int'l L.* 195, p. 198.

③ Larry E. Ribstein, Cross-listing and Regulatory Competition, 1 *Rev. L. & Econ.* 97, p. 117 (2005).

④ Amir N. LICHT, Legal Plug-Ins: Cultural, Distance, Cross-listing, and Corporate Governance Reform, 22 *Berkeley J. Int'l L.* 195, p. 198. 对于公司治理与一国政治、社会、文化之间的关系,学者早已有较为深入的研究。这些学者都十分强调公司治理体系中文化差异以及历史影响等因素的功能。James A. Fanto, The Absence of Cross-Cultural Communication: SEC Mandatory Disclosure and Foreign Corporate Governance, 17 *Nw. J. Int'l L. & Bus.* 119, pp. 120-121.

领域，它影响了本国的企业治理乃至强制信息披露制度。[1] 正因如此，境外企业在选择海外上市地时，地缘上的临近以及诸如贸易、语言、殖民关系、行业结构等方面的相似比财务方面的因素更为重要，更值得考虑、权衡。[2] 从这一角度来说，"逃避理论"所提出的文化与政治差异的观点具有一定的合理性。换言之，尽管存在强大推动力，国家间在企业治理结构方面将会趋向一致，甚至最后走向统一模式却注定是一个漫长的历程。[3] 以日本为例，尽管自2003年开始，按照该国法律的规定，日本公司可以选择适用如同美国（英国）那样的企业治理模式，但由于受到传统文化及原有公司模式的影响，在是否选择适用如上模式这一问题上，日本的公司之间产生了明显的分化。[4] 而且，在这一过程中，在企业治理结构上是否会出现向英美法系趋同的趋势还很难判断。正如学者所言："尽管日本公司治理结构尝试改革的结果还不清晰，但到目前尚无法证明企业在治理结构上的趋同性。"[5]

与此同时，在针对日本公司采取美国有关企业治理与管理层薪酬标准问题时，有学者也谨慎地表明了这样的观点："调查表明，在引入国外公司治理时，立法者和公司应当审慎地考虑公司治理与管理层薪酬间的关系问题。"[6] 韩国亦是如此，尽管自1998年就启动了企业治理结构的改革，但是学者仍旧认为韩国文化与公司治理之间的关系密切而不可割舍，这一点不可忽视。[7] 此外，印度也存在同样的问题，按照学者的观点："尽管公司治理规则可能与英美法系公司治理规则趋于一致，但本土独有特色却阻

---

[1] James A. Fanto, The Absence of Cross-Cultural Communication: SEC Mandatory Disclosure and Foreign Corporate Governance, 17 *Nw. J. Int'l L. & Bus.* 119, p. 138.

[2] Amir N. LICHT, Legal Plug-Ins: Cultural, Distance, Cross-listing, and Corporate Governance Reform, 22 *Berkeley J. Int'l L.* 195, p. 207.

[3] Henry Hansmann & Reinier Kraakman, The End of History for Corporate Law, 89 *Geo. L. J.* 439, p. 439 (2001).

[4] Ronald J. Gilson & Curtis J. Milhaupt, Choice As Regulatory Reform: The Case of Japanese Corporate Governance, 53 *Am. J. Comp. L.* 343, p. 373 (2005).

[5] Ibid., p. 372 (2005).

[6] Robert J. Jackson, Jr., Curtis J. Milhaupt, Corporate Governance and Executive Compensation: Evidence from Japan, 2014 *Colum. Bus. L. Rev.* 111, p. 111.

[7] Amir N. LICHT, Legal Plug-Ins: Cultural, Distance, Cross-listing, and Corporate Governance Reform, 22 *Berkeley J. Int'l L.* 195, p. 216.

却了这一过程。"①

2. 境外企业跨境上市对上市地法律产生的影响

对境外企业而言,从成本与收益关系的视角看,如果跨境上市给企业带来的收益低于融资成本,它将不会选择跨境上市。相反,如果跨境上市所带来的收益超过由此所需付出的成本,则它将会考虑选择跨境上市。②在这一情况下,跨境上市地成本的高低将成为企业选择上市地时考虑的重要指标。在境外企业考虑是否在一国跨境上市时,尽管可能同时会衡量多个要素,但该国法律是否适合该企业的运作是一个不可忽视的重要方面。当全球证券市场竞争日趋激烈时,这一情况变得更加明显、突出。换言之,随着越来越多的证券市场参与到企业上市这一资源的竞争行列中来,境外企业将会有多个可供选择的上市地。此时,各国制定适合自身情况且能在最大程度上吸引更多境外企业前来上市的跨境上市制度就成为该国在这一竞争中取得成功的关键。

四 境外企业跨境上市的法律适用:"企业选择理论"的阐释角度

(一)"企业选择理论"的产生背景与基本观点

众所周知,当证券市场发展尚处于初期之时,证券活动还限定在一国范围之内,此时该国法律对其管辖范围的证券活动予以监管具有充足的正当性,即学者所称的"单边监管"。③ 然而,随着资本在国际间流动趋势的强化,他国企业进入本国证券市场募集资本的情况越来越多,同时本国投资者投资他国在本国跨境上市的企业也开始变得司空见惯。在这样的背景下,"本国证券监管者在执行本国法律或者试图保护本国证券市场免受境外的影响将变得困难起来。"④ 面对这一情形,为保证本国法律的有效

---

① Afra Afsharipour, Corporate Governance Convergence: Lessons from the Indian Experience, 29 Nw. J. Int'l L. & Bus. 335, p. 335 (2009).

② Larry E. Ribstein, Cross–listing and Regulatory Competition, 1 Rev. L. & Econ. 97, p. 120 (2005).

③ 邱润根:"证券跨境交易的监管模式研究",《当代法学》2006 年第 3 期。单边监管是指证券跨境交易的母国和东道国或一国内不同法域的地区各自依据自己的法律制度竞相监管。

④ Frederick Tung From Monopolies to Markets: A Political Economy of Issuer Choice in International Securities Regulation 2002 Wis. L. Rev. 1363, p. 1370.

实施，通常有两种做法可供选择：治外法权（extraterritoriality）与趋向一致（harmonization）。尽管这两种手段在一定程度上能克服如上困难，然而，如学者所讲的那样，它们都试图竭力拓展本国垄断管辖权的适用范围。[1] 换言之，以上两种做法偏重于如何延伸本国法律管辖范围，当各国都秉持这样的理念时，它们之间必然产生在适用法律上互不相让的僵持局面，这必将影响到证券市场的国际化发展趋势，最终损害各国的权益。[2] 为解决如上问题，20 世纪末期，学者 Romano 提出了"企业选择理论"（issuer choice）。[3]

"企业选择理论"认为在跨境上市中，应当允许企业自由选择其所应适用的法律制度。[4] 根据这一理论，一个在美国跨境上市的日本企业可以选择德国法律作为规范公司运作的根据。可以说，选择哪一国的法律，企业享有充分的自由权，它可以根据自身的特殊情况选择最适合自己的法律制度。在 Romano 教授看来，如同美国公司法竞争的现状那样，允许企业自由选择适用的法律，可以促进竞争，从而向企业和投资者提供更高效、科学的法律规范。[5] 还有学者针对 IPO 问题通过实证研究的方法得出如下结论："尽管那些在法律制度尚不健全的国家的企业可能不愿意选择在国内 IPO，相反会选择去国外 IPO。

---

[1] Frederick Tung From Monopolies to Markets: A Political Economy of Issuer Choice in International Securities Regulation 2002 *Wis. L. Rev.* 1363, pp. 1370–1371.

[2] 各国强硬的做法，有碍于如下问题的有效解决："证券欺诈、市场操纵、内幕交易和其他非法行为越来越频繁地跨越一国的管辖边界，流动于现代通讯技术支持下的全球市场中。不法行为者逃至国外；当事人在外国管辖范围内伪装身份或注入资金进入例行交易；利用外国账户隐瞒股票的受益所有者；使用国际通讯设备包括因特网从事跨境违法行为等。"邱润根：《证券跨境交易的监管模式研究》，《当代法学》2006 年第 3 期。

[3] 在学术界中，Romano 教授可能是最支持这一理论的学者了。

[4] Stephen J. Choi & Andrew T. Guzman, Portable Reciprocity: Rethinking the International Reach of Securities Regulation, 71 *S. Cal. L. Rev.* 903, 907 (1998); Roberta Romano, The Advantage of Competitive Federalism in Securities Regulation (2002); Roberta Romano, The Need for Competition in International Securities Regulation, 2 *Theoretical Inq. L.* 387 (2001) Roberta Romano, Empowering Investors: A Market Approach to Securities Regulation, 107 *Yale L. J.* 2359, p. 2427 (1998).

[5] Kenji Taneda, Sarbanes-Oxley, Foreign Issuers and United States Securities Regulation, 2003 *Colum. Bus. L. Rev.* 715, p. 745.

也就是说，全球 IPO 使企业能够克服本国法律制度不健全的弊病。其结果可能就是企业设立国法律制度在影响 IPO 数量与进度方面变得越来越不重要，尽管还可能有其他因素影响其 IPO 地点的选择。"①

与此同时，学者 choi 与 Guzman 提出了类似的观点——"轻便式互认理论"（portable reciprocity）。在他们看来，实施"轻便式互认"将允许企业从诸多法律制度中选取适合自身的那一种。② 根据这一理论的基本逻辑，为了获得更多境外企业的认可，并提高其成为选择目标的几率，立法者只有制定更加合理、科学的监管制度，从而尽可能提高证券立法品质，最终形成"竞优"（race to the top）的良好局面。正如学者所讲的那样："内含在 Romano 分析中的是这样一种信念——竞争将致使各国设立旨在强化股东价值的有效信息披露制度。"③ 在长期的竞争过程中，"企业选择"理论将使不同国家（包括其证券监管者）根据企业不同的需求提供多样化的监管制度，形成供境外企业自由选择的多元化证券市场及监管模式格局。换言之，这一理论得以贯彻后，将会大大提高证券立法水平和质量，同时还可以打破证券监管者对证券立法的"垄断"，从而吸引更多境外企业选择跨境上市这一方式。

当然，该理论反对者最担心的问题是如果出现"竞低"的不良现象，将欲何为？④ 换言之，有的国家立法者为了迎合境外企业弱化监管、缩减成本的需求，可能会有意地降低跨境上市标准，这将会带来监管不力的后果，从而影响到投资者的合法权益。例如，学者 Fox 就认为，美国现行的强制信息披露制度对于防止本国企业隐瞒重要信息极为必要，因此，针对美国的境内企业，这一强制信息披露制度应当予以坚持。当然，关于境外企业在美上市的问题，Fox 也认为应当采取一定的豁免措施，主要还是让母国法来规制相关问题，"发行人母国跟企业之间存在

---

① Craig Doidge et al., The U. S. Left Behind? Financial Globalization and the Rise of IPOs outside the U. S, *J. Fin. Econ*, 2013, p. 571.

② Stephen J. Choi, Andrew T. Guzman, Protable Reciprocity: Rethinking the International Reach of Securities Regulation 71 *S. Cal. L. Rev.* 903, p. 746.

③ Kenji Taneda, Sarbanes-Oxley, Foreign Issuers and United States Securities Regulation, 2003 *Colum. Bus. L. Rev.* 715, p. 745.

④ Howell E. Jackson, Eric J. Pan, Regulatory Competition in International Securities Markets: Evidence from Europe - Part II, 3 *Va. L. & Bus. Rev.* 207 (2008), pp. 211-212.

第三章 理论学说：跨境上市制度的基石

重要利害关系，因此最适合设立强制性规则体系"。[①] 学者 Prentice 认为这一做法将激化管理上寻租的代理问题，同时还会使监管者走向"竞低"的局面。[②] 同时，学者 Coffee 也反对"企业选择"理论，只不过他是基于其所提出的"约束理论"来看待这一问题的。他之所以反对"企业选择"理论，主要源于如下几个方面的原因。第一，欠缺相互比较的标准。由于不存在可比较的标准和规则，因此企业在选择适用法律过程中就存在较大的盲目性。这一方面最终使得企业包括投资者在选择过程中遇到更多的困难，同时也需要付出更多的成本。第二，良法促进经济发展。科学、合理的法律制度能够减少交易成本，然而"企业选择"理论适用之后，企业将可能选择避开那些要求苛刻的法律。从长远来看，这并不是一个能促进经济健康发展，推动证券市场稳健向前的良策。第三，与构建证券交易所良好名誉背道而驰。在世界范围内，包括 NYSE 等在内的证券交易所着力打造全球证券市场的良好声誉。在这一背景下，允许企业自由选择适用的法律，则有可能出现"劣币驱逐良币"的现象，从而使建立起来的良好声誉毁于一旦。此外，他还反对在适用规则上的不统一，不赞成对境外企业适用豁免制度。另外，学者 Scott 等人还认为如上理论面临着执行困难的问题，从而有可能使投资者权益得不到有效保护。[③]

可以说，"企业选择"理论及其反对者之间的论证是认真反思在有关境外企业规制过程中证券监管者该扮演何种角色的核心和关键。在纯粹理论探讨领域中，"企业选择"理论具有相当的可行性，但是当面对现实情况因素时，尤其是面对某一国家的政治实践时，可能会发生某些改变。就美国而言，有学者说道："'企业选择'理论在现实中最大的障碍是政治，考虑到议会就 SOX 法案对境外企业适用豁免条款（exemption）坚决反对的态度，美国较全面地认可其他国家证券法为时尚早。事实上，现在的政治气氛似乎更支持对所有企业予以严格

[①] Merrit B. Fox, Retaining Mandatory Securities Disclosure: Why Issue Choice is not Investor Empowerment, p. 1355.

[②] Regulatory Competition in Securities Law: A Dream Deferred, 66 *Ohil St. L. J.* 1155, pp. 1228 – 1230 (2005).

[③] Hal S. Scott, Internationalization of Primary Securities Markets, 63 *Law & Contemp. Probs.* p. 71 (2000).

规制，无论它是境外企业还是境内企业。"①

(二) 全球证券交易所的变革与并购：作为"企业选择理论"的佐证

如上所述，在美国，公司法竞争市场发展已较为成熟，公司在适用法律方面享有较充分的选择权。然而，这一情形在证券立法中并不存在。在学者看来，联邦政府对证券立法享有绝对的"垄断权"，证券立法自由竞争市场的局面从未出现过。② 换言之，在长达一个多世纪的时间里，凭借美国证券市场的优势地位以及良好的流动性，证券监管者从未担心过境外企业会选择其他证券市场跨境上市的问题。换言之，美国证券监管者对境外企业跨境上市时除美国别无更好选择抱有充分的自信。在处于完全"垄断"的状态下，证券监管者很少有动力去制定高效的证券监管法律制度。③ 世事变迁，波诡云谲。近年来，随着其他国家证券市场的不断壮大，美国证券监管者原有的垄断地位已遭遇前所未有的挑战。尤其是证券交易所在全球范围内的并购趋势越发激烈，美国证券市场"一枝独秀"的局面逐渐被打破。

在学者看来，随着证券交易所组织结构由非营利性向营利性转型，以及在世界范围内发生的证券交易所并购浪潮，日益充满活力的证券交易所为如下两种维度上的竞争注入了大量新鲜"血液"。第一个维度称作证券法的"政府"市场（public market）。④ 随着证券交易所"公司化"改革的逐步推进，获取最大程度上的利润成为它们所追求的首要目标。在这一理念的指引下，为了争取更多的上市资源，至少是保住国内企业这一重要上市资源，证券监管者将会努力采用更具吸引力、成本更低、更加有效的制度规范。面对这一局面，从全球范围来看，证券法律制度竞争的格局将会出现。第二个维度称作新生的"民间"市场（private market）。⑤ 随着证券交易所在全球范围内并购进程的推进，大型证券交易所竭力通过"攻城掠地"确保其在竞争中立于不败之地。并购他国证券交易所之后，境外企

---

① Kenji Taneda, Sarbanes-Oxley, Foreign Issuers and United States Securities Regulation, 2003 Colum. Bus. L. Rev. 715, p. 748.

② Chris Brummer, Stock Exchanges and the New Markets for Securities Laws 75 U. Chi. L. Rev. 1435, p. 1435.

③ Ibid..

④ Ibid., pp. 1437–1438.

⑤ Ibid., p. 1438.

业在该证券交易所上市之后便有了选择适用哪国法律的自由空间。此时，为了吸引更多企业适用本国法律，该国的证券监管者将有动力不断修改法律，使其更具有吸引力，从而提高本国法律适用的几率。简言之，如上两种市场的形成及发展"将使得境外企业进入美国证券市场而未必一定遵循美国的相关法律规定"，对其他国家亦是如此。[1] 换句话说，"证券交易所的演变激发了学术研究难以预料的证券监管者间的竞争，这一进程有力地推动了证券法新市场的形成。"[2] 一言以蔽之，这一新市场的形成，将使境外企业选择其所适用的法律成为可能。

（三）"企业选择理论"：法律适用难题的破解之道

在美国，S规则（Regulation S）以及10b-5条款在应对证券市场国际化发展过程中出现的问题时极具误导性，或者说，证券监管者拓展其管辖权并使之超越国界的行为并没有有效地监管相关行为，相反却导致在适用上产生了诸多的不确定性。[3] 具体而言，当美国证券监管者试图调整可能影响美国证券市场的涉外行为时会遇到如下难题：第一，在多大程度上，境外企业试图逃避美国法律的规制；第二，在多大程度上，美国试图规制境外企业与证券相关的行为；第三，调整所有影响美国证券市场行为的后果将会如何。

针对涉外证券交易、上市行为，美国法律在多大程度上可以适用？对这一问题的思考，在很大程度上影响到境外企业是否选择在美国跨境上市（继续上市），尤其是在针对境外企业的诉讼方面时更是如此。就这一问题而言，美国在长期的审判实践中，形成了判断的基本准则："行为标准"（conduct test）与"结果标准"（effects test）。[4] 在2010年莫里森诉澳大利亚国家银行（Morrison v. National Australia Bank Ltd，以下简称"莫里森案"）案之前，法院依据美国联邦法院第二巡回法院所创设的"行为与结果"标准判案。美国1934年《证券交易法》并没有对该法的域外适用做出明确规定。在这一背景下，法院确立了基本的指导原则，并依此竭

---

[1] Chris Brummer, Stock Exchanges and the New Markets for Securities Laws 75 *U. Chi. L. Rev.* 1435, p. 1438.

[2] Ibid., p. 1491.

[3] Stephen J. Choi, Andrew T. Guzman, Protable Reciprocity: Rethinking the International Reach of Securities Regulation 71 *S. Cal. L. Rev.* 903, p. 914.

[4] Ibid., p. 912.

力阐明立法者原本希望涵盖的特定情形,在此基础上将美国公共资源用在对跨境证券欺诈行为的遏制上。① 在涉外证券交易中,美国法院在判断是否享有管辖权时,往往会考虑如下因素:第一,造成投资者损害的应受处罚行为是否发生在美国境内;第二,该涉外行为的主体部分引发的实质负面影响是否发生在美国或是否针对美国公民。②

具体而言,按照"结果标准",当涉外行为对美国投资者造成影响时,美国法院将具有管辖权。③ 即是说,根据这一标准,确立法院的管辖权,法院要求造成的损害或后果必须确定且重大。然而,这一标准无法应对如下情况:违法者居住在美国,同时行为却指向境外投资者。为解决该类型问题,法院在审判过程中逐渐形成了"行为标准":"假如被告发生在美国的行为不仅仅是欺诈的准备阶段,而且发生在美国的特定行为或应承担责任的不履行行为直接对国外的境外投资者造成了损失。"④ 通常情况下,这一标准适用于"三方面涉外"(foreign-cubed)情形:境外原告依据美国法律在美国法院向境外企业提起诉讼,而且交易亦发生在境外。原初的"行为标准"适用于如下情形:被告在美国为虚假陈述致使作为美国居民的原告信以为真并在境外市场购买了该证券。因此,当涉及"三方面涉外"行为时,原告仍需证明违法行为对其造成的损害发生在美国范围内。在现实审判中,只要上述两个标准中的任意一个标准得以满足,美国的法院就具有了管辖权。⑤ 当然,值得注意的是,在实践中,上述标准在适用上并不确定,从而常出现标准被滥用的糟糕局面。⑥ 正如学者所言:"境外企业担心自身被诉成为全球证券市场进一步融合的重大阻碍,同时使得美国证券市场处于竞争不利的地位。"⑦ 当然,也不能将如上两

---

① Yuliya Guseva, Cross-Listings and the New World of International Capital: Another Look at the Efficiency and Extraterritoriality of Securities Law44 *Geo. J. Int'l L.* 411, p. 430.

② Ibid..

③ Consol. Gold Fields PLC v. Minorco, S. A., 871 F. 2d 252, pp. 261-262 (2d Cir. 1989).

④ Alfadda, 935 F. 2d at 478.

⑤ In re Royal Ahold, 351 F. Supp. 2d at 360.

⑥ Hannah L. Buxbaum, Multinational Class Actions Under Federal Securities Law: Managing Jurisdictional Conflict, 46 *Colum J. Transnat'l L.* 14, 16-18, 26-34, p. 62 (2007).

⑦ Merritt Fox, Securities Class Actions Against Foreign Issuers, 64 *Stan. L. Rev.* 1173, p. 1271 (2012).

个标准的适用所带来的不利影响过分扩大。事实上，美国法院的法官也尽力排除这一标准自身具有的不确定性，并尽量限缩其适用空间。例如，在适用"行为标准"时，仅将目光聚焦于案件对美国利益造成的损害的评估上，尽量不夸大其适用的空间和范围。"在某种程度上，这一标准为'法律帝国'预留了可能性，但是美国法院通常没有热情或倾向去这样做。"①

2010年，莫里森案之后，法院开始采用"交易标准"（transactional test），该标准要求涉案证券或者在美国上市或者证券买卖发生在美国境内。② 这一标准仍旧反映出了法院不愿为毫无拘束的诉讼敞开大门的基本态度。③ 同时，它通过加入直接损害这一要件限制了"行为标准"的适用，因此大大减少了美国法院对"三方涉外行为"的管辖与审判。然而，2010年7月通过的《多德·弗兰克法案》（Dodd-Frank Act）很快便改变了这一做法，又回到了原有的标准。"美国联邦法院及议会的这些急促变化表明需认真分析证券市场欺诈集团诉讼制度范围确定的诸种方法的全面情况。"④ 面对如上棘手难题，学者认为应当允许"企业选择理论"的存在，即"应允许不同框架下监管制度间的相互竞争，这将为企业和投资者在如何规制方面提供可能的选择"。⑤ 如这一理论得到认可，将允许企业避开其所不希望的监管法律制度，企业在一定程度上可以获得"监管套利"（regulatory arbitrage）。

当然，需要提及的是，有学者对"企业选择理论"持反对观点。例如，Coffee所以反对这一理论，主要是出于如下几个方面的原因。第一，缺乏对比分析的依据。众所周知，投资者不能在孤立的状态下判断企业经营状况及其股票的价值，相反往往需要借助对比分析的方法得出最终的选

---

① Yuliya Guseva, Cross-Listings and the New World of International Capital: Another Look at the Efficiency and Extraterritoriality of Securities Law44 *Geo. J. Int'l L.* 411, pp. 438-439.

② Morrison v. Nat'l Ausd. Bank, 130 S. Ct. 2869, p. 2888 (2010).

③ Yuliya Guseva, Cross-Listings and the New World of International Capital: Another Look at the Efficiency and Extraterritoriality of Securities Law44 *Geo. J. Int'l L.* 411, p. 443.

④ Merritt Fox, Securities Class Actions Against Foreign Issuers, 64 *Stan. L. Rev.* 1173, p. 1182 (2012).

⑤ Stephen J. Choi, Andrew T. Guzman, Protable Reciprocity: Rethinking the International Reach of Securities Regulation 71 *S. Cal. L. Rev.* 903, p. 916.

择。然而，如果按照"企业选择理论"的观点，境外上市企业可以自由选择可适用的法律，从而使得企业之间进行横向对比分析的可能性大大降低。"市场没有统一的标准可能不会影响其功能的发挥，但是其透明度将会大大降低，而且投资者也将付出更多的成本。"① 第二，不利于保护投资者合法权益。如以上所阐述的那样，在"法金融学"看来，保护中小投资者的合法权益是金融发展的基本前提。② 在"企业选择理论"中，尽管存在企业选择更加严格的法律制度的可能，但也会出现企业选择相对宽松甚至规定最不严格的法律制度的情形。在这样的情况下，企业的中小投资者权益保护就成为一个严重的问题，因为很难保证那些制度不完善且要求不严的法律制度能有效遏制诸如内幕交易、自我交易等损害中小股东权益的非法行为。第三，不利于树立证券市场的品牌。"城门失火，殃及池鱼。"假如境外企业可以自由选择适用的法律，很有可能引发企业风险，进而影响在该证券交易所上市的其他企业，德国证券交易所 Neuer Markt 出现的企业丑闻以及由此出现的难以控制的局面最终导致整个市场皆受影响就是典型的例证。基于此，要打造自身的优秀品牌，则应当对那些可能玷污、干扰企业正面、积极形象的行为坚决予以遏制。概言之，"要铸造名优品牌，必须割除那些不愿、不能遵守更高质量标准的企业"。③ 可以说，"企业选择理论"与证券市场打造证券交易所优秀品牌的做法格格不入。

综上，"企业选择理论"的支持者对"监管套利"持积极的赞同态度，这一观点允许企业避开那些它们不喜欢的监管制度，同时还能选择适用符合自身情况的证券市场、证券交易所及相关法律制度。可见，该理论对那些被过度监管的企业来说具有"救赎"的独特意义。然而，在目前条件下，境外企业跨境上市并不能如同"企业选择理论"那样可自由选择其所适用的法律制度，它不能逃避本国法律制度的规制，也必须遵守上市地附加的制度规范。客观地讲，"企业选择理论"面对法律适用冲突问题有其存在的合理性，然而，在目前各国证券立法良莠不齐的状况下，贸

---

① John C. Coffee, Jr. Racing towards the Top?: The Impact of Cross-listings and Stock Market Competition on International Corporate Governance, 102 *Colum. L. Rev.* 1757, pp. 1827–1828.

② Ibid., p. 1828.

③ Ibid..

然允许企业自由选择其所适用的法律制度，将会造成诸多无法控制的负面影响。相比而言，现有的跨境上市模式则可以有效避免这一问题，因为境外企业至少还应遵守上市地法律的规制。基于此，有学者说道："跨境上市这一规制竞争模式符合约束理论，绝不是旨在弱化法律制度适用的监管套利。最好的结果将是它产生预期的效果；最差的结局也只不过是不带来风险。"[1]

---

[1] John C. Coffee, Jr. Racing towards the Top?: The Impact of Cross-Listings and Stock Market Competition on International Corporate Governance, 102 *Colum. L. Rev.* 1757, p. 1829.

第四章

美国经验：境外企业跨境上市的实践

一 境外企业进入美国证券市场：方式选择与监管制度

"二战"之后，学者与业界人士皆认为美国是企业融通资本的"首善之区"。由于美国设有世界上最大且誉满全球的证券交易所，论者长期以来认为绝大多数跨国企业只能在此融资，而别无其他更好的选择。①概括地讲，境外企业进入美国证券市场有三种方式。第一种方式是将其股票放在"场外市场交易"（over-the-counter，简称"OTC"）进行交易。在这一方式中，境外企业不需要遵守 SEC 有关信息披露的相关规定，因此受到 SEC 的监管也不多。② 正因如此，它不可能如同公开募集股份那样能领略到美国整个资本市场的巨大能量与魅力。第二种方式是采取私募（private placements）的方式进入美国证券市场。私募之所以称为"私"是因为机构投资者所认购的企业份额不能在诸如 NYSE 这样的二级市场公开、自由交易，而只能在合格的机构投资者之间转让。按照法律对这一方式的要求，除了遵守美国有关私募的相关程序规定之外，它也无须达到 SEC 有关信息披露的相关规定。第三种方式是公开发行证券并上市交易。这一方式要求上市企业在 SEC 处对其证券予以登记。通常而言，登记包括如下几类重要事项：对企业资产及业务的表述；对用于销售的证券的描述；公司管理层的基本信息；独立会计师认证的财务报表。③

可见，境外企业进入美国市场公开发行证券、上市交易是受 SEC 监管

---

① Chris Brummer Post-American Secutities Regulation, 98 *Cal. L. Rev.* 327, p. 329.

② Hannah Buxbaum Regulating Corporations：Who's Making the Rules 97 *Am. Soc'y In-t'l. L. Proc.* 269, pp. 269-270.

③ U. S. Securities and Exchange Commission, The Laws That Govern the Securities Industry, http://www.sec.gov/about/laws.shtml.

最严，同时也是遵守相关规定最多的融资方式。从总体上看，境外企业进入美国资本市场，包括两个维度：进入一级市场与进入二级市场。简单地说，境外企业主要通过三种方式向美国投资者融资，即公开发行证券、非公开发行证券以及离岸发行证券三种方式。就第一种方式而言，境外企业在美国证券市场开展公开发行证券行为必须遵守1933年《证券法》有关注册（registration）与汇报（reporting）的规定。① 公开募集股份应当向SEC提交注册申请（registration statement），获得注册申请许可、招股说明书的公开。就非公开发行证券即"私募"而言，主要遵循1933年《证券法》第144A的相关规定进行，避免了公开发行证券那样的繁琐规定与程序。就第三种方式而言，则在更大程度上摆脱了美国法律的约束与监管，主要遵守Regulation S的规定。

就后者而言，即所谓的证券交易市场，主要借助包含ADR等在内的公开交易行为。根据1934年《证券交易法》的规定，境外企业应当遵循定期汇报的相关规定。假如境外企业没有打算在美国证券市场公开募股，仅希望在美国的证券交易所上市并交易其股票，此时按照1934年《证券交易法》的规定，亦应当向SEC提交注册申请。② 此外，境外企业没有在美国证券市场公开募股，同时也没有在其证券交易所上市，当它的股东达到一定规模时（美国居民股东超过300人，企业总资产超过100万美元），仍需按照1934年《证券交易法》的规定提交注册申请。③

二 "双轨制"下公司治理的规制：联邦与州的传统分工及其突破

（一）信息披露制度与公司治理规范的分野：联邦法与州法间的分工

在美国，有关公司的法律规范划分为州公司法与联邦证券立法两个

---

① Securities Act of 1933, 15 U. S. C. §§ 77a-77aa (2006). 在美国，1933年《证券法》主要规制企业公开发行证券行为，在此过程中，企业应当向SEC申请注册，并提交包括招股说明书（prospectus）等在内的相关资料。同时，在SEC宣布注册生效之前，企业不能销售其证券。1934年《证券交易法》主要规制证券市场，换言之，该法的重点规范对象是证券上市交易的二级市场。该法要求其股份在证券交易所上市交易的企业应向SEC注册其证券，同时应当向SEC提交定期报告以及其他相关报告。

② Securities Exchange Act of 1934, 15 U. S. C. §§ 78a-78kk (2006).

③ SEC Rule 12g3-2 (b) (2), 17 C. F. R. § 240.12g3-2 (2008).

维度，前者注重规制公司治理问题，后者则着重于证券发行、上市交易中的信息披露问题。美国有关公司立法的竞争市场早已形成并趋于成熟，因此公司可以自由选择其所适用的公司法。公司可以基于不同公司法的特质，并结合公司治理情况的需要，选择适合自身的公司法规范。另一方面，联邦层面的证券立法则注重信息完全、真实、及时披露，在此基础上，市场将会根据完全的信息所反映出的不同价格，决定资本在企业之间的流向。

当然，公司法与证券法之间的分工只是一种粗线条式的大体划定，并不存在严格的不可逾越的界限。事实上，联邦证券立法经常僭越二者间大概的职权分工，肆意地进入本应属于公司法所调整的公司治理中去。换言之，尽管联邦证券法律采取了全面的信息披露制度，SEC 往往会乐此不疲地在职权范围内最大限度对公司治理结构进行干预。从一开始，联邦层面的证券法就在这一领域发挥极为重要的功能，究其根本是因为代理问题是信息披露制度的核心问题。[1] 值得注意的是，就那些在美跨境上市的境外企业而言，SEC 没有规制其治理结构的考虑和打算。[2]可是，SOX 法案实施之后，这一情况发生了重大变化。"从理论上大致看来，州负责公司法事务，由于代理问题是强制信息披露制度的核心，因此联邦证券法自开始便在公司治理领域发挥着重要作用。SOX 法案的出台充分说明联邦证券法已成为联邦议会在公司治理问题上争取主动权的便捷途径。"[3]

就信息披露制度而言，美国证券法以及 SEC 相关规则要求在美国公开的证券市场募集股份、买卖证券应当承担相应的信息披露义务。根据 1933 年《证券法》的规定，未向 SEC 提交包含招股说明书或证券买卖文

---

[1] Kenji Taneda, Sarbanes-Oxley, Foreign Issuers and United States Securities Regulation, 2003 *Colum. Bus. L. Rev.* 715, p. 753.

[2] Karmel, Roberta S, The Securities and Exchange Commission Goes Abroad to Regulate Corporate Governance, 33 *Stetson L. Rev.* 849, pp. 849-850.

[3] Kenji Taneda, Sarbanes-Oxley, Foreign Issuers and United States Securities Regulation, 2003 *Colum. Bus. L. Rev.* 715, p753. 有学者用"棘轮效应"来形容这一现象。如罗伯特·希格斯（Robert Higgs）在 1987 年的经典著作中证实的那样，危机就像是一个棘轮，把政府的规模沿一条趋势线转到了更高水平。在公司治理中也是这样，每次危机的发生都为联邦权力侵入公司治理找到了合适机会，从而使得公司治理中联邦权力的色彩愈加浓厚。Stephen M. Bainbridge, Corporate Governance and U. S. Capital Market Competitiveness（UCLA School of Law, Working Paper No. 10-13, 2010）, available at http：//ssrn. com/abstract_ 1696303.

件的注册申请说明（registration statement），任何公司不得公开募集股份。在 SEC 确认注册申请说明生效前，任何公司不得进行证券的公开发行。该法并没有详细规定在注册申请说明中应包括的具体信息。在该法的附件中规定了公司公开募集股份应当提交的资料与信息。与此同时，在注册申请说明方面，该法赋予 SEC 较为灵活的规则制定权。基于 1933 年《证券法》的授权，SEC 针对公司申请公开募集股份这一事项以及如何提交相关资料、信息，制定了大量的规范性文件。与此同时，该法还要求在美国任一全国性证券交易所上市交易的公司或者资产以及股东达到一定数目的公司均应向 SEC 申请注册其证券。在这一过程中，SEC 制定了向 SEC 提交相应资料的规范性文件。

另一方面，针对证券上市交易问题，1934 年《证券交易法》以及 SEC 发布的规范性文件也做出了规定。前者主要规范证券交易行为，例如，它要求上市公司向 SEC 提交年度及季度报告。同时，这一法律还调整有关委托代理权征集、内幕交易防范、公司收购等问题。除此之外，美国各州的"蓝天法"也对证券相关问题做出了补充性的规定。

1. 证券交易所对境外企业治理结构的不干预政策

通常而言，境外企业在美跨境上市无须遵守美国公司立法的相关规定，但它应当满足 NYSE、NASDAQ 等证券交易所规定的上市条件。[①] 换言之，证券交易所对在它这里上市的企业通常制定诸多公司治理条件与要求。然而，证券交易所的这些规定却对在其处上市的境外企业采取了"豁免"的做法。"境外企业在公司治理上市条件方面很容易获得豁免。"[②] 在 SEC 看来，"降低外国公司的上市标准不会冲击本国公司，相反可以让交易所拥有更多的外国上市公司，更具有竞争力"。[③] 也正是看到这一点，有学者甚至认为证券交易所的这一做法已成为那些来自新兴市场的企业提高公司治理水平的一大障碍。[④]

[①] John C. Coffee, Jr., The Future as History: The Prospects for Global Convergence in Corporate Governance and Its Implications, 93 *Nw. U. L. Rev.* 641, 687, p. 706 (1999).

[②] John C. Coffee, Jr. Racing towards the Top?: The Impact of Cross-listings and Stock Market Competition on International Corporate Governance, 102 *Colum. L. Rev.* 1757, p. 1782.

[③] 转引自曲冬梅《国际板上市标准的定位》，《法学》2011 年第 6 期。

[④] John C. Coffee, Jr. Racing towards the Top?: The Impact of Cross-listings and Stock Market Competition on International Corporate Governance, 102 *Colum. L. Rev.* 1757, p. 1782.

2. 联邦证券立法对境外企业治理结构的不干涉政策

20世纪30年代联邦证券立法出台至今,通过修法不断强化了对公司治理结构的干预。SEC不断拓展的职权已使得本应属于公司法规制的公司治理空间被严重限缩。正是看到了联邦政府这种"飞扬跋扈"的姿态,有学者曾言:"联邦政府将产生相当大的影响力,因为各州尤其是特拉华州深知联邦政府将会随时介入并规制公司治理问题。在极端的时候,可能还会制定联邦公司法。因此,联邦立法而不是其他州的立法对特拉华州立法构成了最严重的威胁和竞争。"① 当然,上述所有问题在那些在美跨境上市的境外企业身上表现得并不明显。也就是说,对于那些可能涉及境外企业治理结构的规定,SEC以豁免或者变通(Accommodation)的方式适用严格的公司治理规范,从而使得这些适用于境内企业的规定不会严重影响境外企业的治理结构。然而,SOX法案彻底改变了这一局面,使得境外企业在美跨境上市的成本陡增,在很大程度上削弱了境外企业在美上市的动力。正因如此,有学者说道:"迫使华盛顿不得不面对来自证券立法的国际化市场的竞争。"②

(二) SOX法案的出台:对传统理念的冲击与挑战

2002年7月,美国联邦政府通过了SOX法案。按照学者的观点,该法出台的背景是"安然、世通和全球有线通信等一些美国大型上市公司相继倒闭破产,震动了美国朝野。公司内部的会计舞弊案是造成安然、世通等公司破产的直接原因,而安然等公司的董事、高级管理人员以及公司外部审计人员的诚信也出现了危机。为了恢复公众、股民对美国上市公司与股市的信心,快速制定并通过了该法案"。③ 在立法者看来,"近十几年公司治理的经验说明,以往的公司法已不能完全适应现实的需要。上市公司的治理,特别是大型上市公司的治理,包括合理解决因高级管理人员权力过于集中而产生的公司控制和利益走向问题已成为美国公司法学界和社会关注的焦点。安然、世通等公司的会计舞弊案便引发了这场蓄势已久的公司法变革。"④

---

① Larry E. Ribstein, Cross‐listing and Regulatory Competition, 1 *Rev. L. & Econ.* 97, p. 124 (2005).

② Ibid. .

③ 于丹翎:《萨班斯-奥克斯利法案》,《环球法律评论》2003年秋季号,第360页。

④ 同上书,第361页。

就境外企业而言,该法案在适用上并没有将其与境内企业区别对待的意图。① 也就是说,SOX 法案打破了联邦证券立法与州公司法在公司治理方面原有的分工,对企业(包括境外企业)治理结构的干预越来越多。"SOX 大大拓展了 1933 年《证券法》对公司治理具体事项规制的范围,SEC 获得了利用证券交易所上市标准推动公司治理改革的更大自由权。"②

1. SOX 法案的主要内容

如前所述,SOX 法案旨在重振投资者的信心。该法案主要基于 SEC 所提出的建议而形成,它赋予了 SEC 更多的权力以规制大型公众公司的公司治理结构。③ 从总体上来说,SOX 法案基于美国当今上市公司的实践,根据现代上市公司股权变化的特点,回应了现实中公司治理的问题。该法案涵盖了如下几个重要方面:董事、高级管理人员个人和整体的责任与义务;更有力度的上市公司财务披露以及上市公司审计制度等;创设可追究上市公司 CEO/CFO 刑事责任的认证制度;设立新型的会计、审计、律师管理结构。此外还包括设立上市公司会计监管委员会、审计师独立性、公司责任、加大财务披露、证券分析员利益冲突、公司与刑事诈骗责任、公司诈骗与责任等问题。④

具体而言,SOX 法案的主要内容包括如下几个方面:(1)扩大了上市公司信息披露的内容和范围。SOX 法案为解决上市公司信息不对称的问题,扩大了上市公司信息披露的内容和范围。(2)加大董事、高级管理人员的管理职责,改善上市公司内部监管环境。SOX 法案为加大董事、高级管理人员的管理职责,改善上市公司内部的监管环境主要采取了以下三项措施:创设上市公司的 CEO/CFO 认证制度(certification of periodic fi-

---

① Kenji Taneda, Sarbanes - Oxley, Foreign Issuers and United States Securities Regulation, 2003 *Colum. Bus. L. Rev.* 715, pp. 716-717. 按照学者的观点,尽管在 SOX 出台之前,SEC 不太愿意对境外企业的公司治理领域进行干涉。但是 SOX 法案在所有企业统一适用的做法使得 SEC 很少对境外企业在适用该法上做出变通。Karmel, Roberta S, The Securities and Exchange Commission Goes Abroad to Regulate Corporate Governance, 33 *Stetson L. Rev.* 849, p. 860.

② Karmel, Roberta S, The Securities and Exchange Commission Goes Abroad to Regulate Corporate Governance, 33 *Stetson L. Rev.* 849, p. 852.

③ Ibid., p. 861.

④ 于丹翎:《萨班斯-奥克斯利法案》,《环球法律评论》2003 年秋季号,第 362 页。

nancial reports); 在上市公司内设立独立的审计委员会; 要求上市公司披露制定高级财务管理人员职业道德准则的情况。(3) 利用非市场力量制衡上市公司董事、高级管理人员权力。SOX 法案利用上市公司外部机构及非市场力量进一步制衡董事、高级管理层权力,改善上市公司的法律社会监控环境。该法案通过设立上市公司会计监管委员会强化对审计师行业的监管,防止投资银行业和证券经纪行业之间的利益冲突。并且还发挥独立审计师及律师这类非市场力量的监督作用以有效限制、进一步制衡上市公司董事、高级管理人员的权力。(4) 进一步强化了证券交易委员会的监管职责。SOX 法案加强了证券交易委员会作为政府主管部门的监管作用,将证券交易委员会的监管范围扩大至公司的财务报告、财务问题以及上市公司内部会计制度等方面。该法案在强化上市公司披露责任的同时,也强化了证券交易委员会对上市公司年报、季报的审查,要求证券交易委员会进一步规范上市公司财务报表的准确性和真实性。[①]

2. SOX 法案对境外企业跨境上市的影响

SOX 法案对境外企业在美上市规定了更加严格的条件,从而使企业的守法成本不断提高,这一点是学者及实务界所关注的重点。SEC 在其职权范围内以尽最大可能地通过豁免条款的方式软化该法案对境外企业可能造成的负面影响。以下将对 SOX 法案对境外企业跨境上市可能带来的影响以及 SEC 可能采取的补救做一简要阐释。当然,需要提及的是,SOX 并不是对所有境外企业都适用。也就是说,SOX 法案仅适用于其证券在 NYSE 或者 NASDAQ 全国交易系统上市交易的企业以及在美国公开募集股份的企业,而在 NASDAQ 等非全国交易系统上市交易的证券以及依据 144A 条款交易的证券则不在此列。

(1) CEO/CFO 声明责任

SOX 法案第 906 条要求每一家报告公司 (reporting company) 的 CEO 以及 CFO 对每一期报告"完全"遵守《证券法》的要求承担责任,同时确保在报告中的信息"在所有重要方面公正地表述公司运行的金融条件及结果"。同时,该法案第 302 条要求公司的 CEO 及 CFO 声明公司办公室已审查相关报告,并确保它自身没有对重大事实的不实陈述情况。此外,这

---

① 有关 SOX 法案的内容,主要参考于丹翎《萨班斯-奥克斯利法案》,《环球法律评论》2003 年秋季号,第 362—367 页。

一条规定还要求公司 CEO 及 CFO 确保公司内控制的有效性,以保证所有重要信息已向公司高管提交并让其作责任声明。对于如上规定,SEC 都没有做出相应的豁免,无论是境内企业还是境外企业都必须予以遵守。如果不遵守或者遵守没有达到相应的要求,则可能承担数额极高的民事责任以及期限可长达二十年的刑事监禁责任。

(2) 审计委员会

从境外企业的角度看,SOX 法案第 301 条的规定可能是最具争议的条款。根据该条的规定,SEC 应当责令美国范围内的证券交易所禁止那些没有设立由负责审计人员提名、薪酬以及监管职责的独立董事所组成的审计委员会的企业上市。此外,该法案第 407 条要求企业要么任命一位熟悉美国 GAAP 的审计委员会人员作为"金融专家"(financial expert),要么披露没有设置这一职位的原因。如上要求与包括德国等在内的欧洲公司治理结构存在严重差异。也就是说,包括德国等在内的大陆法系国家的公司中根本不存在独立董事这一机构。在后者的公司中,"上层"监管董事会成员至少要有一半是来自劳动者;"下层"董事会通常由内部执行人员所组织。① 换言之,欧洲国家的公司多设立"双层"董事会结构,SOX 要求设置审计委员会的做法将会使得这些公司的董事会结构遭到严重破坏或变形。针对如上问题,尽管 SEC 通过制定豁免条款的方式处理了一些棘手问题,但从总体上而言,这些规定仍旧给境外企业增加了不少负担和成本。

(3) 非 GAAP 财务报表(Non-GAAP Financial Informantion)

SOX 法案严格限制会计方式的运用以及运用 GAAP 准则写成的财务报表(financial informantion)。基于境外企业按照本国公司会计准则制作财务报表的考虑,SEC 采取了有限豁免的办法。那些不在美国的证券交易所上市的公司证券不需要遵守如上规定。同时,向美国之外披露信息的证券也不需要遵守如上规定。

---

① 德国双层董事会结构与英美法系董事会存在巨大差异,它包括负责公司运作的"管理董事会",全部由内部公司执行人员组成;还有负责监管前者的"监管董事会",其组成有一半来自股东推选,一半系员工、劳工代表。John C. Coffee, Jr. Racing towards the Top?: The Impact of Cross-listings and Stock Market Competition on International Corporate Governance, 102 *Colum. L. Rev.* 1757, n269.

(4) 禁售期内禁止交易的规定

SOX 法案第 306（a）规定在第 401（k）条规定的禁售期内，禁止内部人员之间实施交易行为。针对这一条款，SEC 制定了包含一定标准的豁免条款，即当企业符合至少 15% 或 5000 名员工系美国人这一条件时，这一条款将适用。

(5) 向高管提供借贷的规定

根据 SOX 法案第 402 条的规定，向报告公司（reporting company）延展或保持信用额度或向其借贷都是违法的行为。针对 SOX 这一干涉过多的不科学规定，诸多企业提出了反对的意见。尽管如此，针对这一条款，SEC 并没有做出豁免。

尽管有学者将境外企业在美跨境上市数量的下降、退市数量的增加及 IPO 数量的减少归咎于 SOX 法案的实施。但是，对于这一观点，也有不同看法。[①] 在他们看来，截至目前，对那些在美跨境上市的境外企业是否实际上遵守了 SOX 法案的规定，以及如果它们违反了这些条款是否受到 SEC 的处罚等相关问题缺乏深入研究，因此，贸然得出如上结论是不合理的。[②] 基于此，有学者对有关 SOX 法案实施情况进行了实证研究之后，得出了支持其看法的基本结论。"从平均上看，SOX 对跨境企业而言带来的成本大于其获得的收益，尤其是对那些小型企业和治理结构较为完善的企业更是如此。"也就是说，SOX 法案实施后，影响最严重的是那些在该法案实施之前已经披露十分充分且利润较多的风险型小企业以及来自公司治理制度较为完善国家的那些企业。[③] 诸如此类的实证分析表明，SOX 法案已对在美上市境外企业造成了成本上的负面影响，在一定程度上影响了美国证券市场对境外企业的吸引力。

由于 SOX 法案大量涉及公司治理方面的内容，而且要求在境内企业

[①] Natalya Shnitser, A Free Pass for Foreign Firms? An Assessment of SEC and Private Enforcement against Foreign Issuers, 119 *Yale L. J.* 1638, p. 1655.

[②] Ibid..

[③] Kate Litvak, Sarbanes - Oxley and the Cross - Listing Premium, 105 *Mich. L. Rev.* 1857, p. 1857. 对于这一观点，也有学者持有不同意见。例如 Craig Doidge 等人通过实证分析发现二十世纪 90 年代至二十一世纪在美上市境外中小企业数量减少与 SOX 等在内的法律制度改革并无关联。Craig Doidge et al., The U. S. Left Behind? Financial Globalization and the Rise of IPOs outside the U. S, *J. Fin. Econ*, 2013, p. 549.

第四章　美国经验：境外企业跨境上市的实践

与境外企业间统一适用，由此给诸多境外企业带来了巨大的制度成本。也正因如此，遭到了境外企业及相关利益团体的强烈反对。面对来自其他国家在美跨境上市企业的强烈反对，SEC 不得不通过了部分豁免 SOX 法案相关规定的规则。例如，该规则允许境外企业非高管人员的职工代表担任审计委员会的组成人员；允许大股东选派观察员代表；允许境外企业用审计小组代替审计委员会或者按照母国法律或上市规则要求负责选派、监督审计人员的独立主体代替审计委员会。在设有双层董事会结构的境外企业中，SOX 法案所指的董事会是指负责企业监管或非管理性质的董事会。[1] 当然，相较庞杂的 SOX 法案而言，如上几个豁免条款的规定如"杯水车薪"，并不能改变该法案整体对境外企业监管过于严格的基本趋势。

就公司治理而言，相关制度趋于严格并不会造成太大的影响，只不过是增加部分违法成本罢了。但是，如果强行要求企业（包括境外企业）改善、变更有关公司治理的内容，则问题将会变得愈加复杂。毋庸置疑，公司治理如同复杂的文化产品，境外企业也不例外。举例来说，美国公众公司具有典型的"管理层强势、股东会弱势"的特点。在股权相对分散的事实面前，股东很难控制由管理层牢牢掌握的企业发展大权。基于包括如上特殊情形在内的诸多文化因素的影响，信息披露制度成为解决这一问题的不二之选。换言之，境外企业的治理结构是由特定历史境况决定的，极具复杂性。"证券法与证券交易法历史表明影响了美国公司治理结构形成的文化力量，同样导致强制信息披露制度的形成。"[2] 申言之，"……学者认可如上均可纳入公司治理范畴下的举措。公司治理并非一些基本经济制度或逻辑的演化，相反却是社会、政治以及更广泛意义上的文化力量决定的。它通常是特定国家所独有的一种东西。"[3] 而这里所说的文化是指

---

[1] Larry E. Ribstein, Cross-listing and Regulatory Competition, 1 *Rev. L. & Econ.* 97, pp. 128 - 129 (2005).

[2] James A. Fanto, The Absence of Cross-Cultural Communication: SEC Mandatory Disclosure and Foreign Corporate Governance, 17 *Nw. J. Int'l L. & Bus.* 119, pp. 137-138.

[3] James A. Fanto, The Absence of Cross-Cultural Communication: SEC Mandatory Disclosure and Foreign Corporate Governance, 17 *Nw. J. Int'l L. & Bus.* 119, pp. 119-120. Roe 教授也坚持这样的观点，他的诸多成果都是从政治学角度考察公司治理结构问题的。Mark J. Roe, A Political Theory of American Corporate Finance, 91 *Colum. L. Rev.* 10 (1991).

"个人以及同一国家的民众理解以及证明包括自己以及他人行为正当性在内的概念框架"。① SOX 法案刻意要求境外企业公司治理符合美国的相关规定与做法,一方面彰显了 SEC 对其领导全球公司治理改革及自身有关公司治理规定科学性的狂妄自信,"假如信息披露规则能为境外企业与美国投资者之间实现双赢,则没有理由对境外企业予以豁免"。② 另一方面,又对公司治理与文化之间的密切关联关系采取了无视的态度。换言之,即使境外企业在形式上达到了 SOX 法案的相关要求,然而,实际上,由于涉及独特的文化,仍存在徒有其表之嫌。也就是说,仅从自身概念体系和文化视角出发很难全面理解境外企业的真正内涵和真实情况。如学者所说的那样:"理解境外企业治理结构体系时,既需要站在它的视角理解它,同时也应当与在其法律体系中生活的人们展开对话。"③ 可以说,在特定的文化背景下理解公司信息披露制度所彰显的内容才具有现实性、针对性、妥帖性。

概言之,对 SOX 法案可能给境外企业造成影响的质疑与论争充分暴露出了境内企业与境外企业在适用法律理论上的平等与迫于现实考虑以及全球化制定豁免条款的现实之间的差距。④ 美国联邦议会一直主张境内企业与境外企业适用同一法律制度,而 SEC 则在豁免制度与统一适用之间摇摆不定、无章可循。所有这些现象发出了这样一种危险信号:实际上并不存在一个可供境内企业与境外企业所共同参照的一贯的、成熟的原则。⑤

三 境外企业在美跨境上市:证券监管理念的变迁及原因剖析

(一) 第一阶段:孤立主义的做法

从 20 世纪 30 年代到 70 年代末,SEC 对境外企业跨境上市以及其向

---

① James A. Fanto, The Absence of Cross-Cultural Communication: SEC Mandatory Disclosure and Foreign Corporate Governance, 17 *Nw. J. Int'l L. & Bus.* 119, p. 121.

② Kenji Taneda, Sarbanes-Oxley, Foreign Issuers and United States Securities Regulation, 2003 *Colum. Bus. L. Rev.* 715, p. 749.

③ James A. Fanto, The Absence of Cross-Cultural Communication: SEC Mandatory Disclosure and Foreign Corporate Governance, 17 *Nw. J. Int'l L. & Bus.* 119, p. 124.

④ Kenji Taneda, Sarbanes-Oxley, Foreign Issuers and United States Securities Regulation, 2003 *Colum. Bus. L. Rev.* 715, p. 744.

⑤ Ibid..

美国投资者销售证券的行为采取了"孤立主义"（isolationist approach）的态度。当然，对于这种所谓的"孤立主义"态度不应抱有偏见的看法，因为每一个国家都有权利这样做。正如学者所言："美国证券法和监管理念享有相对独立发展的自由贯穿于美国 SEC 大部分的发展历史。"[1] 换句话说，在 1933 年《证券法》通过并实施的四十余年间，SEC 的基本态度是境外企业进入美国证券市场，应当遵循 SEC 所出台的相关规则。也就是说，假如没有在 SEC 那里进行证券注册，并按照相关要求提交相应的材料，境外企业在美境内公开发行证券以及将其证券上市交易均系非法行为。此外，在涉及证券欺诈领域，SEC 也积极主张该国法律应予适用。[2] 可见，包括美国在内的绝大多数国家，证券立法对证券发行及交易行为的规制采取的孤立主义做法实际上等同于"属地主义"（territorial）理念。[3] 从本质上讲，"孤立主义"做法是一国（地区）法律的域外适用。美国在这一阶段之所以拥有如此足够的底气，原因是在当时条件下它独一无二的优越性。也就是说，那些打算在美国资本市场募集资本的境外企业，一来看中美国资本市场巨量的资金，二来看中诸如 NYSE 等大型证券交易所具有的广告效应。所有这些优势，是那个年代其他国家所望尘莫及的。

美国有关境外企业的法律规范主要来源于 1977 年 SEC 提出的境外企业适用 Form 20-F 以及境内企业与境外企业适用统一信息披露规则的建议，尽管此前的 1964 年、1967 年及 1976 年也有另行的相关规则出台。[4] 在这一建议通过之前，SEC 曾向社会征求意见，反馈的意见大多认为这一做法将会增加境外企业信息披露的成本，从而阻碍美国资本市场国际化的步伐。对于这些批评和反对声音，SEC 认为它们与公众投资者的利益不符，"反映的是直接受其影响的境外企业、证券交易所以及证券经纪人的

---

[1] Kenneth B. Davis, The SEC and Foreign Companies-A Balance of Competing Interests, p. 473.

[2] Karmel, Roberta S, The Securities and Exchange Commission Goes Abroad to Regulate Corporate Governance, 33 *Stetson L. Rev.* 849, pp. 853-854. 例如，美国有的判例认为当美国投资者持有英国公司股份 2.5%时，美国反欺诈条款可适用。还有判例认为如果违反证券法律的行为对美国产生实质性影响，无论该交易是否发生在美国，地区法院都具有管辖权。

[3] Chris Brummer, Stock Exchanges and the New Markets for Securities Laws75 U.Chi.L.Rev.1435, p. 1440.

[4] Steven M. Davidoff, Rhetoric and Reality: A Historical Perspective on the Regulation of Foreign Private Issuers, 79 *U. Cin. L. Rev.* 619, pp. 621-622 (2010).

观点，而不是公众投资者的意愿"。① 在如上观点的影响下，SEC 最后通过了境内企业与境外企业采用相同信息披露制度的规则做法。在学者看来，SEC 这一处理方式旨在确保美国境内企业在面对国际对手时保持足够的竞争力。② 事实上，在通常情况下，这一做法是可理解的，因为"适用于特定市场的上市标准和证券法律规则常针对那些在该辖区内成立的公司，而往往会忽略那些境外企业"。举例来说，德国证券交易所制定的上市规则更多关注的是德国的公司及其特征，而不会特别留意其他国家公司的特殊性问题。③

（二）第二阶段：国际化的做法

1979 年，针对境外企业在美证券市场发行证券、上市交易行为，SEC 设计通过了新型的信息披露方式——20-F 格式。在这一时期，基于商业及政治等因素的考量，SEC 的做法开始趋向于国际化（internationalist approach）。④ 就境外企业在美跨境上市而言，SEC 之所以采取逐渐开放做法的重要原因是这一时期随着欧盟证券市场的迅速发展，美国政府已发现包括英国在内的证券市场逐渐与美国形成竞争关系。同时，出于英国国有企业私有化过程中在美国证券市场融资的考虑，提供友好、国际化的信息披露制度也是极为必要的。⑤

同时，推动 SEC 针对境外企业跨境上市态度发生变化的其他因素还包括 SEC 与国外证券监管者合作的逐渐密切，以国际证监会组织（the International Organization of Securities Commissions，以下简称"IOSCO"）为代表的国际组织的出现以及国外政府在推动新型信息披露制度方面所做的努力等方面。⑥ 在这一阶段将近二十年的时间里，SEC 修改了有关境外企业在美发行证券、上市等方面的相关规定，对境外企业采取了更加开放的态度，使其更趋于国际化。正是由于采取了这些友好的措施及开放的态度，

---

① Steven M. Davidoff, Rhetoric and Reality: A Historical Perspective on the Regulation of Foreign Private Issuers, 79 *U. Cin. L. Rev.* 619, p. 622 (2010).

② Ibid..

③ Steven M. Davidoff, Regulating Listings in a Global Market, 86 *N. C. L. Rev.* 89, p. 121.

④ Karmel, Roberta S, The Securities and Exchange Commission Goes Abroad to Regulate Corporate Governance, 33 *Stetson L. Rev.* 849, p. 855.

⑤ Ibid..

⑥ Ibid..

从而使得这一时期境外企业在美跨境上市数量激增。根据统计数据，1995年在 NYSE 上市的境外企业数量为 246 家，至 2004 年增加到 459 家，2013 年则增加到 519 家。

可以说，在这一段时间里，由于美国资本市场具有独特的吸引力，因此受到各国企业的青睐。在这一背景下，即使提出了境内企业与境外企业适用相同规则这样的建议，在很大程度上也不会损害其竞争力，因为绝大多数企业仍旧会选择在美国上市，除此之外并无其他更合适的选择机会。例如，1995 年至 2003 年期间，正好赶上技术革新时代，在美上市的境外企业数量庞大，尤其是高新技术企业。在这段时间里，在美上市的境外企业呈现出如下三方面的特点：第一，这些企业以高新技术企业为主；第二，这些企业一般都不愿意在本国证券市场上市交易；第三，与 1985 年至 1995 年在美上市的企业有很大不同，这些企业大都来自欧洲之外的其他国家（地区）。[①] 这一时期，前往美国证券市场上市的企业以中小企业为主，而且来自不同的国家。它们前往美国上市的原因与前一阶段也有不同，如果说后者看中的是美国证券交易所地位、获取并购资金、注重流动性等方面的话，前者更看中其溢价空间。[②]

（三）第三阶段：单边主义做法

以 2002 年 SOX 法案的通过为重要标志，SEC 对境外企业的监管开始转向单边主义的做法（unilateralist approach）。[③] 该法案几乎毫无差别地在境外企业、境内企业间统一适用。以该法案为典型标志，美国联邦议会的态度非常明朗，无论是境内企业还是境外企业，一律适用统一的信息披露制度和公司治理规则。尤其是该法案第 404 条的规定，强加给企业诸多新要求和条件。[④] 由于给企业在遵守相关公司治理条款方面增加了诸多成本，因此在一定程度上影响了境外企业在美上市的积极性。美国立法者的

[①] Steven M. Davidoff, Rhetoric and Reality: A Historical Perspective on the Regulation of Foreign Private Issuers, 79 *U. Cin. L. Rev.* 619, pp. 626-627（2010）.

[②] Ibid., p. 627（2010）.

[③] Karmel, Roberta S, The Securities and Exchange Commission Goes Abroad to Regulate Corporate Governance, 33 *Stetson L. Rev.* 849, pp. 856-857.

[④] Joseph A. Grundfest & Steven E. Bochner, Fixing 404, 105 *Mich. L. Rev.* 1643（2007）; Peter Iliev, The Effect of SOX Section 404: Costs, Earnings, Quality, and Stock Prices, 65 *J. Fin.* 1163（2010）.

这一单边主义的做法招致了包括欧洲国家在内的国家（地区）的强烈反对和不满。尽管在该法案颁行之后的很长一段时间里，SEC 针对境外企业的特殊性通过豁免制度做出过一些补充性规定或变动，但这种努力的效果似乎微乎其微。这一态度的转变带来不小的负面影响，导致前一阶段高新技术企业疯狂上市的局面不在，更多的中小企业不再选择在美国上市。换言之，诸多学者以及利益团体都将这一时段上市数量的锐减归结于 SOX 严苛的要求。与此形成鲜明对比的是，LSE 所建立的 AIM 市场吸引了大量中小企业前来上市。

在某种程度上，SEC 自信地认为美国有关公司治理的标准远优于其他国家，其有关公司治理的做法与经验也远优于其他国家，因此希望将其做法强加给其他国家。[①] 实际情况是，与境内企业相比，那些在美国跨境上市的境外企业在公司治理方面具有自身的某些特殊性，对于这一点，SEC 恐怕不会无知（实际上早先在很大程度上秉承了尊重他国公司治理制度的做法）。事实上，当 SEC 在思考有关公司治理问题时，它已提及境内企业与境外企业在信息披露以及公司治理方面持续性的差异。但非常遗憾的是，SEC 似乎就此止步，并没有进一步深入思考并采取相应得当的措施巧妙地应对这一问题。"SEC 对可能存在向美国投资者揭示境外公司治理差异易受文化影响的有意义方法没有兴趣；它也没有对境外公司治理体系进一步演化以及本国信息披露问题加以反思；假如演化存在，它也没有思考其对境外企业治理及信息披露的基本立场。"[②] 针对美国立法者及 SEC 所采取的这一"倒退"做法，麦肯锡咨询公司（McKinsey&Companies）曾给出过这样的建议："豁免那些已经遵守美国 SEC 制定并通过的公司治理规则的境外企业适用 SOX 的相关规定。"[③] 同时，学者也感到不无遗憾和惋惜："假如 SEC 回到国际化的做法，可以预见公司治理的标准将与 SOX 的框架相一致，从而不断强化美国证券市场对境外企业上市的吸引力。换

[①] Karmel, Roberta S, The Securities and Exchange Commission Goes Abroad to Regulate Corporate Governance, 33 *Stetson L. Rev.* 849, p. 886.

[②] James A. Fanto, The Absence of Cross-Cultural Communication: SEC Mandatory Disclosure and Foreign Corporate Governance, 17 *Nw. J. Int'l L. & Bus.* 119, pp. 179-180.

[③] Michael R. Bloomberg & Charles E. Shumer, Sustaining New York's and The US' Global Financial Services Leadership（2007）, available at http://www.nyc.gov/html/om/pdf/nyreport final.pdf, pp. 99-100.

言之，SOX 法案自其颁行之日起，反对的声音就从未停歇过。例如，针对该法案，SEC 中小公众公司咨询委员会（Advisory Committe on Smaller Public Companies）就建议"对这些企业采取豁免的救济措施，除非评价内控的合适框架得以建立。在这一过程中，对境外企业而言，在适用 SOX 法案时，仍旧可以采取变通、豁免的方式。"①

当然，需要注意的是，随着在美跨境上市境外企业数量的增加，再采取原有变通或豁免的做法也同样会遭到境内企业及相关利益团体的反对。因为，规模不断膨胀的境外企业实际上已与美国境内企业形成了激烈的竞争关系，此时，如法律再对境外企业采取优惠政策和特殊对待，则对境内企业有偏见之嫌。在学者看来，"在很大程度上，源于历史及实践局限所形成的变通措施已慢慢侵蚀了证券法框架下的'平等'这一基础性前提。"② SOX 法案中涵盖的措施实际上反映了在保持境内企业竞争地位不受影响与继续吸引境外企业前来上市之间的平衡与妥协。基于这一平衡理念，抛却原有做法，并针对境外企业设计新型的监管制度确有必要。换言之，有必要建立一种新型、公正的概念框架，该框架可作区分境内企业与境外企业差异性的基础和起点。SOX 法案的实施是立法者和 SEC 对这一理念初步实践的尝试。

另一方面，当遇到严重影响金融发展的事件时，立法者都会本能地强化监管，从而保证投资者权益不受到严重损害，或者防止类似事件的再次发生。从这一角度讲，SOX 的出台似乎又在情理之中。因为从美国历史上看，因丑闻或重大事件强化法律规则的做法比比皆是。

（四）第四阶段：面向未来

针对学者对 SOX 法案的强烈批判，SEC 也在综合各种意见的基础上，经过反复研究，表达了自己的观点和做法。这些做法主要包括如下几个方面：第一，SEC 延迟执行 SOX 法案第 404 条款，以让境外企业充分了解相关规定，并确保有充分的时间准备。第二，有关跨境并购要约、互换要约、权益要约以及商业合并的规则都得以软化以给如上行为提供尽可能的

---

① Karmel, Roberta S, The Securities and Exchange Commission Goes Abroad to Regulate Corporate Governance, 33 *Stetson L. Rev.* 849, p. 886.

② Kenji Taneda, Sarbanes-Oxley, Foreign Issuers and United States Securities Regulation, 2003 *Colum. Bus. L. Rev.* 715, p. 756.

方便。第三，制定允许境外企业注销或退市规则。第四，允许境外企业使用 IFRS 做出法律要求的公司报告。① 针对 SEC 的如上行为，有学者做出这样的评价："SEC 与三十年前的规则制定做法已相去甚远，在那个时候，基于个人投资者利益保护的考虑，它要求境外企业适用美国的 GAAP，强加各种实质性条件在境外企业上市身上。这是 SEC 抛弃境外企业与境内企业适用同样信息披露规则以保持境内企业竞争优势做法的结果。同样，在全球资本背景下试图保有这些壁垒和障碍变得举步维艰。"② 在此之后诸多规则制定上，皆体现出了 SEC 友好对待境外企业，在最大程度上为其提供方便方面的进步。正如在是否必须使用美国 GAAP 规则这一问题上，SEC 态度的转变以及给出的理由就很能说明问题。"基于投资者保护与境外企业公平参与竞争的双重考虑，SEC 形成了其平衡两种政策关注的协调考虑：一方面当投资者做出投资决定时需要了解同一类型的基本信息，无论是境外企业还是境内企业；另一方面，投资包括境外证券等在内的证券的公众利益。投资者需要了解同一类型基本信息表明境外企业与境内企业需遵守同样的信息披露要求。然而，如让境外企业遵守境内企业所遵守的那些信息披露规则有可能阻却它们在美国资本市场上募集证券的步伐。果真如此，这将剥夺美国投资者的投资机会，进而迫使他们在境外资本市场购买境外证券，而那时的信息披露要求将会低于 SEC 的要求。"③

当然，需要注意的是，按照美国法律的规定，投资者可以分为专业投资者（sophisticated investors）与个人投资者（retail investors）两类，前者是指累计投资数量在 1 亿美元以上的投资者。这一类主体在投资范围上很少受到限制，企业是否在美国上市或者是否存在监管法规的竞争问题都与他们没有太多的关联。然而，上述因素对后者来说则具有重要的现实意义。在目前状态下，假如境外企业没有在美国资本市场上市交易，个人投

---

① Steven M. Davidoff, Rhetoric and Reality: A Historical Perspective on the Regulation of Foreign Private Issuers, 79 U. Cin. L. Rev. 619, p.635（2010）.

② Ibid., pp.636-637（2010）.

③ Acceptance from Foreign Private Issuers of Financial Statements Prepared In Accordance with International Financial Reporting Standards Without Reconciliation to GAAP, Securities Exchange Act Release No. 8818,（Jul. 2, 2007）available at http://www.sec.gov/rules/proposed/2007/33-8818.pdf, p.12.

资者投资这一企业的机会微乎其微。从这一意义上讲，如果没有现行的法律规范在一定程度上遏制境外企业在美上市，则将会剥夺个人投资者的投资机会。对于这一情形，学者的描述非常准确："在过去六十几年中，我们掌握了 SEC 对待境外企业方式的基本形态的要素，而且毫无例外地在可预见的未来仍会这么做。一方面，SEC 应当对市场全球化可能引发的新机会保持高度警惕以避开或者削弱既定监管目标；另一方面，它应当对遇到的这些机会保持相当的敏感度，不能不恰当地损害美国境内企业在资本市场中的竞争地位。"① 可以说，在市场不断趋于国际化的进程中，这种动态的平衡是非常必要的。而且，在很大程度上不能忽视的一个基本事实是，在美上市的境外企业数量众多，SEC 对此不能无视。正如学者所言："如 1977 年所提倡的构建公平的竞争市场的观点在现如今为境外企业提供更多进入可能的现实下变得极为苍白。之所以这样做的一个重要原因是现已有众多的境外企业在美上市交易。1977 年提出的平等论据得以反转。"②

综上所述，"在 SEC 设立的早些时候，竞争与平等相伴随以确保境内企业与境外企业所适用的规范相同。现如今，以全球化之名，竞争已演变成一种对境外企业监管制度松绑而不顾及境内企业的运动。"③ 换言之，"在没有强大反对声音的情况下，利益集团推动 SEC 赞同对境外企业'去规制化'进程。这不同于 1977 年，在那个时候，SEC 不能忽视公众利益。"④ 无论是权威研究机构还是学者，针对美国资本市场竞争力每况愈下的局面，几乎提出了同样的建议，即采取有效的措施力图挽回颓势。在这一呼号中，弱化对境外企业的监管成为提升其竞争力的重要手段，与此同时，在一定程度上，保护个人投资者以及国内其他利益的保护需求将会削弱这一地位或者强化监管，然而，提高竞争力的需求毫无疑问又将会影响上述权益。⑤ 简言之，SEC 所做的所有一切旨在努力找寻"既能吸引境外企业

---

① Kenneth B. Davis, The SEC and Foreign Companies – A Balance of Competing Interests, p. 474.

② Steven M. Davidoff, Rhetoric and Reality: A Historical Perspective on the Regulation of Foreign Private Issuers, 79 *U. Cin. L. Rev.* 619, p. 640 (2010).

③ Ibid., p. 621 (2010).

④ Ibid., p. 626 (2010).

⑤ Ibid., p. 634 (2010).

前来上市，又能给投资者提供足够保护的规则的平衡点"。[1]

四 豁免条款：在美跨境上市境外企业别样的监管手段

（一）豁免条款的产生及原因分析

假如某一外国汽车生产商在美国销售其所生产的汽车，毫无疑问，它应当符合与美国国内汽车生产商一样的产品责任标准。那么，为什么境外企业在美跨境上市时却能在很大程度上豁免诸多法律规范呢？对于这一问题，一个可能且让人满意的回答是"特定社会中整体法律框架下公司治理特殊性使然"。[2] 申言之，当用法律手段规制企业所生产的产品时，无须也没有必要对生产商的企业治理问题进行干预；然而，对那些跨境上市的境外企业而言，如毫无区别地在境内企业与境外企业之间适用同样的法律规则，则会有无视境内企业与境外企业在公司治理领域存在较大差异这一重要事实之嫌。简单地讲，公司治理与一国的文化息息相关。鉴于这一点，有人提出这样的疑问："如果 SEC 信息披露制度与该国公司治理密切关联在一起，而且假如公司治理在很大程度上受文化的影响，那么当信息披露制度强加到进入美国证券市场的境外企业时，将会发生什么？"[3]

SEC 之所以制定豁免条款，按照学者的观点，主要基于如下几点考虑。[4] 第一，早期制定豁免条款是由于 SEC 制定规则的"惯性"或者说"惰性"使然，换言之，起先，由于境外企业数量较少，没有必要制定特殊的适用于境外企业的另行规则。第二，出于吸引境外企业在美上市的考虑，同时在调整境外企业方面也确实存在某些冲突及其他法律问题。第

---

[1] Steven M. Davidoff, Regulating Listings in a Global Market, 86 N. C. L. Rev. 89, p. 92. 学者与研究机构普遍认为在过去的二十年间，美国资本市场的竞争力每况愈下。Michael R. Bloomberg & Charles E. Schumer, Sustaining New York's and the U. S. Global Financial Services Leadership (2007); Comm. on Capital Mkts. Reg., Interim Report of the Committee on Capital Markets Regulation (2006); U. S. Chamber of Comm., Capital Markets, Corporate Governance, and the Future of the U. S. Economy (2006).

[2] Kenji Taneda, Sarbanes-Oxley, Foreign Issuers and United States Securities Regulation, 2003 Colum. Bus. L. Rev. 715, pp. 756-757.

[3] James A. Fanto, The Absence of Cross-Cultural Communication: SEC Mandatory Disclosure and Foreign Corporate Governance, 17 Nw. J. Int'l L. & Bus. 119, p. 145.

[4] 具体负责的机构是国际公司金融办公室，Office of International Corporate Finance.

第四章 美国经验：境外企业跨境上市的实践

三，特殊利益团体的推动与游说。第四，SEC 试图保持其在美国以及国际证券监管与调整上的地位需做出一定的努力。① 以下将对其进行具体的阐述与分析。

20 世纪 30 年代的美国，境外企业数量较少，因此 1933 年《证券法》、1934 年《证券交易法》在出台之时并没有刻意地区别对待境内企业与境外企业。当然，应当提及的是，美国政府在这个时候已经发现境外企业尤其是境外政府发行证券所可能带来的严重影响与不利损害。1929 年美国发生经济大萧条，其中不能忽视的重要原因是缺乏有效规制证券市场交易的法律规范。② 在充分调研的基础上，美国联邦议会制定了相应的证券法律制度。在这一过程中，议会已经对境外企业以及外国政府所发行的证券造成的不利影响予以了一定的重视。正是看到了这一点，1933 年《证券法》第二部分制定了适用于国外政府发行证券以及境外企业发行证券的法律规定，然而，这些规定与境内企业所适用的规范并无二致。1935 年，也就是在《证券交易法》颁布的第二年，成立不久的 SEC 发现境内企业与境外企业适用完全同一的规则似有生搬硬套之嫌。鉴于此，是年就通过了适用于境外企业的豁免条款，可以说，这是适用于境外企业豁免条款的开端。有关这些豁免条款以及后来陆续制定的其他豁免条款在此不述，相关内容可见下文阐释。

随着境外企业在美跨境上市数量的增加，同时为了吸引更多的境外企业前来上市，立法者与 SEC 就境内企业与境外企业在公司治理差异性问题上作过一些思考，在其看来，"境外企业在其母国往往受不同信息披露与公司治理规定的约束"，③ 因此不应过度干预。基于这一理念，SEC 也陆续出台了若干豁免条款。随着豁免条款数量的不断增多，集腋成裘，最终形成了与适用于境内企业的法律规范存在较大差异的专门适用于跨境上市的境外企业的豁免条款制度体系。正如学者所言："在美国存在两类投资者权益保护体系：一类是适用于境内企业的严格制度；另一类是适用于

---

① James A. Fanto, The Absence of Cross-Cultural Communication: SEC Mandatory Disclosure and Foreign Corporate Governance, 17 *Nw. J. Int'l L. & Bus.* 119, p. 125.

② Kenji Taneda, Sarbanes-Oxley, Foreign Issuers and United States Securities Regulation, 2003 *Colum. Bus. L. Rev.* 715, p. 718.

③ Ibid., p. 717.

境外企业相对宽松的制度。"①

1. 尽量避免干预境外企业的治理结构

如上所述，相较于信息披露制度，对境外企业治理结构提出新要求无疑会增加跨境上市的境外企业的制度成本。也就是说，企业的内部治理结构深受当地历史、文化以及政治的影响，存在较大差异在所难免。② 如若按照对待境内企业的标准要求境外企业披露全部的信息，则将会使境外企业不能承受信息披露之重。正如学者所说的那样："一个经常批判美国证券监管制度的观点认为美国信息披露文件的准备过于昂贵、困难，因为事无巨细都需要披露。"③ 举例来说，英美法系国家企业中的股权普遍呈现分散（dispersed ownership）的特点，但是来自大陆法系国家的企业多具有股权集中（concentrated ownership）的特点，当大陆法系国家的企业在英美法系国家证券市场跨境上市时，应遵守针对股权结构分散型企业所制定的公司治理要求，而这些要求强加给股权集中型企业时则会造成某些冲突与矛盾。"当跨境上市企业适用股份分散的国家法律时，在母国法采取措施进行股权结构改变前，它在适用上市法律时将付出较大的成本。"④ 也就是说，在应对公司治理及代理成本问题时，不同国家可能采取不同的应对措施：在公司股权分散的国家中，为应对上述问题，董事会监管、激励性的薪酬制度、忠实义务、公司控制权市场以及相应的信息披露制度是通常采用的治理措施；然而，在公司股权集中的国家，情况则完全不同，存在于前者的经理层代理问题在后者将不会出现，因为控制股东完全有能力监控公司管理层的行为。在这一情况下，适用于前者的诸多措施将无法生搬硬套地适用于后者，或者至少在适用上存在较大偏差。⑤ 再者，在如上两种公司股权类型迥异的公司中，董事会的功能也不尽相同。在诸如德国

---

① Donald C. Langevoort, The SEC, Retail Investors, and the Institutionalization of the Securities Markets, 95 *Va. L. Rev.* 1025, p. 1077.

② Larry E. Ribstein, Cross‑listing and Regulatory Competition, 1 *Rev. L. & Econ.* 97, p. 131 (2005).

③ Howell E. Jackson, Eric J. Pan, Regulatory Competition in International Securities Markets: Evidence from Europe – Part II, 3 *Va. L. & Bus. Rev.* 207, 255 (2008).

④ Larry E. Ribstein, Cross‑listing and Regulatory Competition, 1 *Rev. L. & Econ.* 97, p. 131 (2005).

⑤ Ibid., pp. 131–132 (2005).

等公司股权集中的国家企业中,董事会常被视作协调劳力与资本的重要纽带;而在美国等公司股权分散的国家企业中,董事会则以实现股东权益最大化为首要目标。① 面对诸如此类的公司治理上的差异,当境外企业跨境上市时,上市地法律对此应有清醒的认识和充分的制度准备才是妥帖的做法。

正是基于这一考虑,证券交易所往往也对跨境上市的境外企业在治理结构问题上"网开一面"。在这里,以上市规则这一例子予以一定的说明和分析。在证券市场中,上市规则(listing standards)由 NYSE 首创,旨在打造"高品质的品牌"。与开始仅涉及财务信息披露不同,自 20 世纪初期开始,上市规则中开始出现对公司治理标准的规定。所有这些试图保护投资者权益对公司治理所提出的要求都远高于美国各州公司法的规定。值得注意的是,美国的证券交易所制定的上市规则对境外上市均采取了豁免的做法。缘何 SEC 同意在境内企业与境外企业适用上市规则上采取差别化对待的办法?在学者看来,主要原因是 20 世纪 80 年代在美国证券交易所上市交易的境外企业数量相对较少。因此,如果按照适用于境内企业的规则调整境外企业的话,则有可能不利于境外企业在美跨境上市业务的开展。② 而且,还有一个非常重要的方面不能忽视,那就是文化的差异,"如果境外企业认可无投票权股票或者它们认为审计委员会与绝大多数大陆法系国家双层董事会结构不一致的话,相较于对境内企业附加公司治理规定而言,SEC 以及 NYSE 要求这些企业适用本国公司治理标准则没有正当性的基础。"③

同样是这一原因,很多学者认为 SOX 法案无视不同国家公司治理结构上的差异而盲目地采取"一刀切"的做法颇遭质疑。也就是说,SOX 法案将适合美国自身的公司治理措施强加到其他国家公司时,可能会给境外企业公司治理带来诸多挑战与麻烦。换言之,尽管随着国际化步伐的加快以及国家间经济交往的频繁,公司治理结构间出现了某些趋同的势头,但这并不代表它们之间不再存在差异,况且有些差异是在短时间内根本无

---

① Larry E. Ribstein, Cross‑listing and Regulatory Competition, 1 *Rev. L. & Econ.* 97, p. 132 (2005).

② John C. Coffee, Jr. Racing towards the Top?: The Impact of Cross‑listings and Stock Market Competition on International Corporate Governance, 102 *Colum. L. Rev.* 1757, p. 1822.

③ Ibid..

法消除的。可以说，忽视甚至无视这些差异的态度都是典型的"夜郎自大"心理急剧膨胀所致。

简言之，公司治理的差异性决定了不能盲目地适用同一法律的所有规定。也就是说，"要求境外企业适用内部治理规则时应充分考虑到境外企业与境内企业在法律规制核心方面的诸多差异。"[①] 从中可以发现，豁免条款存在有其合理的根基这一点是毋庸置疑的。

2. 注重公司信息披露问题

按照"约束理论"的基本观点，相较于企业的内部治理问题，信息披露对跨境上市企业而言更为重要。在获得充分信息的基础上，投资者才能对是否向企业投资做出正确的判断。[②] 根据"有效市场假说"的观点，只要充分披露相关信息，股票价格就可以有效地反映股东权利保护的水平。依照这一逻辑关系，为了不断减少获取资金的成本，境外企业有动力强化对股东权利的保护。在信息披露制度建设上，相较于其他国家，美国最为完善，无论是在信息披露具体制度的规定方面，还是在制度执行以及救济方面皆如此。如学者所称的那样："相关研究发现在美跨境上市的境外企业确实在信息披露方面优于未在美国上市的同类型企业。"[③]

一如前述，公司治理规则与信息披露制度之间存在一定的差别。因此，要实现法律在境内企业与境外企业间的平等适用，一个符合逻辑的办法是剔除那些与公司治理相关的内容。也就是说，"当证券法的特定条款旨在提高向投资者提供的信息披露质量，应当同等适用。假如特定条款主要针对在美国普遍存在的公司治理问题，就境外企业而言，SEC 则应当豁免这些条款。"[④] 申言之，就信息披露制度而言，其目的是方便重大信息的自由披露，从而让投资者掌握更全面的信息。从这一角度来看，境外企业同样应当向投资者提供其财务状况、风险因素、未来前景等信息。可

[①] Larry E. Ribstein, Cross-listing and Regulatory Competition, 1 *Rev. L. & Econ.* 97, p. 132 (2005).

[②] Ibid., p. 133 (2005).

[③] Tarun Khanna et al., Disclosure Practices of Foreign Companies Interacting with U. S. Markets, 42 *J. Acct. Res.* 475, 503 (2004).

[④] Kenji Taneda, Sarbanes-Oxley, Foreign Issuers and United States Securities Regulation, 2003 *Colum. Bus. L. Rev.* 715, p. 757.

见，在这一领域则不能设置豁免条款，否则，境外企业"由此产生的特殊行政成本要超过其可能获得的收益"。① 另一方面，那些用于调整公司治理结构的相关规则，适用于跨境上市的境外企业则可能带来较大的成本支出。因此，当其在美国跨境上市时，证券法有关公司治理的规则应当予以豁免。② 当然，需要注意的是，尽管公司治理与信息披露之间的界限并非绝对明晰，然而，二者间大概界限却是存在的。"在决定是否适用豁免条款时，要判断这一规定主要是纠正公司治理中出现的特定不足还是仅作为一种信息披露机制。"③

(二) 豁免条款制度体系的逐渐形成与不断完善④

1. 20 世纪 30 年代

为应对 1929 年发生在美国的"经济大萧条"，作为罗斯福新政重要内容的 1933 年《证券法》是提振投资者信心的重要举措之一。在学者看来，"经济大萧条"的出现与缺乏有效的证券监管不无关系，为弥补监管上的漏洞，1933 年《证券法》主要应对"发起人、承销商、高管、董事、控制股东以及发行收益的使用等问题"，对发行人相关信息披露则没有予以规定。1934 年通过的《证券交易法》则主要对发行人定期报告、管理层薪酬以及自我交易等方面的信息披露做出规定。⑤ 在如上两部规制证券相关行为的法律中，联邦议会并没有针对境外企业适用豁免条款的打算。相反，在立法者看来，如同境内企业一样，境外企业引发了诸多问题，也成为立法所重点关注的对象。如学者所说的那样，"境外证券，尤其是外国政府证券的买卖与交易泛滥，1929 年证券市场

---

① Kenji Taneda, Sarbanes-Oxley, Foreign Issuers and United States Securities Regulation, 2003 *Colum. Bus. L. Rev.* 715, p. 758.

② Ibid..

③ Ibid., p. 759.

④ 钱穆先生在《中国历代政治得失》中说道："要讲某一代的制度得失，必须知道此制度实施时期之有关各方意见之反映。这些意见，才是评判该项制度之利弊得失的真凭据与真意见……我将之称曰历史意见。""而后代人单凭后代人自己所处的环境和需求来批评历史上已往的各项制度，那只能说是一种时代意见。……我们不单凭时代意见来抹杀以往的历史意见。""我们此刻重视这些历史意见，其意正如我们之重视我们自己的时代意见般，这两者间，该有精义相通。"

⑤ Kenji Taneda, Sarbanes – Oxley, Foreign Issuers and United States Securities Regulation, 2003 *Colum. Bus. L. Rev.* 715, p. 719.

崩溃后，这些证券多数一文不值，这一倾向使政府确信不能免除它们对证券法律的适用。"① 简言之，在"经济大萧条"的背景下，无论是境内企业还是境外企业都成为美国联邦议会所重点规制的对象，二者在适用法律上并无二致。

然而，依据1934年《证券交易法》授权所设立的SEC很快就出台了针对境外企业适用本国法律的特别规定——豁免条款。1935年，SEC对境外企业豁免了《证券交易法》中有关代理投票条款（第14条）及有关六个月内成交所获得收益报告条款的适用（第16条）。换言之，在当时背景下，尽管如上两个条款所规定的内容都属于信息披露的重点内容，但SEC意识到境外企业执行投票代理规则及董事与高管交易的实际局限，从而通过了3a-12条款豁免了如上规定。另一方面，SEC考虑到境外企业在美国的证券交易所交易的股票数量相对较少，从而不会对美国证券市场造成太大影响。② 基于此，SEC才出台了如上的豁免条款。按照学者的看法，尽管SEC很快制定了适用于境外企业的豁免条款，但是它并没有花费太多的精力去思考、研究、分析境外企业自身的特殊问题。③

另外，SEC也豁免了境外企业适用高管薪酬的报告制度与信息披露制度。换言之，诸多国家有对高管薪酬予以保密的做法，因此SEC允许披露高管薪酬的累计数目，而无须披露高管薪酬的具体数目。如上一样，高管薪酬也属于信息披露的重点内容，SEC却豁免了其在境外企业中的适用，在其看来，"在有的国家中，法律规定与实践之间存在着一定的差异。"④ 再加上境外企业在美国的证券交易所上市的数量较少，对当时的

---

① James A. Fanto, The Absence of Cross-Cultural Communication: SEC Mandatory Disclosure and Foreign Corporate Governance, 17 *Nw. J. Int'l L. & Bus.* 119, p. 146.

② 有学者指出，1933年至1954年，在美国交易的境外证券数量极少。John R. Stevenson, Legal Aspects of the Public Offering of Foreign Securities in the United States Marke4 28 *GEo. Wash. L. Rev.* 194, 194-95 & n. 5 (1959). 例如，1936年在美国交易的境外证券中，股票市值仅为7000万美元，而债券市值则达8亿美元。James A. Fanto, The Absence of Cross-Cultural Communication: SEC Mandatory Disclosure and Foreign Corporate Governance, 17 *Nw. J. Int'l L. & Bus.* 119, n86.

③ James A. Fanto, The Absence of Cross-Cultural Communication: SEC Mandatory Disclosure and Foreign Corporate Governance, 17 *Nw. J. Int'l L. & Bus.* 119, p. 146.

④ Kenji Taneda, Sarbanes-Oxley, Foreign Issuers and United States Securities Regulation, 2003 *Colum. Bus. L. Rev.* 715, p. 720.

美国资本市场不可能造成严重的影响，因而更进一步强化了 SEC 制定豁免规则的信心。

2. 20 世纪 60 年代

1964 年，美国联邦议会经投票决定修改 1934 年出台的《证券交易法》，这次修法增加了 12（g）条款，该条款要求将企业报告制度适用于那些没有在证券交易所上市交易但其资产和股东数量超过最低额度的企业（境外企业全球范围内的股东数量超过 500 人，其资产总额达到 50 亿美元，同时美国股东超过 300 人）。实际上，这一规定主要是针对在场外市场中交易的企业，使其同样需要按照法律的规定向 SEC 定期报告相关事项。针对这一条款，联邦议会发现它有可能对美国未向 SEC 注册登记的境外企业产生消极影响，因此首次明确赋予了 SEC 制定相关豁免条款的权力。同时，SEC 也对这一问题高度关注，"因为美国投资者在境外券商的投资逐渐增加，自其诞生以来，SEC 不得不第一次认真对待境外企业在美的现状这一问题，同时也不得不注意其母国公司治理与信息披露制度。面对这一新情况，SEC 采取了极为谨慎的态度。"[①] 不久，SEC 制定 12g 3-2（b）豁免条款予以应对，该条款同样适用在美国证券交易所公开交易或公开发行股票的境外企业，[②] 同时，它应满足如下几个条件：第一，向 SEC 提出适用豁免制度的申请；第二，向 SEC 提供其根据母国法律的要求已向证券交易所提交或已向证券持有人发布的特定信息。"SEC 不愿意将美国公司治理拓展到那些已在美国证券市场融资的境外企业信息披露要求当中去。"[③]

在这一时期，随着欧洲证券市场的不断发展，它们已对美国构成实质性的挑战。1964 年，肯尼迪政府担心美国企业在融资方面处于劣势，于是建议美国联邦议会通过《利益均衡法》（interest equalization act）。该法试图借助税收的方式使境外企业处于一种不利地位，从而达到保护境内企业发展的目的。另一方面，为了清除美国境内企业在境外融资方面的障

---

① James A. Fanto, The Absence of Cross-Cultural Communication: SEC Mandatory Disclosure and Foreign Corporate Governance, 17 *Nw. J. Int'l L. & Bus.* 119, p. 153.

② Kenji Taneda, Sarbanes-Oxley, Foreign Issuers and United States Securities Regulation, 2003 *Colum. Bus. L. Rev.* 715, pp. 721–722.

③ James A. Fanto, The Absence of Cross-Cultural Communication: SEC Mandatory Disclosure and Foreign Corporate Governance, 17 *Nw. J. Int'l L. & Bus.* 119, p. 154.

碍，SEC 制定规则要求只要不"特别指向美国在海外的国家利益"，将不对美国企业的离岸融资进行管辖。[1] 这些措施本来试图巩固、提高美国境内企业在证券市场中的地位，然而出乎意料的是，上述措施却在很大程度上使企业开始转向包括伦敦等在内的欧洲证券市场，进一步提升了其对美国证券市场挑战的实力。面对这一不利局面，SEC 真切感受到来自国际证券市场的巨大压力，为了有的放矢地应对各种挑战，SEC 于 1973 专门成立了"国际金融办公室"（Office of International Finance），研究并应对伦敦等证券交易所给美国证券市场带来的威胁问题。犹如学者所言，"SEC 从来没有像现在这样意识到其监管活动应当从国际视野的角度去分析。"[2] 尽管如此，在 SEC 看来，美国的公司治理结构以及信息披露制度是最优的，是其他国家所学习的样本。[3] 可以说，这样的一种观念与看法是根深蒂固的，至少在那个年代是这样。

3. 20 世纪 70 年代末至 80 年代初

20 世纪 70 年代，有两个重要事件对 SEC 制定针对境外企业的政策发挥了重要作用：第一，与公司有关的贿赂丑闻使人们更加关注公司治理问题；第二，"有效市场假说"成为指导 SEC 从事证券监管事务的重要理论根据。以下将对这两个重要事件予以详细阐释。在这一时期，美国发生了一连串不法使用公司基金贿赂境外官员的事件，例如美国一家航太工业公司 Lockheed 曾向日本政府行贿以获取上市机会。这些性质恶劣的事件使得人们对有关公司治理的立法是否发挥其应有作用产生了疑问。针对这些影响恶劣的事件，SEC 迅速做出反应并采取了一系列举措：在有关代理投票权征集年度报告中增加了更多的信息披露要求；要求 NYSE 针对上市公司增加设立独立审计委员会的规定。[4] 作为改革公司治理的重要组成部分，1976 年 SEC 建议修改适用于境外企业的报告格式——Forms 20、Forms 20-K。在 SEC 看来，"不断改善的境外企业

---

[1] Kenji Taneda, Sarbanes-Oxley, Foreign Issuers and United States Securities Regulation, 2003 *Colum. Bus. L. Rev.* 715, p. 722.

[2] Ibid., p. 723.

[3] James A. Fanto, The Absence of Cross-Cultural Communication: SEC Mandatory Disclosure and Foreign Corporate Governance, 17 *Nw. J. Int'l L. & Bus.* 119, p. 127.

[4] Kenji Taneda, Sarbanes – Oxley, Foreign Issuers and United States Securities Regulation, 2003 *Colum. Bus. L. Rev.* 715, pp. 723-724.

信息披露可以促进资本在各国之间的自由流通。"[1] 同时，也是改善"需要向 SEC 定期报告的境内企业中与相应的境外企业相比所处于的不利地位"，进而提高境内企业的竞争力的重要举措。[2] 针对 SEC 所提出的改善信息披露的建议，尽管有较多的反对声音，但 SEC 依旧决定推行这一改革方案。修改后的新报告格式 Form 20-F 是注册文件与年度报告的结合体，同时也是境外企业信息披露的核心内容，它与境内企业公司治理相关信息的披露相一致，也要求详细披露每一高管、董事的个人过往经历及具体薪酬情况。[3]

事实上，在证券市场国际化发展的大背景下，这一提议与绝大多数国家公司治理的要求相龃龉，在境外企业规制中推行这一方案并不具有现实可行性。"虽然存在反对的声音，但 SEC 并没有抛却其认为美国公司治理和信息披露制度确当的自信。尽管针对境外企业也做出了一些豁免，但当相关规定适用于境外企业时，SEC 并没有也不会竭力以独特的方式修改其信息披露的基本框架。"[4] 在发布这一规范两年之后，SEC 不得不承认："对在境内企业与境外企业间平等适用披露规则的提议，遭到了一致的反对。"而且，这一时期英国伦敦证券交易所已经对美国证券交易所构成实质性竞争关系。[5] 面对来自各方的巨大压力，SEC 不得不通过制定豁免条款的方式缓解这一紧张局势。具体而言，主要在如下三个方面做出了让步：第一，境外企业无须披露每一董事、高管具体的薪酬情况，只需披露加总数额。该豁免条款在 1935 年便已出台，只不过在当时资本市场国际化不断加快的背景下，再加上伦敦证券市场对美国所造成的威胁，又进一步扩展适用而已。第二，豁免境外企业有关行业板块信息披露的规定。第三，在财务报表方面，境外企业可选择与美国 GAAP 标准相协调的办法，

---

[1] Steven M. Davidoff, Rhetoric and Reality: A Historical Perspective on the Regulation of Foreign Private Issuers, 79 *U. Cin. L. Rev.* 619, p. 622 (2010).

[2] Ibid..

[3] Kenji Taneda, Sarbanes-Oxley, Foreign Issuers and United States Securities Regulation, 2003 *Colum. Bus. L. Rev.* 715, p. 724.

[4] James A. Fanto, The Absence of Cross-Cultural Communication: SEC Mandatory Disclosure and Foreign Corporate Governance, 17 *Nw. J. Int'l L. & Bus.* 119, p. 166.

[5] Kenji Taneda, Sarbanes-Oxley, Foreign Issuers and United States Securities Regulation, 2003 *Colum. Bus. L. Rev.* 715, p. 724.

而无须自开始就使用这一标准。①

就第二个方面而言,1970年,经济学家尤金·法玛(Eugene F. Fama)提出了"有效市场假说"(efficient markets hypothesis)。该假说认为:"如果在一个证券市场中,价格完全反映了所有可以获得的信息,那么就称这样的市场为有效市场。"② 根据"有效市场假说"之一的"半强式有效市场假说"(semi-strong-form market efficiency)的观点,证券市场能迅速获取公司披露的最新信息。受到这一理论观点的影响,1979年SEC强化了"软信息"(如管理层对公司预期的收益及未来规划的讨论)的披露,在SEC看来,通过加强信息披露的精确性、全面性,可以大大提升市场的有效性。③

仍是受到这一理论的影响,1982年SEC引入"一体化信息披露制度"(integrated disclosure system)与"暂搁注册制度"(shelf registration)。长期以来,无论是境外企业还是境内企业,要公开发行证券或者在证券交易所上市交易,需根据SEC提供的多种表格提出申请,随着SEC提出的要求的不断增加,需提交的表格与材料也变得繁多起来,无形中给企业增加了不少的成本。正如SEC自身所反思的那样:"不断增加的信息披露要求将导致境外企业不再前往我们的证券市场融资。"④ 基于此,提供更加实用、恰当、便捷的信息披露方式确有必要。在SEC看来,至少对于那些

---

① Kenji Taneda, Sarbanes-Oxley, Foreign Issuers and United States Securities Regulation, 2003 *Colum. Bus. L. Rev.* 715, p. 724.

② 有效市场假说有三种形式。一、弱式有效市场假说(Weak-Form Market Efficiency)。该假说认为在弱式有效的情况下,市场价格已充分反映出所有过去的证券价格信息,包括股票的成交价、成交量、卖空金额、融资金额等。二、半强式有效市场假说(semi-strong-form market efficiency)。该假说认为价格已充分反映出所有已公开的有关公司营运前景的信息。这些信息有成交价、成交量、盈利资料、盈利预测值、公司管理状况及其他公开披露的财务信息等。假如投资者能迅速获得这些信息,股价应迅速做出反应。三、强式有效市场假说(Strong-Form Market Efficiency)。强式有效市场假说认为价格已充分反映了所有关于公司营运的信息,这些信息包括已公开的或内部未公开的信息。

③ Kenji Taneda, Sarbanes-Oxley, Foreign Issuers and United States Securities Regulation, 2003 *Colum. Bus. L. Rev.* 715, p. 725. Safe Harbor Rule for Projections, Securities Act Release No. 6084, [1979 Transfer Binder] Fed. Sec. L. Rep. (CCH) P 82, p. 117 (Jun. 25, 1979).

④ James A. Fanto, The Absence of Cross-Cultural Communication: SEC Mandatory Disclosure and Foreign Corporate Governance, 17 *Nw. J. Int'l L. & Bus.* 119, p. 161.

在美国证券交易所上市交易已久的优质企业而言，目前市场价格中已包含了与其相关的信息，因此，SEC 允许在发行新股时只需援引早已在年度报告中披露的信息即可，无须要求它再次全部披露。换言之，"对现状进行改革不仅对于境外企业向投资者提供的信息具有重要意义，而且可以改善国内证券市场，从而促进资本在各国间的流动。"[①] 就境外企业而言，当其在美国证券市场发行证券时，可根据自身情况选择 Form F-1、F-2、F-3，从而调整其相关行为；同时，Form 20-F 视作证券交易过程中以年度汇报的方式对信息进行披露。可以说，Form 20-F 已成为规制境外企业证券发行、上市交易的主要方式。根据学者的观点，"尽管这一方式仍旧对境外企业公司治理方面的内容规定了豁免条款，佴其主要目的是实现信息披露适用标准上的统一。"[②] 或者说，这一豁免条款的出台是两种不同观点间平衡的结果：一种观点认为无论是境内企业还是境外企业都应当统一适用相同的法律规定。另一种观点则与此相反，认为将适用于境内企业的规定同样适用于境外企业将会压制它们在美国证券市场从事证券发行、上市行为，从而剥夺投资者本来可以享有的更多投资机会。[③] 综上，基于各种压力，尽管 SEC 不得不通过豁免条款的方式减少境外企业在美上市的成本，但在其看来，美国有关公司治理的规定最为先进，并试图通过设计新型的制度用于境外企业的信息披露的观点和理念并没有发生动摇。[④]

4. 20 世纪 90 年代至 21 世纪初

在这十余年的时间里，SEC 面对全球商业以及证券市场空前发展的事实，针对境外企业制定了诸多变通适用的豁免制度。在很大程度上，这些

[①] James A. Fanto, The Absence of Cross-Cultural Communication: SEC Mandatory Disclosure and Foreign Corporate Governance, 17 *Nw. J. Int'l L. & Bus.* 119, p. 160.

[②] Kenji Taneda, Sarbanes-Oxley, Foreign Issuers and United States Securities Regulation, 2003 *Colum. Bus. L. Rev.* 715, p. 726. 根据豁免条款，境外企业应在公司会计年度结束后六个月内向 SEC 提交相关文件（境内企业是三个月）。同时，考虑到境外企业的特殊性，它免于适用有关季度报告的相关规定。

[③] Integrated Disclosure System for Foreign Private Issuers, Securities Act Release No. 6360, Exchange Act Release No. 18274, 46 *Fed. Reg.* 58513 (Dec. 2, 1981).

[④] James A. Fanto, The Absence of Cross-Cultural Communication: SEC Mandatory Disclosure and Foreign Corporate Governance, 17 *Nw. J. Int'l L. & Bus.* 119, p. 128.

豁免条款实际上是试图向境外企业提供更多的进入美国资本市场的融资渠道，从而构建境外企业进入美国资本市场可供其多样化选择的"菜单"。以欧洲国家企业融资的角度来说，就可发现这一"菜单"方式自身具有的重要意义和价值。具体而言，这一"菜单"包括如下五种基本方式：第一，本国募集（Local Offering）。根据这一方式，需要遵循本国有关信息披露的相关规定。第二，国际化方式募集（International-Style Offering）。采取这一方式的，企业应当同时遵循本国信息披露规则和欧洲市场相关实践规则。第三，国际化方式募集之 144A 方式（International-Style Offering with Rule 10b-5Letters）。根据这一方式，企业除了遵循国际化募集方式所应遵循的法律条件之外，还应当遵循 144A 的规定，并向 SEC 提交两份声明。第四，国际化方式募集之 144A 方式（International-Style Offering with Rule 10b-5Letters）。根据这一方式，企业除了遵循国际化募集方式所应遵循的法律条件之外，还应当遵循 144A 的规定，并应向 SEC 提交一份声明。第五，国际化方式募集之公开发行（International-Style Offering with U.S. Offering Registered Under the Securities Act of 1933）。根据这一方式，企业除了遵守本国及欧盟相关规定之外，还应遵循美国有关公开发行的相关规定。这些新的方式不仅推动了美国资本市场的不断繁荣，而且也在很大程度上提高了其对境外企业的吸引力。详言之，这些制度的具体内容主要包括如下几个方面：

（1）144A

根据美国 1933 年《证券法》第 5 条的规定，除非在 SEC 注册，任何人买卖证券都属于非法行为。同时，该法第 4（2）又规定发行人的交易如不涉及公开发行时，第 5 条则不予适用。这两条规定确立了美国公开发行与私募划分的基本法律依据。为了推动私募市场的发展，为"无须注册的证券形成流动性更好、更加高效的机构投资者转售市场"提供便利，1990 年 SEC 制定了 144A 规定，对私募证券的转售事项规定了"安全港"（safe harbor）制度。① 该条款简化了企业向特定机构投资者发行证券的程序，并向该证券在二级市场中的交易提供"安全港"。②

---

① William K. Sjostrom, Jr., The Birth of Rule 144A Equity Offerings, 56 *UCLA L. Rev.* 409, p422.

② Luis F. Moreno Trevino, Access to U.S. Capital Markets for Foreign Issuers: Rule 144A Private Placements, 16 *Hous. J. Int'l. L.* 159 (1993).

在学者看来，SEC这一举措旨在为美国境内的机构投资者购买境外证券提供可能的便利。同时，这一条款也为那些不希望遵循1933年《证券法》相关规定进行注册并提供相应材料的公开发行与上市交易规定的企业提供了便利的融资渠道。换言之，借助144A这一规定，企业无须遵守美国证券法律有关公司治理、审计以及SOX的相关规定而可以直接进入美国证券市场融资，尽管与公开募集尚存在不少差异。可以说，在长期的实践中，这一方式已成为境外企业在美国资本市场融资的惯常方式。究其原因，与如下两个因素不无关联：第一，2002年SOX法案的通过使得企业公开发行的成本骤增；第二，私募集中化市场的建设使其流动性提高，市场的吸引力不断增强。[①] 可以说，美国法律所提供的这一通过公开发行募集股份的替代方式具有重要的现实意义。根据学者的调研结果，自1999年开始，它已成为欧洲企业在美国募集资本的主要方式。[②]

在欧洲证券市场的实践中，就144A这一方式，通常有两种做法：第一，根据美国10b-5的规定，在向美国SEC提交相关资料的过程中，企业与承销商分别聘请律师事务所成立相应的委员会，同时分别提交要求的文件资料。[③] 第二，只有一家律师事务所作为事务委员会主体，仅要求它

[①] William K. Sjostrom, Jr., The Birth of Rule 144A Equity Offerings, 56 *UCLA L. Rev.* 409, p. 412. 根据学者的考察，这一方式之所以盛行，主要是由于如下两个方面的原因：第一，美国机构投资者数量巨大，是境外企业证券的主要购买者；第二，机构投资者也是公开募集证券的主要购买者。因此，公开发行证券与144A所规定的募集方式在实际效果上并没有存在太多差异，而后者所要求的条件则更加宽松。此外，通过前一方式募集资金需要较长的周期，而且需要在美国资本市场培育长期的市场价值，而对后者来说则无须考虑这一问题。Howell E. Jackson, Eric J. Pan, Regulatory Competition in International Securities Markets: Evidence from Europe-Part II, 3 *Va. L. & Bus. Rev.* 207, pp. 232-234 (2008).

[②] Howell E. Jackson, Eric J. Pan, Regulatory Competition in International Securities Markets: Evidence from Europe-Part II, 3 *Va. L. & Bus. Rev.* 207, p. 216 (2008). 二者大致比例为：40%的交易量来自公开募集；60%的交易量则是借助144A所规定的方式获取，足见其重要影响力。

[③] 根据10b-5这一条款，申请融资的企业应当提交的资料要表明企业信息披露完整性的声明。这一做法同公开发行中尽职调查义务具有同样的功能。通常而言，在按照10b-5的规定提交相关资料之前，律师事务所应当对企业的运作进行实质性调查，同时应参与其信息披露文件的制作、完善工作。

提交相应文件资料即可。在二十世纪这段时间里，第一种方式是欧洲企业在美融资的通常做法。现如今，第二种已经成为主导方式。①

此外，《证券交易法》第 415 条就"暂搁注册"也做出了明确规定，根据这一条款，企业在向 SEC 注册证券时，可不立即向公众发行，在自此开始两年内其认为时机最为有利时可向公众公开发行。

当然，这一方式除了自身优势之外，也有其不足之处。例如，并购现金支付方面是其"软肋"。与此同时，与公开发行所可能带来的良好声誉相比，通过上述方式在这一方面的提升上则逊色得多。②

（2）Regulation S

1990 年，SEC 制定并通过了 Regulation S 条款，它为离岸证券（offshore）发行与交易提供了"安全港"。这一规定"允许境内企业与境外企业在美国境外销售证券而无须向 SEC 注册，主要遵循旨在防止该证券在美国境内转售的几个列举式条款即可"。③ 与美国境内企业从事离岸发行证券行为相比，Regulation S 对境外企业在离岸市场发行证券所施加的条件极少。此外，在特定情况下，Regulation S 还允许使用 144A 条款将离岸证券在美国之外进行买卖，从而提升境外企业发行证券的流动性。正是这两个条款之间的配合适用，大大增加了境外企业在美国资本市场融资的数量。

（3）MJDS

如前所阐述的那样，1991 年，美国与加拿大之间签署跨境信息披露制度（Multijurisidictional Disclosure System，简称"MJDS"），这一举措在一定程度上为两国之间的证券发行与交易提供了诸多便利条件。根据协议的规定，Form 40-F 取代 Form 20-F 成为加拿大企业在美发行证券、上市信息披露所应主要遵循的方式。④ 换言之，基于加拿大与美国在文化、法

---

① Howell E. Jackson, Eric J. Pan, Regulatory Competition in International Securities Markets: Evidence from Europe – Part II, 3 *Va. L. & Bus. Rev.* 207, pp. 220-221 (2008).

② Ibid., p. 232 (2008).

③ Felicia H. Kung, The Internationalization of Securities Laws: The Rationalization of Regulatory Internationalization, 33 *Law & Pol'y Int'l Bus.* 443, 454 (2002). See also Roberta S. Karmel, Will Convergence of Financial Disclosure Standards Change SEC Regulation of Foreign Issuers?, 26 *Brook. J. Int'l L.* 485, pp. 509-512 (2000).

④ SEC Forms for Applications for Registration of Securities on National Securities Exchanges and Similar Matters, 17 C.F.R. § 249.240f (2003).

律制度等方面相似性的考虑，一国企业在对方国上市，无须遵守上市国的法律规定，只需遵守本国相关法律即可。在很大程度上，这一制度开启了两国证券发行、交易的新篇章。

(4) IOSCO 与 IAS

IOSCO 成立于 1974 年，其关注的重点是证券监管问题。尽管这一国际组织的相关规范并不具有强制性，然而，近年来，其所制定的相关制度得到了越来越多的国家的认可和执行，其国际影响力与日俱增。毋庸置疑，企业会计规则上遵循标准的不同以及由此产生的巨大差异是阻却境外企业前往美国证券市场上市的核心因素之一。① 1999 年，SEC 决定启用 IOSCO 制定的国际信息披露规定（international disclosure requirements）取代非财务性的信息披露规定。SEC 的这一行为具有较强的示范功能，其后，越来越多的国家采纳 IOSCO 的这一规定。

国际会计标准委员会（the International Accounting Standards Committee，简称"IASC"）制定了"国际会计准则"（the International Accounting Standards，以下简称"IAS"），相对于 IOSCO 所制定的相关规则，后者对美国在内的诸多国家的影响力较小。在这一时期，美国 SEC 要求在美国证券市场上市的境外企业的财务报表要么自开始就采用 GAAP，要么需与 GAAP 相协调一致。然而，欧盟宣布于 2005 年采用 IAS 标准，这对美国在是否认可适用这一规则的境外企业问题上带来了一定的压力。② 事实上，自 2007 年开始，SEC 允许境外企业依照"国际财务报告准则"（International Financial Reporting Standards，简称"IFRS"）制作其财务报表，而无须与 GAAP 保持完全一致。③

---

① Kenji Taneda, Sarbanes-Oxley, Foreign Issuers and United States Securities Regulation, 2003 Colum. Bus. L. Rev. 715, p. 749. Howell E. Jackson, Eric J. Pan, Regulatory Competition in International Securities Markets: Evidence from Europe – Part II, 3 Va. L. & Bus. Rev. 207, 235 (2008). James A. Fanto & Roberta S. Karmel, A Report on the Attitudes of Foreign Companies Regarding a U. S. Listing, 3 Stan. J. L. Bus. & Fin. 51 (1997). Roberta S. Karmel & Mary S. Head, Barriers to Foreign Issuer Entry into U. S. Markets, 24 Law & Pol'y Iny'l Bus. 1207, pp. 1208-1210 (1993).

② Kenji Taneda, Sarbanes-Oxley, Foreign Issuers and United States Securities Regulation, 2003 Colum. Bus. L. Rev. 715, p. 730.

③ "国际财务报告准则"是国际会计准则理事会（IASB，其前身是 IAS）所颁布的易于各国在跨国经济往来时执行的一项标准的会计制度。

（5）要约收购豁免条款（Tender Offer Exemptions）

多年以来，境外企业为了避免美国证券法律的适用，通常想方设法排除美国证券持有者参与收购，因此导致美国投资者长期处于一种不利的地位。针对这一情况，在整个20世纪90年代，SEC采用逐一豁免的办法予以应对。1999年之后这一情况有所改观，SEC通过"要约收购豁免条款"，明确规定如美国的投资者持有证券数量比例较少（占全部证券的10%），美国证券法律有关信息披露的规定以及要约收购的规定则予以豁免适用。①

（6）Regulation FD

2000年，SEC通过了有关公正信息披露的条款Regulation FD（Fair Disclosure），这一规定的目的是禁止企业在披露信息时存在选择性披露行为，即向诸如分析师及机构投资者提供实质性信息而不向公众公开这些信息。② SEC出台的这一规定原本打算在境外企业与境内企业间同一适用，然而遭到了前者的强烈反对，于是SEC最后不得不对境外企业暂时予以豁免。③

综上，在SOX出台之前，尽管联邦证券立法原本打算所有规定同等适用于境内企业与境外企业，事实上美国议会也坚持这样的观点。然而，在现实中常遭遇境外企业及相关利益团体的反对、抵制。同时，境外企业的确与境内企业存在诸多差异，这也是一个不争的事实。多年来SEC不得不制定大量的豁免条款，日积月累，逐渐形成了适用于境外企业的另外一套法律规范体系。在SEC所推出的诸多豁免条款或变通规定中，总体上包含两大类别：诸如对境外企业季度报告提交的豁免、对提交年度报告期限的宽限等都是出于技术困难（会计规则的不一致）方面的考虑；同时，诸如针对境外企业高管薪酬信息披露的豁免等则是由于境外企业与境内企业在公司治理方面差异性所致，"诸多境外企业股权较为集中，当地法律没有必要通过对管理层

---

① Cross-Border Tender Offers, Business Combinations and Rights Offerings, Securities Act Release No. 7611, 64 Fed. Reg. 61, p. 382 (Dec. 15, 1999).

② Selective Disclosure and Insider Trading, Exchange Act Release No. 43154, Fed. Sec. L. Rep. (CCH) P 86, p. 319 (Aug. 15, 2000).

③ Kenji Taneda, Sarbanes-Oxley, Foreign Issuers and United States Securities Regulation, 2003 Colum. Bus. L. Rev. 715, p. 730.

的约束来保护股东权益。"① 当然,不能忽略的事实是,随着世界经济一体化发展趋势的不断强化,SEC 在进行证券监管时无视境外企业的影响力显然也不现实。从 20 世纪 70 年代开始,英国崭露头角,逐渐成为其竞争对手开始,随着时间的推移,竞争对手的数量不断增加,实力也在不断强化。正如学者所言:"非常明显,SEC 所面对的环境已发生根本性变化,任何一个主要境外企业的退市都会给美国资本市场造成严重影响。任何新型监管制度出台都必须充分考虑到这一点。"②

5. 21 世纪初至今

2002 年 7 月 30 日,SOX 法案迅速出炉以应对美国证券市场中因安然等公司破产所造成的恶劣影响。为了应对诸如管理层做假账、滥用公司基金等公司丑闻,该法案主要举措在于强化公司治理结构。如前所述,它要求公司 CEO/CFO 对财务报表做出声明;所有在证券交易所上市的公司应当设立独立的审计委员会;禁止公司向董事或高管借贷;对临时起财务报表的限制;对在禁售期内部人交易的限制等。当然,就本书而言,最值得关注的是该法案要求在境内企业与境外企业间同一适用该法案,从而使得境外企业在公司治理方面符合该法的要求时必须付出大量的成本。尽管该法赋予 SEC 根据情况制定相应豁免制度的权力,但实际上 SEC 对境外企业豁免适用 SOX 法案没有做过多的规定。③ 这一做法造成的直接后果便是 SOX 有关境外企业的规定成了最具争议的焦点。人们之所以对此存在诸多质疑的重要原因则源自于"SOX 借助 SEC 影响到了广泛的公司治理改革"。④ 而且,这一法案具有明显的"美国特色",导致诸多境外企业无所适从。

另外,2008 年 SEC 制定并通过了 13a-16 条款。根据这一条款的规定,尽管美国境内企业需提交季度报告,其中应当涵盖未经审计的财务信息与其他规定信息,而要求提供季度报告的境外企业只需提供根据母国公司法的规

---

① Kenji Taneda, Sarbanes-Oxley, Foreign Issuers and United States Securities Regulation, 2003 Colum. Bus. L. Rev. 715, p. 732.

② Ibid., p. 733.

③ 针对境外企业,该法案第 306 条的规定所指的高管、董事仅指主要执行人员、财务主管、会计主管。

④ Kenji Taneda, Sarbanes-Oxley, Foreign Issuers and United States Securities Regulation, 2003 Colum. Bus. L. Rev. 715, p. 734.

定或美国以外的证券交易所的要求已经公开或要求公开的材料。①

(三) 监管者对待境外企业的复杂心态：对豁免条款梳理获得的启示

在证券市场国际化背景下，吸引更多的境外企业前来上市融资成为促进一国证券市场发展的重要渠道。对此，有学者曾言："世界经济的全球化发展使得 SEC 在考虑证券监管时应顾及其可能对境外企业所造成的影响。"② 以美国为例来说，迫于其他国家争取境外企业上市资源的竞争压力，SEC 不得不尽力豁免境外企业对联邦证券法针对公司治理介入的条款以及由此而衍生出的繁冗规定的适用。可以说，在很大程度上，在美国证券市场上市的境外企业的数量积累与这些豁免条款本身对境外企业的吸引力存在正相关关系。即是说，东道国为了继续保持其对境外企业的吸引力，不断制定更加有利于境外企业跨境上市的规则是一个有效的方式。③

SOX 法案通过之后，SEC 对境外企业公司治理尽量少干预的做法基本被终结。按照 SEC 原有的做法，从逻辑上推演，SOX 应当对境外企业不予适用，至少应做出较大的调整、变通。然而，事实上，SOX 法案几乎采取了对境内企业与境外企业在适用上"一视同仁"的做法。在学者看来，SOX 之所以一反常态，是因为"境外企业数量的激增以及对投资与资本的国际竞争使 SEC 仅将严格的法律规范适用于境内企业而不适用于境外企业的做法难以贯彻、实施"。④ 也就是说，如果与证券活动有关的规定对境内企业不利，这些企业同境外企业在证券市场及相关产品展开竞争时就需要付出更多的成本。因此，它们会通过游说等方式极力主张适用于境外企业的豁免条款应同样适用于它们自身。⑤ 如果这一逻辑是正确的，可以推断，颁布 SOX 法案的 2002 年，在美国跨境上市的境外企业数量已达到

---

① SEC Rule 13a-16, 17 C. F. R. S 240. 13a-16 (2008); Form 6-K, 17 C. F. Rt § 249. 306.

② Kenji Taneda, Sarbanes-Oxley, Foreign Issuers and United States Securities Regulation, 2003 *Colum. Bus. L. Rev.* 715, p. 732.

③ Larry E. Ribstein, Cross-listing and Regulatory Competition, 1 *Rev. L. & Econ.* 97, pp. 139-140 (2005).

④ Karmel, Roberta S, The Securities and Exchange Commission Goes Abroad to Regulate Corporate Governance, 33 *Stetson L. Rev.* 849, p. 891.

⑤ Larry E. Ribstein, Cross-listing and Regulatory Competition, 1 *Rev. L. & Econ.* 97, p. 137 (2005).

足以引起立法者以及境内企业高度重视的程度。随着境外企业群体的成长与壮大，如果一味地适用"豁免条款"，则不利于维护境内企业在国内证券市场中的公平竞争。但是，如上文所阐述的那样，由于境外企业与境内企业在公司治理上的差异性长期存在，无视这些差异而盲目强调规则统一适用的观点，其合理性也颇值得怀疑。事实表明，SOX 无视上述差异的绝对化做法在一定程度上对该国证券市场在境外企业眼中的吸引力造成了不利影响。

概言之，SOX 法案可以看作美国立法者对在美上市的境外企业态度转变的重要分水岭，这一立法充分反映出立法者对该法案在境内企业与境外企业之间不统一适用观点和做法的强烈反感。另一方面，无法改变的事实是境内企业的确与来自他国的境外企业在公司治理方面存在差异，因此 SOX 的这一做法遭到了境外企业及相关利益团体的一致批评。正如学者所言："在某种意义上，SOX 法案又倒退到了证券法与证券交易法不区分境内企业与境外企业的时代。"[①] 迫于各种压力，SEC 又不得不通过在一定限度内对境外企业适用 SOX 法案制定一些零散的、应急性的豁免条款，以应对这种紧张的局面。

尽管如此，SEC 修修补补的做法根本无济于事。对于美国联邦议会不分青红皂白统一适用的做法，包括 SEC 等在内的诸多机构和学者都深表质疑。公司治理以及其背后的文化、政治、社会因素等情况差异较大，无视这些差异的做法明显存在着严重的不合理性。"很显然，起初尊重境外企业公司治理事宜部分原因是境外企业的公司环境往往呈现出不同的政策关注。"[②] 正是看到了这一点，有学者明确指出："多年来，SEC 所做出的主张基于一种错误的理念，这种理念认为美国公司治理是一个有效的分析境外企业的凸透镜。"[③] 如前所述，美国公司股权分散的基本特征与欧洲大陆公司股权集中的基本特征决定了二者在公司治理方面存在较大差异，因此适用同样的法律制度则大有削足适履之嫌。这一点已经引起了 SEC 充分的认识，同时 SEC 在实践工作中也尽量考虑到这一情况。正如学者所言："就信息披露自身而言，如果不将其放在特定的公司文化背景下去看待，往往不得要领。因此，即使全面执行美国证券法的信息披露准则也无助于美国投资者理解法国政府

---

① Kenji Taneda, Sarbanes-Oxley, Foreign Issuers and United States Securities Regulation, 2003 *Colum. Bus. L. Rev.* 715, p. 735.

② Ibid. .

③ James A. Fanto, The Absence of Cross-Cultural Communication: SEC Mandatory Disclosure and Foreign Corporate Governance, 17 *Nw. J. Int'l L. & Bus.* 119, p. 754.

依旧对已进行私有化改革的前国有企业保持关联的微妙之处。"①

但是,到了美国立法者即联邦议会这里,受到了某些重大事件的影响(例如经济大萧条、公司丑闻、金融危机等),在大众呼号的舆论压力下,往往会重磅出击以达到震慑的效果。或者说,议会非常明白民意不可违的道理,尤其是在这样的情况下更是如此。这些挽救颓势的"重典"如存在适用上的轻重偏向,恐难达到立法者所期待的效果。从这一点上看,裹挟着政治考虑与投资者利益保护重任的立法者号召统一适用,似也有情可原。"……揭示了大量的让民众出离愤怒且反感的金融阴谋与诈骗。在垮塌的市场复苏时大量的立法改革建议暗含了民众希望严惩'肇事者'的期望,这一点儿也不足为怪。"② 与此同时,作为由公众所选举产生的议员,在这个紧要关头,也应当代表民众发表应有的呼声。"在包括市场危机在内的各类危机事件中,政治家常通过利用公众不满引起关注并取得选举成功。"③

然而,在这一过程中,立法者与 SEC 在适用法律上产生的严重分歧,往往会使得企业或投资者无所适从。然而,美国联邦议会作为美国最高的立法机构具有至高无上的权威,依据证券法所设立的 SEC 不能与其制定的法律相抵触。针对这一尴尬处境,SEC 前主席 Pitt 曾表达了如下的观点:就境外企业而言,SEC 的任务是执行 SOX 法案,无论是境外企业还是境内企业。事实上,该法案留给 SEC 行使豁免权的空间极小。④

同时,当遇到境外企业在美国上市是否适用豁免条款,以及如何适用豁免条款这一问题时,确立稳固、统一的判断标准极为重要,因为它将确保法律的稳定,从而也就确保了对法律的合理预期。相反,在适用豁免制度时毫无章法,往往会造成混乱不堪的局面,从而使得法律的权威及预期

---

① Kenji Taneda, Sarbanes-Oxley, Foreign Issuers and United States Securities Regulation, 2003 *Colum. Bus. L. Rev.* 715, pp. 753-754.

② John C. Coffee, Jr., The Political Economy of Dodd-Frank: Why Financial Reform Tends to Be Frustrated and Systemic Risk Perpetuated, 97 *Cornell L. Rev.* 1019, pp. 1020-1021 (2012).

③ John C. Coffee, Jr., The Political Economy of Dodd-Frank: Why Financial Reform Tends to Be Frustrated and Systemic Risk Perpetuated, 97 *Cornell L. Rev.* 1019, pp. 1021-1022 (2012). 当然,也有学者认为在危机过后,议会不能马上立法,因为这将会导致对市场的过分监管。学者都形象地称这些应急的法律为"泡沫法"。Stephen M. Bainbridge, Dodd-Frank: Quack Federal Corporate Governance Round II, 95 *Minn. L. Rev.* 1779, pp. 1786-1788 (2011).

④ Kenji Taneda, Sarbanes-Oxley, Foreign Issuers and United States Securities Regulation, 2003 *Colum. Bus. L. Rev.* 715, p. 736.

大打折扣。正如学者所言:"确立这一框架的重要性在于它将促使人们更加全面地分析原本确立特别规定的内在原因,从而排除了逐一予以豁免的必要。作为结果,在 SEC 规制境外企业的过程中,将会带来更大程度上的一致性、可预见性。在将来,美国证券市场将避免如同 SOX 法案实施所带来的那样的震荡。"① 按照学者的观点,面对境外企业这一特殊群体,在适用法律问题上是否应当制定豁免条款,基本的思路和框架应当是:当法律规范针对的是公司治理事项时,SEC 应当通过豁免条款的方式对境外企业"网开一面";当法律规范针对的是强化信息披露质量事项时,则相应的法律规范应当统一适用,无论是境外企业还是境内企业。正如学者所言,"信息披露规范聚焦的是信息需求者,因此支持使用同一'语言';然而,公司治理聚焦的是公司本身,因此应顾及特定的公司环境。"② 此外,还需要注意的是,有的时候法律规范兼具公司治理与信息披露的特征,此时判断其是否需要制定豁免制度时,要根据这些规范旨在纠正公司治理中的特定错误还是仅作为信息披露两种不同情况予以判断。另外,尽管有的法律规范仅针对信息披露制度,适用豁免条款也不能机械地认为应当适用于所有的对象,因为毕竟不同的公司在会计制度等方面还存在不少差异,在这一过程中"成本—收益"理论应当发挥其应有的作用。

当然,在学者看来,豁免条款尽管具有正当性,但其最大的不足是"一刀切"的适用方式。③ 毫无疑问,有的境外企业所在国的法律相对宽松,而有的境外企业所在国的法律相对严格,如果一律给予相同的豁免,由此造成的后果可能存在较大差异。例如,一家在英国或者德国成立的公司上市之后再次在美国跨境上市,同时,假设还有一家来自菲律宾的公司同样在美国上市,如果适用同样的豁免制度,则造成的后果很明显是不同的:后者存在损害投资者权益的可能性远高于前者。④ 当然,如若不采取如上做法,而采取对每个国家个案审

---

① Kenji Taneda, Sarbanes-Oxley, Foreign Issuers and United States Securities Regulation, 2003 *Colum. Bus. L. Rev.* 715, p. 759.

② Ibid., p. 757.

③ Steven M. Davidoff, Regulating Listings in a Global Market, 86 *N. C. L. Rev.* 89, pp. 131-132.

④ 还有学者也提出了类似观点。例如,在有的学者看来,"不应将所有境外企业视为同质一类而适用同样的改革与激励。相反,根据境外企业设立国家以及与该国之间有关协定将法律规范进行分类可能是一种明智的办法。"Yuliya Guseva, Cross-Listings and the New World of International Capital: Another Look at the Efficiency and Extraterritoriality of Securities Law44 *Geo. J. Int'l L.* 411, p. 497.

查的做法，其工作量也将变得异常巨大。正如学者所言："解析完全不同的公司治理体系的复杂性，在这一过程中还充斥着必要的历史与政治背景，因而将是一件极为复杂的工作。对于上市事项分析在教科书或者法学专业期刊上予以研究是合适的，然而要在招股说明书中缠绕此事实并不合适。"①

综上，SEC 这种单纯以豁免条款应对境外企业在适用法律上可能出现的难处的做法并不科学、合理。正如上文所阐述的那样，不同国家由于在文化、政治因素、社会环境等方面的差异，导致基于此形成的公司治理存在巨大差异。此时，假如 SEC 真切地为美国投资者考虑的话，在信息披露过程中就应当充分注重这种差异性。"假如存在不同的治理结构，应当更多地考察、理解其文化起源。"② 换句话说，"SEC 对境外企业公司治理强制披露的历史表明这一制度使境外企业向美国投资者提供的有关其公司治理信息意义十分有限。作为美国文化的产物，信息披露制度旨在披露从美国投资者的角度而言重要的内容。历史表明 SEC 依据法律的规定不愿意调整对境外企业规制的基本做法，在它看来，唯一相关的公司治理信息就是美国强制信息披露规则所要求的内容，对于境外企业亦不例外。基于此，其坚持如下观点：在公司治理这一问题上，境外企业应如同境内企业一样满足同样的信息披露要求。"③ 自二十世纪 30 年代至今，尽管 SEC 制定了数量惊人的豁免条款，但事实上，"SEC 坚持认为美国信息披露制度具有某种优越性，尽管由于上述原因尽可能少地对境外企业适用。"④ 当然，需要注意的，除了美国议会、SEC 之外，还有学者认为美国包括信息披露等在内的证券法律制度具有独特的优越地位。例如 Coffee 教授就认为："……强化信息披露可成为替代公司治理改革的次优方案，同时进入美国资本市场应当要求境外企业满足适用于境内企业同样的治理规则与条件。"⑤ 针对这一做法可能产生的弊病，学者主张："这些要求与条件是美

---

① Kenji Taneda, Sarbanes-Oxley, Foreign Issuers and United States Securities Regulation, 2003 *Colum. Bus. L. Rev.* 715, p. 755.

② James A. Fanto, The Absence of Cross-Cultural Communication: SEC Mandatory Disclosure and Foreign Corporate Governance, 17 *Nw. J. Int'l L. & Bus.* 119, p. 123.

③ Ibid., p. 125.

④ Ibid., p. 126.

⑤ John C. Coffee, Jr. Racing towards the Top?: The Impact of Cross-listings and Stock Market Competition on International Corporate Governance, 102 *Colum. L. Rev.* 1757, p. 1782.

国文化的产物，它们并不能突出其他文化背景下重要的公司治理信息，由此披露的信息可能会误导美国投资者。"① 结合这一观点，本书认为正确的做法是：在理解隐藏在他国公司治理背后的文化传统、社会基础之上，披露其核心信息，经翻译、解析之后抓住其核心。如学者所言："从文化复杂性这一角度理解任何情形将意味着个人（包括监管者）的决定不能单纯从个人、团体或机构利益的角度去解释。"②

简言之，对于包括美国在内的国家都存在这样的基本规律，即"历史表明勃兴之后便是垮塌，尔后便是监管的强化。最终，市场参与者当然适应了严厉的监管，监管者被说服为经济和各种实际提供方便，市场经济便进入了新一轮繁荣"。③ 这似乎成了一个无法改变的"怪圈"。

五 互认制度：美国对境外企业跨境上市监管的革新尝试

（一）境外企业跨境上市监管的主要方式

证券国际化趋势的不断强化为各种不法的跨国证券交易行为提供了温床。针对跨境上市出现的各种问题，采取措施加强监管无可厚非。然而，"世界上的监管者在采取有力、有效方式规制在国际范围内开展业务的主体方面遭遇到越来越多的挑战。"④ 在境外企业跨境上市监管问题上，主要有单边监管与国际协调监管两种模式。⑤ 就前者而言，如上文所阐述的那样，证券法的适用往往具有地域性，即每一国家都对发生在其国内的证券发行与交易行为主张排他性的管辖权。⑥ 换言之，在一国范围内，证券监管机构处于一种"垄断者"的地位，这一性质决定了其本身没有动力和激励制定并提供高效的证券法律制度，相反，其往往会出于自身利益

---

① James A. Fanto, The Absence of Cross-Cultural Communication: SEC Mandatory Disclosure and Foreign Corporate Governance, 17 *Nw. J. Int'l L. & Bus.* 119, p. 129.

② Ibid., p. 206.

③ Robert G. DeLaMater, Recent Trends in SEC Regulation of Foreign Issuers: How the U. S. Regulatory Regime is Affecting the United States' Historic Position as the World's Principal Capital Market, 39 *Cornell Int'l L. J.* 109, p. 119 (2006).

④ Susan Wolburgh Jenah, Commentary on a Blueprint for Cross-Border Access to U. S. Investors: A New International Framework, 48 *Harv. Int'l L. J.* 69, p. 82 (2007).

⑤ 邱润根：《证券跨境交易的监管模式研究》，《当代法学》2006年第3期。

⑥ Frederick Tung, From Monopolists to Markets?: A Political Economy of Issuer Choice in International Securities Regulation (2002) 2002 *Wis. L. Rev.* 1363, p. 1367.

的考虑而制定不利于投资者和企业的法律规范。① 即使在竞争日趋激烈的国际背景下,证券监管者仍处于这一状态:"监管者享有监管垄断性的权力,依此不断强化其官僚化,而这却与竞争背道而驰。"② 正如英国财政大臣乔治·奥斯本(George Osborne)所认为的那样,单边行动是有缺陷的,是一种偏激的做法。强化本国监管并采取措施保护监管者私利将无法有效地解决那些在多个国家从事业务过程中存在的监管重叠问题。③

就后者而言,在国际化的背景下,国与国资本市场监管者之间合作可能大大强化。如果用"光谱"这一方式看待国际合作的话,在"光谱"的两端分别是私有化方法、集权式监管方式,前者对国际间合作的要求最少;后者则是另一端,对国际间的合作要求最多。④ 分布其间的则有监管竞争、监管趋同、互认、监管融合等方式。⑤ 以下将对各种不同的方式作一简要介绍。⑥

1. 私有化方式(privatization approach)。在资本市场产生初期,证券交易与上市并没有证券监管者的监管,相反这一任务落在了自律机构肩上。其中,证券交易所作为最重要的自律机构,承担了绝大部分证券监管的任务。在美国,1933 年《证券法》出台之前采取的便是这一模式,随着证券监管者的设立及其权力的不断强化,单纯的私有化方式已不复存在。

---

① Frederick Tung, From Monopolists to Markets?: A Political Economy of Issuer Choice in International Securities Regulation (2002) 2002 *Wis. L. Rev.* 1363, p. 1367.

② Ibid., p. 1369.

③ Susan Wolburgh Jenah, Commentary on a Blueprint for Cross-Border Access to U. S. Investors: A New International Framework, 48 *Harv. Int'l L. J.* 69, p. 83 (2007).

④ 光谱(spectrum)是复色光经过色散系统(如棱镜、光栅)分光后,被色散开的单色光按波长(或频率)大小而依次排列的图案,全称为光学频谱。

⑤ Eric C. Chaffee, Contemplating the Endgame: An Evolutionary Model for the Harmonization and Centralization of International Securities Regulation, 79 *U. Cin. L. Rev.* 587, p. 595. 有学者认为证券跨境交易监管的国际协作可分为双边合作监管、区域合作监管与全球合作监管三种类型。双边合作监管主要目的在于寻求其他国家的相关部门共同对证券跨境交易行为监管进行协调,以使其本国法律具有域外效力。在区域合作监管中,目前只有欧盟各国之间的国际合作监管具有实质性内容。全球合作监管主要通过国际证券委员会组织来进行。邱润根:《证券跨境交易的监管模式研究》,《当代法学》2006 年第 3 期。

⑥ Eric C. Chaffee, Contemplating the Endgame: An Evolutionary Model for the Harmonization and Centralization of International Securities Regulation, 79 *U. Cin. L. Rev.* 587, pp. 595-599.

2. 监管竞争方式（regulatory competition approach）。随着国际合作的不断深入，国家间对境外企业上市资源的竞争也变得激烈起来。境外企业在选择境外上市地点时，上市地证券监管制度是否科学、合理则成了其在做出选择时需考虑的重要因素。在这一过程中，为了争取更多的上市资源，每一国家必须强化自身优势，从而确保在竞争中立于不败之地。

3. 监管趋同方式（regulatory convergence approach）。[①] 按照学者的观点，监管趋同可以分为"强劲型监管趋同模式"与"微弱型监管趋同模式"两种子类型。在前一类型中，由于彼此之间实力相当，因此达到趋同的目的只能通过签订协议的方式实现。然而，情况可能出现变化，彼此之间在执行协议过程中可能会出现越来越多的偏差。在后一类型中，由于国家间竞争并不激烈，而且存在一个相对较强的国家扮演主导角色，因此监管趋势将朝向强势国家发展。在很长一段时间里，美国就扮演了这样的角色。

4. 监管互认方式（Regulatory mutual recognition approach）。在这一方式中，参与互认的国家之间签订协议，符合某一国家法律所规定的条件则视为同时达到了其他国家法律所规定的条件。美国与加拿大之间所签订的协议就属于这一类型。由于不同国家监管制度存在不少差异，因此互认存在一定的"监管套利"风险。

5. 监管融合方式（regulatory harmonization approach）。在这一方式中，国家间签订协议，共同遵守统一的法律制度或者大致一体的法律制度。欧盟的做法便是这一方式的典型例证。

6. 监管集权方式（regulatory centralization approach）。根据这一方式，国家对证券监管采取全面的监管。尽管这一方式在应对金融危机时能发挥一定的作用，但是由于其故步自封的态度和理念，面对资本市场的国际化趋势，显得力不从心且与时代隔膜。

（二）美国在境外企业跨境上市监管中对互认制度的践行

1. 互认制度产生的背景与价值

近些年来，美国 SEC 逐步认识到证券交易国际化已成为一种不可阻挡

[①] 有学者认为监管趋同（regulatory convergence）与监管融合（regulatory harmonization）一致。但是，SEC 认为二者之间存在较大区别。前者强调的是趋向一种"最优"标准的努力；而后者则是指当监管存在差异时，相互之间的一种妥协、折中。Ethiopis Tafara, Robert J. Peterson, A Blueprint for Cross-Border Access to U.S. Investors: a New International Framework, 48 *Harv. Int'l L. J.* 31, p. 50.

的趋势。更为重要的是，近些年来，美国证券市场竞争力下降的事实已严重影响到了美国经济的快速发展。① 鉴于此，立法者以及 SEC 也开始采取行之有效的措施朝着强化其证券国际化发展的方向迈进。在这一过程中，破除阻却证券跨境上市的障碍和壁垒就成为一国参与证券国际交易的重要步骤。正如学者所称的那样："在过去几年中所推出的诸多监管方面的改革措施，并不是 SEC 使境外企业更容易进入美国证券市场或者试图与境外证券监管者制定统一的监管准则方面所做出的首次尝试和努力，相反，所有这些努力使 SEC 愿意承认如下事实：美国法律中的某些规定实无必要，或者太过严格，境外的某些规定完全可以代替它们。"② 在很长一段时间里，包括 SEC、立法者均认为其证券监管措施是一种先进的监管机制，往往将自己所制定的规则强加于在美国上市的境外企业身上，有的时候还建议他国也采用这样的规则。近年来，SEC 逐渐改变这种"夜郎自大"的态度，这也表明其对证券交易国际化趋势的重新认识与定位。在采取的诸种措施中，尤其值得注意的是 SEC 极力推动的境外证券交易所与境外证券经纪商进入美国证券市场的互认制度（mutual recognition）。③

一如上述，目前在成立一个超越国家的监管机构（supranational regulator）条件尚不成熟的背景下，互认制度（mutual recognition）成为克服企业跨境上市过程中出现的各种障碍的有效手段。④ 在英国财政大臣奥斯本看来，建立一个超越国家的机构调整某一地区甚至全球的证券交易仍存

---

① Interim Report, Committee on Capital Markets Regulation, Nov. 30, 2006, available at http://www.capmktsreg.org/index.html.

② Eric Pan, The New Internationalization of US Securities Regulation: Improving the Prospects for a Trans-Atlantic Marketplace, Benjamin N. Cardozo School of Law (working paper No. 217), http://ssrn.com/abstact=1089491, p. 3.

③ 例如，2007 年一年中，SEC 就推出了如下举措以促进证券的跨境交易与上市。第一，SEC 制定相关规则允许在美上市的一定限度交易量境外企业注销证券并退出美国证券市场。第二，不再要求境外企业财务报表与美国 GAAP 相一致。第三，允许境外企业财务报表遵循 IFRS 的格式与规定。第四，建议境外证券监管者采纳 XBRL 作为提交相关财务信息的标准语言。Eric Pan, The New Internationalization of US Securities Regulation: Improving the Prospects for a Trans-Atlantic Marketplace, Benjamin N. Cardozo School of Law (working paper No. 217), http://ssrn.com/abstact=1089491, pp. 1-2.

④ Pierre-Hugues Verdier, Mutual Recognition in International Finance, 52 *Harv. Int'l L. J.* 55 2011, p. 57.

在不少困难，在短时间内很难完成这一艰巨任务。因此，在他看来，最好的方式是强化国家间合作，不断完善互认的基本准则。"政府与证券监管者应通力合作构建促进国际合作的框架，抵制保护主义的趋势，并保护投资者权益，确保证券市场的完整。"① 本书所指的互认是指两个以上的国家间所达成的一种共识，相互之间认可对方对某一行为或机构的规制与监管足够充分，并认可其作为本国监管的代替制度。② 就跨境上市而言，进入某国上市的境外企业只需要遵守母国的法律即可，无须再遵守上市地相关的法律规定。

当然，需要进一步思考的问题是：互认制度缘何会产生？或者说，这一制度本身具有怎样的优势，使得国家之间愿意签订互认制度？按照学者的基本观点，主要因为这一制度在两个维度上会带来一定的积极影响：第一，它促进了市场的自由化趋势，在这一过程中，由于减少了监管负担，从而使原本需要付出的制度成本大大减少。第二，它是一种提高监管标准并控制其外部性影响的重要方法。③ 由于互认无须遵守上市地的相关法律，因此即使某一国家的法律发生了某些变动，其所造成的影响也能被控制在一定范围之内，而不至于造成严重的损失。具体而言，互认制度在如下三个方面具有独特的价值：第一，相较于国家间制度的融合，互认具有重要的实践价值。换言之，制度的融合需要长时间的磨合，而且需要付出巨大的努力，而互认则不存在这一问题。第二，互认制度在很大程度上可防止规则间的相互竞争，并保留不同国家间法律上的差异性。第三，互认制度不仅能促进国家间的相互合作，而且还会赢得国内对合作的政治支持。④

事实上在互认制度实践之前以及实施过程中，有关这一制度的理论探讨从来没有停止过。举例来说，美国 SEC 国际事务办公室（Office of International Affairs）官员都曾撰写文章发表对这一问题的看法。在

---

① Susan Wolburgh Jenah, Commentary on a Blueprint for Cross-Border Access to U. S. Investors: A New International Framework, 48 *Harv. Int'l L. J.* 69, p. 83 (2007).

② Pierre-Hugues Verdier, Mutual Recognition in International Finance, 52 *Harv. Int'l L. J.* 55 2011, p. 63.

③ Ibid., p. 64.

④ Pierre-Hugues Verdier, Mutual Recognition in International Finance, 52 *Harv. Int'l L. J.* 55 2011, p. 65.

Tafara 等人看来，传统的跨境监管手段和措施已严重落伍，现在的市场已不再是孤立存在的个体，而是互联在一起的整体，针对原有状态的监管手段已无法在最大程度上保护投资者权益，也无法有效提升资本市场运作水平，更无法有效地促进企业融资效率。基于这一现实情形，他们提出了一种新的解决思路：境外证券交易所以及证券中介机构进入美国资本市场，无需像现在这样向 SEC 提出注册申请，而是直接可以依照本国法律规定开展业务。换言之，在美国资本市场开展活动的这些境外机构无须遵循美国的法律规定，只需要受本国证券监督机构监督就可以了。当然，这一目标的实现，离不开双方证券监督机构对对方法律制度的认可这一重要前提。[①]

2. 美国与加拿大之间签订的互认制度

美国与加拿大之间所签署的互认制度全称为"Multi-jurisdictional Disclosure System"（以下简称"MJDS"），它是美国 SEC 与加拿大安大略证券委员会（Ontario Securities Commission，简称"OSC"）以及魁北克省金融市场管理局（Autorité des marchés financiers of Québec，简称"AMF"）之间所签订的双边协定。双方的谈判始于 1985 年，随着谈判的不断深入，在合作领域及广度上都趋向利好的方面发展。1991 年，加拿大证券监管局（Canadian Securities Administrators，简称"CSA"）与 SEC 均认可并采纳了 MJDS 制度体系。该制度体系是互认与监管融合的混合体，如学者所讲的那样，"该协议建立在互认概念的基础之上，参与者尽管在信息披露制度具体细节上存在差异，但是，在实质上它们都向投资者提供了做出明智投资决定的信息以及相关、可靠的财务报表。同时，执行这些规定完善、详尽、可靠的机制也同样重要，如同监管机构适用境外信息披露规定、信息披露标准以及这些标准的日常执行一样。"[②] 按照 MJDS 的规定，加拿大的合格企业在美国发行证券，其依据加拿大法律准备的信息披露文件能得到美国认可，反之亦然。值得注意的是，MJDS 针对企业类型及交易类型制定了一定的标准，这一限定性的措施在一定程度上利于监管并及

[①] Ethiopis Tafara, Robert J. Peterson, A Blueprint for Cross-Border Access to U. S. Investors: a New International Framework, 48 Harv. Int'l L. J. 31, p.32.

[②] Susan Wolburgh Jenah, Commentary on a Blueprint for Cross-Border Access to U. S. Investors: A New International Framework, 48 Harv. Int'l L. J. 69, p.73 (2007).

时发现可能存在的潜在问题。①

根据学者的观点，MJDS 之所以能够确定并得以良好的执行，离不开如下两个重要因素：第一，对协议参与者在信息披露标准、承销方式、财务报表等方面异同的准确评估；第二，在关键领域中标准的相似性，足以使得，用可比较性的条件取代原有条件具有足够的正当性。② MJDS 旨在实现对跨境证券交易活动以及持续报告义务的单一化管理，从而使得进入他国资本市场变得更加简便、高效，并节省交易成本。

无独有偶，与 MJDS 理念一样，2006 年 TSX Group 首席执行官 Nesbitt 曾提议美国与加拿大在跨境上市交易领域加强合作，并不断强化竞争。他的这一提议也是建立在互认的基础之上，在他看来，要实现上述合作，两国证券交易所应当对对方的证券上市条件及相关管理制度予以认可。其所希望达到的效果是：美国的证券交易所（NYSE、NASDAQ 等）只需继续遵循美国法律的相关规定就可与加拿大的证券交易所就相关的业务展开竞争与合作，反之亦然。③

3. 美国与澳大利亚之间签订的互认制度

在互认制度中，另一个突破性的进展当属美国与澳大利亚之间所签署的互认协议。2008 年 8 月，SEC 宣布其与澳大利亚政府及其证券与投资委员会（Australian Securities and Investments Commission，简称"ASIC"）之间签署了"互认协定"（Mutual Recognition Arrangement）。本协定是双方工作人员在评估两国主要的证券监管原则以及这些原则凭借监管制度所发挥作用的方式相似性的基础上所签订的。④ 根据该协定，证券交易所与证券经纪商进入对方国家从事证券相关业务无须遵守该国相关法律规定，只需符合本国相关法律制度的要求便可。

---

① Susan Wolburgh Jenah, Commentary on a Blueprint for Cross-Border Access to U. S. Investors: A New International Framework, 48 *Harv. Int'l L. J.* 69, p. 73 (2007).

② Ibid., p. 74 (2007).

③ Ibid., pp. 74-75 (2007).

④ Press Release, U. S. Sec. & Exch. Comm'n, SEC, Australian Authorities Sign Mutual Recognition Agreement (Aug. 25, 2008), available at http://www.sec.gov/news/press/2008/2008-182.htm. 非常遗憾的是，由于加拿大证券监管方面权力分散到各省，因此造成意见分歧较为严重的困境，最终导致美国与其之间的相关谈判一度陷入停滞状态。Pierre-Hugues Verdier, Mutual Recognition in International Finance, 52 *Harv. Int'l L. J.* 55 2011, p. 85.

第五章

跨境上市："红筹股"回归的途径

一 我国境内企业境外上市：历史沿革与现状分析

（一）"红筹股"的前世与今生

1. "红筹股"的内涵

境外企业，又称"离岸公司"，是指那些在我国以外其他国家登记注册的公司。如前所述境内企业境外上市又被称作"海外上市"（oversea lisiting），是指我国境内股份有限公司向境外投资者发行股票，并在境外公开的证券交易所公开上市。① 我国境内企业在境外上市，可供选择的上市地点较多，通常会选择在美国、新加坡、中国香港、德国等地上市。基于本书研究的需要，将境内企业境外上市这一问题仅聚焦于"红筹股"公司这一领域。②

实践中，我国境内企业到境外上市主要采用两种方式：第一，在我国境内注册成立公司，获得相关政府部门的批准之后，发行 H 股，也就是境外上市外资股，然后将 H 股在香港证券交易所挂牌上市，或者将 H 股

---

① 田素华、何仁科：《境外上市企业在国内融资的可行性与主要障碍》，《管理科学》2002年第 5 期。

② 实际上，中国概念股就是泛指这样的企业。按照学者的观点，中国概念股是以在中国大陆的资产或营收为其主体组成部分公司的股票，以在大陆海外上市的方式，来获取大陆境外投资的一种方式之一，而境外的上市目的地主要包括伦敦证券交易所、东京证券交易所、法兰克福证券交易所、香港交易所、美国证券交易所等。赖以容：《美国中国概念股研究》，《世界经济情况》2010 年第 3 期。值得注意的是，境外上市的中国概念股正遭遇历史上最严重的信任危机。自 2010年以来，伴随着民间调查机构的指责、媒体的质疑、金融机构发起的做空风潮以及监管机构的调查，绿诺科技、中国高速频道、艾瑞泰克、盛世巨龙、东南融通等 50 余只中国概念股因未能满足信息披露条件、不符合交易规则、财务造假等原因被停牌或退市。

转换成美国存托凭证同时在美国的证券交易所上市。例如，中国电信、中国人寿、中国工商银行等就是采取这一方式上市的。第二，我国企业或个人在境外（例如开曼、英属维尔京群岛等地）设立一个控股公司，控股公司返程收购我国境内运营的企业股权，然后控股公司发行股票在香港证券交易所或者美国的证券交易所上市。例如，中国移动、中国联通、新浪、搜狐、百度等就是采取这一方式上市的。① 在这两种方式中，第一种方式即直接到境外发行上市（简称"境外直接上市"），该方式拓宽了国内企业引进外资的渠道，提高了企业的声望和国际地位，规范了企业的运营与管理，然而其本身也存在严重缺陷，申请上市的企业需经过必要的重组，相应的程序较为繁琐，申请的时间较长等。② 第二种方式即所谓的间接到境外发行上市（简称"间接上市"），该方式通常采用"买壳上市"和"造壳上市"两种手段达到上市目的。"造壳上市"是指企业以现金或交换股票的手段收购一家已在境外证券市场挂牌上市的公司，换言之，它系指企业通过在境外注册一家控股公司，对国内希望到境外上市的公司进行控股，然后控股公司在境外证券市场上市，将所筹集资金投资于国内企业，从而达到国内企业到境外间接上市的目的。③ 在此过程中，因境外企业取得或者控制我国境内企业的权益（形成"红筹架构"），因此常被称作"红筹上市"。④ 根据学者的研究，我国境内企业采取间接上市这一模式的国有企业并不多，其往往采用直接上市的模式，主要原因是国有企业采取间接上市方式审批成本居高不下，很难获得政府监管部门的批准。⑤

---

① 唐应茂：《私人企业为何去海外上市：中国法律对红筹模式海外上市的监管》，《政法论坛》2010 年第 4 期。按照香港恒生指数服务公司的定义，红筹股是指股东权益的大部分直接来自中国内地，即中资控股，在中国境内注册、在香港上市的公司的股票。

② 周煊、林小艳：《国内企业境外上市的动机及市场选择策略研究》，《中南大学学报》（社会科学版）2008 年第 5 期。

③ 同上书，第 598—599 页。

④ 所谓的红筹架构，也叫红筹模式，是指中国境内的公司（不包含港澳台）在境外设立离岸公司，然后将境内公司的资产注入或转移至境外公司，实现境外控股公司海外上市融资的目的。

⑤ 唐应茂：《私人企业为何去海外上市：中国法律对红筹模式海外上市的监管》，《政法论坛》2010 年第 4 期。之所以出现这样的情形，主要有如下三方面的因素：第一，国有企业红筹模式海外上市需要政府审批是非常明确的，政府对审批掌握的尺度又非常严，由此造成拿到政府批准的国有企业非常少。第二，国有企业红筹模式海外上市受国有资产管理法律法规的约束。第三，国有企业红筹模式海外上市还受许多其他政府部门的监管。

另外，以境内企业的所有制性质为标准，境外间接上市可进一步区分为"大红筹"上市和"小红筹"上市。前者是国有企业或国有股权经过国务院或监管机构批准，在境外注册，在香港上市，其业务和利润来源主要在境内，并且由中资控股（通常高于35%），人们把它简称为"大红筹股"方式。第二种是民营企业先以股东（境内居民）个人名义在境外注册公司，再通过境外公司融资后，反向收购境内企业的股权或资产，将其变更为外商投资企业，然后以境外公司名义申请在境外上市，人们把它称为"小红筹股"方式①。之所以出现如上两个概念的区别，主要是因为在我国企业采取红筹模式海外上市过程中出现了"大红筹"海外上市监管过严，而"小红筹"海外上市监管相对宽松的差异性。或者说，在很大程度上，"小红筹"正是因为回避了"大红筹"上市政府监管苛刻这一环节才渐趋蓬勃发展起来的。如学者所说的那样："当下，我国民营企业在境外间接上市大多采用协议控制模式。显然，民营企业的动机是逃避监管。"②换言之，"至少在2006年之前的一段时间里，同国有企业相比，私人企业采用红筹模式海外上市受到的政府监管要更宽松。一些适用于国有企业的法律法规和部门规章，或者根本不适用于个人和私人企业，或者在实践中监管机构很少适用于个人和私人企业，或者监管机构态度有一定变化，给个人和私人企业留下了一定的操作空间。"③

从总体上来说，学者对如何界定"红筹股"的含义这一问题尚存在较大分歧，概括起来，主要有三种不同的界定方法。第一种是按照公司业务范围来区分。如果某个上市公司的主要业务在中国大陆，其盈利中的大部分也来自该业务，那么，这家在中国境外注册、在香港上市的股票就是

---

① 刘李胜：《中国企业境外上市的背景与经验》，《中国金融》2012年第15期。有一种观点认为应该按照权益多寡来划分。如果一家上市公司股东权益的大部分来自中国大陆，或具有大陆背景，也就是为中资所控股，那么，这家在中国境内注册、在香港上市的股票才属于红筹股之列。1997年4月，恒生指数服务公司着手编制恒生红筹股指数时，就是按照这一变准来划定的。邢会强、申林平：《中国企业境外上市法律实务》（修订版），法律出版社2011年版，第4页。本书采用后一种分类方法。

② 刘燕：《企业境外间接上市的监管困境及其突破路径》，《法商研究》2012年第5期。协议控制模式是一种在境外设立并上市的壳公司依靠合同安排控制境内实体公司，从而实现境内实体公司境外间接上市的法律结构。

③ 唐应茂：《私人企业为何去海外上市：中国法律对红筹模式海外上市的监管》，《政法论坛》2010年第4期。

"红筹股"。国际信息公司彭博资讯所编的红筹股指数就是按照这一标准来遴选的。第二种是与"红筹股"的诞生历史有关,它是一种比较宽泛的概念,如果某个公司的最大控股权直接或间接隶属于中国内地有关部门或企业,或具有大陆背景,也就是为中资所控股,并在香港联合证券交易所上市的公司所发行股份,即在香港上市的中资企业。可以说,它是"红筹股"与H股的总称。第三种是按照股份权益的多寡来进行划分。"红筹股"是指至少有30%股份由中国内地实体直接持有的公司;及/或该公司由中国内地实体透过其所控制并属单一最大股东的公司间接持有;又或由中国内地实体直接及/或间接持有的股份合计不足30%,但达到20%以上,而与中国内地有联系的人士在该公司的董事会内有重大影响力的公司。①

本书认为,从公司注册地看,那些直接上市的境内公司不属于境外公司,而"红筹股"公司则属于典型的境外公司。② "必须是母公司在香港注册,接受香港法律约束并在香港上市的中资控股上市公司才能被视为红筹股。"③ 简言之,所谓"红筹股"公司是指最大控股权直接或间接隶属于中国内地有关部门或企业,并在香港联合交易所上市的公司。④ 本书在这一意义上使用"红筹股"公司这一术语。

2. "红筹股"的历史沿革

"红筹股"(Red Chip)概念诞生于20世纪80年代中期的香港证券市场。按照学者的观点,"红筹股"公司境外上市可以追溯到1984年,当时由中银集团和华润集团联手成立的新琼企业收购康力投资上市。⑤ 迄今

---

① 刘澎:《市场分割环境下红筹股回归的经济效应及制度安排研究》,博士学位论文,湖南大学,2009年。

② 正如有学者所言:"红筹股与H股的根本区别在于:发行红筹股的公司在中国境内注册、管理,属于香港公司或外国公司;而发行H股的公司在中国境内注册、管理,属于中国内地公司。红筹股公司在香港发行证券不必遵守内地的法律程序与条件,而H股公司在香港发行证券则必须满足内地的法律要求。"陈岱松:《红筹股公司境内上市相关问题的法律分析》,《经济与管理研究》2008年第9期。

③ 刘澎:《市场分割环境下红筹股回归的经济效应及制度安排研究》,博士学位论文,湖南大学,2009年。

④ 邢会强、申林平:《中国企业境外上市法律实务》(修订版),法律出版社2011年版,第4页。

⑤ 王化成等:《境外上市背景下治理机制对公司价值的影响》,《会计研究》2008年第7期。

为止,"红筹股"的发展大致经历了四个主要阶段。第一阶段是 20 世纪 80 年代中期到 90 年代初期,这是"红筹股"开始崭露头角的阶段;第二阶段是从 1994 年到 1997 年,"红筹股"从低迷走向繁荣;第三阶段是从 1997 年到 1999 年,此时的"红筹股"经历了短暂的低迷期;第四阶段是从 2000 年至今,"红筹股"迎来了新的发展良机。以下对每一阶段的基本情况作一简要阐述。这一部分主要借鉴学者对历史问题的总结与记述。

(1) 第一阶段:"红筹股"初露端倪

1984 年 1 月,香港当地最大的上市电子集团公司——康力投资有限公司因财务危机濒临倒闭,中资背景的香港中银集团和华润集团联合组建新琼企业有限公司,斥资 1.8 亿港元收购了康力的 34.8%的股权,成功解救了康力,从而康力投资成为第一家中资企业控股的上市公司,从此,中资企业拉开了在香港买壳上市的序幕。从 1992 年开始,内地公司和企业纷纷主动出击,通过"买壳上市",积极寻求到海外发展。此外,中资驻港机构也开始改变传统的经营体制,启动公开上市工作,最早的是 1992 年 7 月的海虹集团,之后有香港中旅等。进入上个世纪 90 年代后,随着我国改革开放的不断深化,国内证券市场已进入初期探索与试验阶段,上海证券交易所和深圳证券交易所先后成立,若干企业的股票正式上市。加上 1992 年邓小平"南巡讲话"对证券市场进行了有力的鼓励,中资在香港证券市场掀起了并购高潮。另外,需要提及的是,我国公司在 1993 年 7 月第一次在美国股市上露面的则是青岛啤酒,随后还有上海石化、马鞍山钢铁、仪征化纤等八家。它们的主挂牌在香港,但通过全球存股证方式和 ADR 分别在全球各地和美国纽约证券交易所上市。[1] 总之,在这一阶段中,境外上市的企业通常都是制造业领域中的国有企业。

(2) 第二阶段:走出低迷,步入繁荣

相比 1992 年与 1993 年"红筹股"的火热表现,1994 年年初到 1995 年年底红筹股步入低谷。造成这一局面的原因是多方面的:一是国际金融市场的影响;二是香港本地银行借贷利率上升和政府限制银行楼宇按揭比例的政策影响了香港楼市并波及股市;三是由于 1992 年、1993 年红筹热炒,股价相对已经较高,加上内地经济进入调整期,中资企业业绩欠佳,市场信心受挫。所以,"红筹股"在随后两年经历了"寒冬"。根据学者

---

[1] 邢会强、申林平:《中国企业境外上市法律实务》,法律出版社 2011 年版,第 5 页。

的观点，1995年基础设施类企业境外上市较多，然而由于受到当时国内市场经济疲软，许多项目被迫停建、缓建，再加上基础设施领域恶性竞争等因素的叠加效果，此类企业亏损严重，致使国外投资人抛售这些公司股票，造成股价狂跌。[①] 当然，从另一方面看，这也为1996年"红筹股"重新崛起奠定了基础。

（3）第三阶段：金融危机导致股市低迷

1996年迎来了"红筹股"境外上市的浪潮。例如航天科技、中国华润、上海实业等皆属此列。按照学者的观点，"红筹股"之所以受到海外投资者的青睐，有如下几方面的原因：第一，受益于我国经济的高速发展而产生的"中国概念"。第二，海外投资者认为，"红筹股"与其他企业有很大不同，它们在香港注册，由香港当地的管理层运作，有相当的自主灵活性，经营环境较好，融资方便。第三，这些企业可获得优质和超常规资产注入，资产组合多元化，可带来企业高速发展。第四，拥有一大批战略投资者。[②]

然而，1997年7月，东南亚"金融危机"导致东南亚各国股市相继低迷不振。加上国际大炒家携巨资双管齐下冲击港元，港股积弱之下终于无力回天，恒生红筹指数更是一泻千里。1998年1月在市况已经很糟糕的情况下，香港百富勤宣布清盘，恒指暴跌，"红筹股"更是迅速跌破1000点。数据显示1998年，恒生红筹股指数下跌47.64%，跌幅远较恒指成分指数为大。1999年年初，"红筹股"延续1998年的颓势，并受科索沃危机的影响继续下跌，于2月8日跌至年内最低的659.62点。当然，在后期，这一颓势得到了一定程度上的改观。1999年港股市场由于香港的经济形势日益好转，以及受我国加入世贸的谈判进展迅速、科技热潮兴起等利多消息刺激，恒指开始走强，到年底突破了16900点大关，收复了1997年16820点的高位，恒生红筹股指数也随之大幅上升。

（4）第四阶段：重拾信心，迎来发展良机

进入2000年后，新世纪带来了新的气象，香港股市连连造好。伴随市场看好，我国的整体经济增长，加上我国与欧盟达成加入WTO的双边协议及台海局势趋稳等利多因素的刺激，香港股市重拾升势，而红筹国企

---

① 邢会强、申林平：《中国企业境外上市法律实务》，法律出版社2011年版，第6页。
② 同上。

也重新焕发生机，呈现出良好的发展势头。尤其以石油、电信类为代表的大型、垄断性的企业以及以互联网、电子商务为特色的企业为主，前者如中国电信、中国海洋石油；后者如中华网、新浪网、网易。进入 2005 年之后，国家外汇管理局、商务部等部门出台的规范性文件在某一时段促进了境内企业境外上市，而有的法律文件则在一定程度上压制了境外上市。① 然而，境内企业境外上市融通资本的意愿仍旧存在，因此如何巧妙地规避不利规定就成为能够顺利上市的关键所在。

在这一方面，诸多迂回的手段也开始出现并被反复使用、实践。根据学者的观点，在规避"十号文"从而绕过商务部审批进行上市的案例方面，较为典型的模式有三种：第一，协议控制模式。协议控制一般由一系列合同组成。首先需要有一个委托协议，这是最重要的部分。把国内业务运营公司的日常管理和业务经营委托给外商投资企业，同时国内公司获取的主要利润也作为报酬，全部转移给外商投资企业；另外还要赋予外商投资企业人事任免权、股东表决权、优先购买权、变更与解散公司等重要权利。第二，"先买后卖"与"先贷后转"模式。前者是针对境内企业实际控制人而言，即采用先将股权卖给境外合作伙伴，然后再约定于合适的时间进行换股或者赎回股权。后者主要是针对外国投资者而言，即先以贷款的方式将资金投入企业，然后视情况决定是否转化为企业的股份以及转化的比例。第三，"第三方代持"模式。这种模式的运作原理是通过将拟上市公司的核心业务及资产转让给表面上并无关联的第三方持有，第三方再以该资产业务在海外进行上市融资。②

虽然经过一段很长时间的低迷期，但总体而言，"红筹股"、H 股近十多年来发展迅速，已经成为港股中与蓝筹股（blue chips）并驾齐驱的一大板块。另一方面，随着中资企业对香港资本市场认识的深化以及其自身经营管理水平的提高，一些"红筹股"企业在香港资本市场的活动已从简单的上市集资，逐步上升到利用收购、合并、重组等各种手段，积极

---

① 前者如 2005 年 10 月 21 日国家外汇管理局发布了《国家外汇管理局关于境内居民通过境外特殊目的公司融资及返程投资外汇管理有关问题的通知》（简称"75 号文件"）。这一文件在很大程度上解放了民营企业境外上市的渠道，从而推动了民营企业境外上市的发展高潮。2006 年 8 月 8 日商务部等六部委发布的《关于外国投资者并购境内企业的规定》（简称"十号文"）则在很大程度上阻断了民营企业通过红筹建构实现境外上市的道路。

② 邢会强、申林平：《中国企业境外上市法律实务》，法律出版社 2011 年版，第 11 页。

开展资产经营。① 截至2014年6月,"红筹股"公司数量总计为129家,总市值达371,770,224亿元。相关数据统计如下图所示:

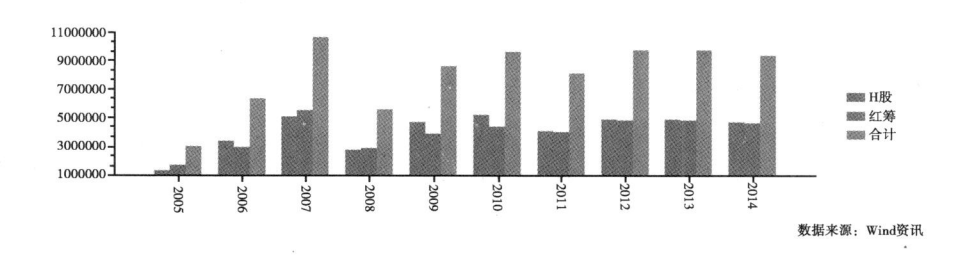

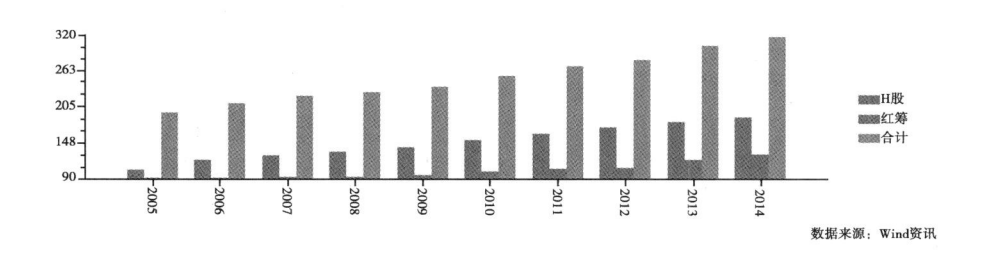

数据来源:Wind资讯

数据来源:Wind资讯

(二)"红筹股"公司产生的原因分析

改革开放以来,为了利用香港市场的优势地位,也出于维护香港持续繁荣问题的目的,大量具有中资背景的资金涌入香港。② 在当时的条件下,因我国在国际上被称为"红色中国",所以香港和国际投资者就把境外注册、在香港上市的带有中国内地概念的股票称为"红筹股"。③ 那时,一些在港的中资企业开始通过买壳方式在香港证券市场上市(例如1990年上市的中信泰富),形成了最早的一批"红筹股"公司。④ 后来出现的

---

① 刘澎:《市场分割环境下红筹股回归的经济效应及制度安排研究》,博士学位论文,湖南大学,2009年。
② 同上。
③ "蓝筹"一词源于西方赌场。在西方赌场中,以蓝色筹码最为值钱,投资者就把这些话套用到股票上。在国外,投资者把所属行业内占有主导地位、业绩优良、成交活跃、红利丰厚的大公司股票称为"蓝筹股"。可见,相比于"蓝筹"一词,红筹的意识形态成分要重一些。李斌:《对话红筹股回归》,《新财经》2007年第8期。
④ 乔炜:《红筹公司回归境内市场上市发行相关问题研究》,《宁夏大学学报》(人文社会科学版)2010年第6期。

"红筹股"公司,主要是内地一些省市将其在香港的窗口公司改组并在香港上市后形成的,如"上海实业""北京控股"等。1998 年以后上市的主要是经国务院特批的大型国企,如"中海油""中国移动""中国网通"等。近年来,随着国企主要改为以直接发行 H 股的形式在香港上市,采用发行红筹形式在香港上市的公司主要是境内一些民营企业(如汇源果汁、银泰百货)。①

20 世纪 90 年代初期,境内不少有实力的企业,尤其是部分国有控股企业之所以选择红筹上市,一个主要的原因在于当时境内证券市场尚在起步阶段,在市场广度和深度方面无法适应大型企业的融资需求,而且相关监管法律制度和监管框架还未建立,在企业上市的审批中存在很多不确定因素。另一方面,对于不少民营企业而言,取道红筹上市还有一个重要的考虑,即与直接上市方式比较,通过在开曼群岛、维京群岛、百慕大等离岸中心设立壳公司,再以境内股权或资产对壳公司进行增资扩股,并以壳公司实现香港上市,企业可以避开相对严格的直接上市的条件,也可以充分享受宽松的外汇管制带来的资本运作优势。②如学者所说的那样:"政府角色转换没有到位、私人企业国内审批繁琐、融资难是推动中国私人企业海外上市的原因之一……"③

简言之,"红筹股"公司之所以争相海外上市,是出于企业自身利益最大化的市场选择,也是国内资本市场缺陷背景下的现实选择。④ 正如学者所言:"前几年,国内证券市场是一片熊市,股指阴跌不止,股民越套越深,股市越来越被边缘化,失去吸引力。股市的融资功能也暂时性地丧失。那时,企业上市,无论是大型国有企业还是中小企业,都纷纷将目标

---

① 陈岱松:《红筹股公司境内上市相关问题的法律分析》,《经济与管理研究》2008 年第 9 期。

② 李霖:《红筹股公司回归 A 股市场法律问题研究》,《金融理论与实践》2007 年第 7 期。

③ 唐应茂:《私人企业为何去海外上市:中国法律对红筹模式海外上市的监管》,《政法论坛》2010 年第 4 期。

④ 易宪容、卢婷:《国内企业海外上市对中国资本市场的影响》,《管理世界》2006 年第 7 期。如学者所言"尽管有'十号文'的围追堵截,但还是有不少民营企业成功规避'十号文'实现境外上市的三种原因:盈利原因、产业政策原因和市场化原因。此外,中国企业之所以倾向于境外上市,还有以下几点原因:一是国内证券市场门槛较高,容量有限,民营企业排队时间长。二是境外证券市场筹资费率较高,但费用较为可控。三是境外证券市场上市效率较高。"邢会强、申林平:《中国企业境外上市法律实务》,法律出版社 2011 年版,第 8—9 页。

转向海外。"① 另一方面，从中央到监管机构基本上赞同境外上市所具有的价值与意义。也就是说，对如下观点他们达成了基本共识："大量国内企业的海外上市，在促进企业自身发展和国有资产保值增值的同时，也会对国内资本市场造成一定的影响。国内企业海外上市不仅不会影响中国资本市场的发展，反而是一个带动国内股市走出困境的机会。"②

总括起来，我国在境外的"红筹股"公司主要包括如下三类：第一，老牌驻港中资企业及我国内地各部门、各地区或大型企业在香港设立的"窗口公司"或分支机构在国际资本市场通过买壳、借壳或分拆业务等方式上市集资。第二，在中央政府的主导下，为推动国有企业经营体制改革，开辟多元化的资金来源渠道，很多国有企业纷纷赴港上市融资。换言之，境外上市为国有企业改革和企业机制的转换提供了制度上的保障，为国有企业走向国际化、参与国际竞争提供了有利的条件。③ 第三，由于我国发展非公有制经济政策的鼓励，民营企业的发展已初具规模。为了进一步发展壮大及扩张业务，民营企业也有强烈的融资需求，但鉴于内地各种民营企业融资的困难境遇，许多民营企业纷纷选择绕道海外注册，选择到香港上市。④

在当时的条件下，我国资本市场存在诸多缺陷，无法承担其为企业发展募集充足资本的功能。"近几年来企业的境外上市是在国内股市整体环境低迷，融资和再融资的制度缺陷下，企业为开辟融资渠道而做出的无奈选择。"⑤ 然而，香港证券市场恰恰能满足上述企业的发展需求，其原因为以下几个方面。首先，申请上市周期较短，境外注册受到的管制较少，股份全流通，境外股市监管水平更高，有利于提高公司治理水平。正如学者所言："中国企业到境外上市由于上市程序相对简单透明，准备时间较

---

① 邢会强：《外国企业来我国上市的必要性及法律准备》，《中央财经大学学报》2007年第12期。

② 易宪容、卢婷：《国内企业海外上市对中国资本市场的影响》，《管理世界》2006年第7期。

③ 同上书，第9—10页。

④ 赵伟昌：《红筹股公司回归A股市场法律问题研究》，硕士学位论文，华中科技大学，2009年。

⑤ 周煊、林小艳：《国内企业境外上市的动机及市场选择策略研究》，《中南大学学报》（社会科学版）2008年第5期。

短，符合条件的拟上市公司一般都能在一年内实现挂牌交易。"① 其次，当时境外股市规模更大，融资能力更强，再融资较容易、周期短、成本低，便于吸引境外的战略投资者。② 简言之，20 世纪 90 年代，内地资本市场无论从规模还是制度建设都不够成熟，经济发展对资本的需求却迅速增长。作为全球成熟市场代表的香港资本市场，很自然地成为我国对外融资解决经济发展资金瓶颈的首选。③ 可以说，企业境外上市是资金和制度的供需双方自由选择的过程。④

当然，需要注意的是，在这些"红筹股"公司中，由于境内外监管措施上的差异，造成了如下基本格局："中国企业采用红筹模式海外上市过程中出现了国有企业红筹模式海外上市监管严、私有企业红筹海外上市特定时间段监管相对宽松的情况。"⑤ 监管政策上的差异，在一定程度上促进了民营"红筹股"公司的迅速发展。"与国有企业'婆婆'多相比，至少在 2006 年 8 月以前的一段时间里，私人控制的企业采用红筹模式海外上市很少受到中国政府的监管，或者说，是否需要政府审批至少属于不明确的状态，不像国有企业明确受到方方面面的监管。这就给私人控制的企业海外上市提供了一定的空间。"⑥ 在很大程度上，境内企业尤其是民营企业之所以选择境外间接上市，主要目的在于逃避监管，即"规避外资产

---

① 易宪容、卢婷："国内企业海外上市对中国资本市场的影响"，《管理世界》2006 年第 7 期。如学者所言："中国企业在海外发行股票有何好处呢？第一，在海外发行股票，可以增加发行者的国际声望，提高发行者的地位、信誉和知名度，从而有利于企业开拓国际市场。第二，在海外证券市场发行股票，股东分散，发行者可较为自由地使用筹得的资金，降低企业被新股东控制的风险。第三，海外证券市场资金来源广泛，股票易于发行，特别是当国内采取金融紧缩措施时或国内证券市场不景气筹资能力下降时，这种发行大为必要。"邢会强、申林平：《中国企业境外上市法律实务》，法律出版社 2011 年版，第 9 页。

② 程惠芳：《红筹股回归 A 股市场研究》，上海证券交易所第十七期联合研究计划课题，2007 年，第 11 页。

③ 李斌："对话红筹股回归"，《新财经》2007 年第 8 期。

④ 易宪容、卢婷："国内企业海外上市对中国资本市场的影响"，《管理世界》2006 年第 7 期。

⑤ 唐应茂：《私人企业为何去海外上市：中国法律对红筹模式海外上市的监管》，《政法论坛》2010 年第 4 期。

⑥ 唐应茂：《私人企业为何去海外上市：中国法律对红筹模式海外上市的监管》，《政法论坛》2010 年第 4 期。

业准入的监管、规避外资并购的监管、规避境内证券监督机构对企业境外间接上市的监管"。①

（三）证券监管者针对"红筹股"公司的政策变迁

1. 政策的梳理与变迁

回顾并总结这些年来监管者对"红筹股"公司的政策变动，从另外一个角度可以发现"红筹股"公司境外上市本身并非一条平坦之路。2000 年之前，"红筹股"公司境外上市基本处于自由时代。但对国有企业而言，这一阶段的海外上市并不容易。因为国有企业采取红筹模式海外上市需要政府审批，而政府审批极为严格，因此能拿到政府批准的国有企业非常稀少。② 2000 年之后，中国证监会开始对这种海外上市方式施行"无异议函"审核制度，政策之门首次被限。换言之，自 2000 年开始，证监会要求审核中国律师就企业海外上市出具的法律意见书，并决定是否需要证监会进一步审批，如果不需要则出具"无异议函"。当然，尽管这一制度在一定程度上对私人红筹模式海外上市进行了监管，但实行时间并不长。③ 2003 年 3 月，中国证监会宣布取消"无异议函"审核制度，在此后的几年时间里，私人企业海外上市是否需要得到证监会的审批，一直处于类似真空的状态，可以说，这一段时间"红筹股"公司境外上市的发展迎来巅峰时代。2005 年 1 月，中国人民银行、国家外管局、银监会与证监会共同发布《关于完善外资并购外汇管理有关问题的通知》（简称"11 号文"）及国家外管局另外发布的《关于境内居民个人境外投资登记和外资并购外汇登记有关问题的通知》（简称"29 号文"），要求对"红筹股"公司海外上市中的三个关键环节：特殊目的公司（SPV）的设立、资本注入、并购境内资产等进行严格审批，"红筹股"公司境外上市之门再度被虚掩。

2005 年 10 月，国家外管局发布《关于境内居民通过境外特殊目的公司融资及反程投资外汇管理有关问题的通知》（简称"75 号文"），并宣布废止前述两通知的执行，"红筹股"公司的境外上市之路得以重新起程。2006 年 9 月，商务部等六部委颁布《关于外国投资者并购境内企业的规

---

① 刘燕：《企业境外简介上市的监管款净及其突破路径》，《法商研究》2012 年第 5 期。
② 唐应茂：《私人企业为何去海外上市：中国法律对红筹模式海外上市的监管》，《政法论坛》2010 年第 4 期。
③ 同上。

定》(简称"10号文"),加强了对内地公司以红筹方式到境外上市的监管,设立 SPV 的审批权开始由外管局向商务部转移。①

综上,对如上阐述的内容可以用学者的一句话予以总结:"至少在 2006 年之前的一段时间里,同国有企业相比,私人企业采用红筹模式海外上市受到的政府监管要更宽松。一些适用于国有企业的法律法规和部门规章,或者根本不适用于个人和私人企业,或者在实践中监管机构很少适用于个人和私人企业,或者监管机构态度有一定变化,给个人和私人企业留下了一定的操作空间。"②

2. 对直接上市的监管

境外直接上市是指在我国境内依照公司法设立的股份有限公司到境外发行证券或上市。③ 就境外直接上市而言,在我国,随着实践的不断强化以及对境内企业境外上市认识的不断深入,以《公司法》为基础,境外直接上市的监管框架从无到有,逐步建立并完善起来。总括起来,现行关于境外直接上市的监管规范体系包括三个层次,即《证券法》为基本的立法和监管依据,1994 年国务院制定的《关于股份有限公司境外募集股份及上市的特别规定》确立了规范境内企业境外上市的具体制度框架,同时,以《香港创业板上市指引》《境外主板上市通知》《必备条款》等为典型代表的其他规范性文件也在规制境内企业境外上市诸多问题上发挥着直接的监管功能。从调整事项的角度出发,梳理这些规范性文件的相关内容,它们可以进一步划分为发行上市、持续监管、公司治理与规范运作、外汇管理四个模块。④

3. 对间接上市的监管

境外间接上市是指境外控股公司取得或者控制境内企业的权益后,以该境外控股公司为主体在境外发行证券或上市。⑤ 就境外间接上市而言,

---

① 刘彭:《市场分割环境下红筹股回归的经济效应及制度安排研究》,博士学位论文,湖南大学,2009 年。

② 唐应茂:《私人企业为何去海外上市:中国法律对红筹模式海外上市的监管》,《政法论坛》2010 年第 4 期。

③ 刘轶:《境内企业境外上市监管问题研究》,经济管理出版社 2013 年版,第 1 页。

④ 刘轶:《境内企业境外直接上市:亟需明晰的监管框架和明确的监管标准》,《国际金融研究》2010 年第 10 期。

⑤ 刘轶:《境内企业境外上市监管问题研究》,经济管理出版社 2013 年版,第 1 页。

通过考察我国境内企业境外上市的发展历程就会发现，境外间接上市监管框架经历了一个从无到有、从简单到复杂的演变过程。而且，这一监管的框架独立于境外直接上市的规范框架。在"大红筹"与"小红筹"上市监管分立的格局中，前者同时适用国务院1997年发布的《关于进一步加强在境外发行股票和上市管理的通知》和2006年商务部等部门联合发布的《关于外国投资者并购境内企业的规定》两个规范性文件，而后者则仅适用《关于外国投资者并购境内企业的规定》。尽管对境外间接上市企业采取了分类予以分别化监管的模式，但是现有的规范体系已较为全面，覆盖了境外间接上市的各操作环节，包括在境外设立特殊目的公司、特殊目的公司取得境内企业的控制权以及特殊目的公司境外发行上市等。并且，相关监管事项的审批层级较高，监管权力大部分集中在国务院主管部门的层级上。这种监管权力的配置格局便于国务院有关主管部门之间的沟通、协调，确保有效监管。①

相对而言，我国民营企业在境外间接上市大多采用协议控制模式。②很显然，民营企业的动机是为了规避监管。由此可见，该种模式尽管在实践中备受追捧，但也存在规避监管、以合法形式掩盖非法目的等诸多问题。这些问题的暴露从某种意义上表明监管者已经陷入监管困境。这种监管困境在当下的实践中主要表现为如下法律风险：第一，来自监管层面的挑战；第二，源于合同层面的风险；第三，可变利益实体合并规则的失效。针对这些弊病，目前条件下，突破监管困境的路径主要是调整监管思路，降低审批成本，引导企业放弃协议控制模式，恢复正常的股权控制状态。③

---

① 刘轶：《财务信息造假漩涡中的中国企业境外间接上市监管：历史和前景》，《证券法苑》2011年第5卷，法律出版社2011年版，第349—350页。

② 按照学者的考察，民营企业在境外间接上市通常采用的方式有如下几种：第一种是协议控制模式。这一模式又被称作"新浪模式"，多用于诸如电信、网络等限制外资准入的行业。第二种是"先卖后买"与"先贷后转"模式。"先卖后买"是针对境内企业实际控制人而言，即采用先将股权卖给境外合作伙伴，然后再约定合适的时间进行换股或赎回股权。"先贷后转"主要是针对外国投资者而言，即先以贷款的方式将资金投入企业，然后视情况决定是否转化为企业的股份以及转化的比例。第三种是"第三方代持"模式。这一模式通过将拟上市公司的核心业务即资产转让给表面上并无关联的第三方持有，第三方再以该资产业务在海外进行上市融资。邢会强、申林平：《中国企业境外上市法律实务》（修订版），法律出版社2012年版，第11页。

③ 刘燕：《企业境外间接上市的监管困境及其突破路径》，《法商研究》2012年第5期。

总之，我国企业在采用红筹模式海外上市过程中出现了国有企业红筹模式海外上市监管严、私有企业红筹模式海外上市特定时间段监管相对宽松的情况。造成不同性质企业监管差异的原因在于我国政府角色的转型并没有到位，还没有从监管和服务国有大企业的角色转变为监管和服务包括私人企业在内的所有企业的角色上来，从而造成国有企业管得严，而私人企业没有人管也没人服务的状况。同时，不同监管机构之间存在潜在利益冲突，造成监管机构之间在是否监管以及如何监管私人企业红筹模式海外上市问题上缺乏共识，这也是造成对私人企业红筹模式海外上市监管宽松的原因。①

二 "红筹股"公司回归的必要性与可行性阐释

本书所称的"红筹股"公司回归是指境外企业（包括"红筹股"公司）在境内A股上市交易。而那些在境外市场已经或者准备以红筹架构方式上市的企业意欲通过拆除红筹架构回归的问题，不在本书的研究范围之内。② 同时，尽管通过私有化的方式也要达到在境内上市的目的之企业，同样不在本书的研究范围之内。众所周知，随着2007年A股市场行情的火爆，一大批大型H股公司如建设银行、中国神华等都在A股市场发行上市。但是到目前为止，尚没有一家"红筹股"公司真正回归A股市场。之所以形成这一奇怪的局面，与"红筹股"公司回归的法律制度及相关问题尚存在争议，而且诸多核心事项还未最终确定不无关系。

（一）境内监管者对"红筹股"公司回归的基本态度

正如学者说的那样："红筹公司虽不在内地注册，但其大部分的业务都在内地，主要利润来源也来自内地的市场，在分享内地经济高速发展的成果后，

---

① 唐应茂：《私人企业为何去海外上市：中国法律对红筹模式海外上市的监管》，《政法论坛》2010年第4期。对于这一问题还可参阅刘轶《境内企业境外上市监管问题研究》，经济管理出版社2013年版。

② 学者认为："在企业红筹回归重组过程中，必须掌握一个具有共性的基本原则，即在企业重组过程中，必须坚持实际控制人、主营业务不发生变化。除此之外，还要注意证监会在审核红筹架构公司回归上市申请时，通常不仅要进行合规性审查，也对红筹架构清理过程中海外平台已有战略投资人的处理事宜、税收问题、外汇问题等给予重点关注。"王跃龙等：《中国概念股"去红筹架构"相关法律问题研究》，《长江论坛》2012年第4期。

却在回报境外投资者,显然这不是一个理想的模式。"① 近年来,随着我国境内股权分置改革的完成、IPO 新政的实施以及创业板市场的推出,境内资本市场环境不断完善。"红筹股"公司要求回归的呼声越来越高。② 2007 年,伴随着 A 股市场行情火爆,一批最具代表性的境内注册的大型公司如"中国建行"、"中国神华"、"中国石油"、"中国电信"等相继回归或获准回归 A 股市场以及中国证监会出台的《境外中资股份上市公司在境内首次公开发行股票的试点办法》,为"红筹股"公司的回归拉响了前奏。同时,"中国移动"、"中国网通"、"中海油"、"中银香港"等一大批"红筹股"公司纷纷表示要率先回归。如学者所阐述的那样,2007 年 12 月 1 日,中国证监会主席尚福林在第六届中小企业融资论坛上表示:"中国将鼓励 H 股公司和境外公司自主选择到 A 股市场发行上市。"在 2008 年 1 月召开的全国证券期货监管工作会议上,尚福林主席则进一步明确,今后一个时期要重点"研究推动红筹股公司及其他境外公司在 A 股市场上市"。此前,上海证券交易所创新实验室推出的《上海证券交易所市场质量报告》也指出,"在时机成熟时允许外国公司境内上市"是提高我国股市流动性的措施之一。之后,上海证券交易所也与多国跨国公司或境外公司就在国内上市的可行性继续展开探讨和接触。纳斯达克、汇丰银行、东亚银行、联合利华、恒基地产、路透集团等境外公司更在第一时间向我国表达了希望在 A 股发行上市的意愿。③

2009 年第一季度末,央行发布的《2008 年国际金融市场发展报告》以"进一步研究红筹股企业回归以及推进国际板建设的相关问题,增强中国证券市场的影响力和辐射力,提升中国资本市场的国际竞争力"的醒目表述再次将红筹股的回归推向了市场焦点。④ 2009 年 4 月 14 日国务院发

---

① 吴秀波:《沪港双重上市公司的发行问题研究》,博士学位论文,复旦大学,2008 年。有的学者甚至认为境内大中型企业海外上市的热潮容易造成国有资产的流失。当然,也有学者认为国有企业海外上市并不会造成国有资产流失的情况,反而是国有资产保值的一种方式。易宪容、卢婷:《国内企业海外上市对中国资本市场的影响》,《管理世界》2006 年第 7 期。

② 随着 2006 年股权分置改革的基本完成以及清理大股东占用上市公司资金工作的稳步推进,境内资本市场发生了深刻的变化,市场的结构性矛盾得以解决,投资者信息明显恢复。李霖:《红筹股公司回归 A 股市场法律问题研究》,《金融理论与实践》2007 年第 7 期。

③ 陈岱松:《浅析境外公司境内上市法律问题》,《甘肃政法学院学报》2009 年第 9 期。

④ 刘彭:《市场分割环境下红筹股回归的经济效应及制度安排研究》,博士学位论文,湖南大学,2009 年。

布了《关于推进上海加快发展现代服务业和先进制造业,建设国际金融中心和国际航运中心的意见》,该文件指出,适时启动符合条件的境外企业发行人民币股票。2009 年 5 月 11 日,上海市政府对外发布《贯彻国务院关于推进上海加快发展现代服务业和先进制造业,建设国际金融中心和国际航运中心意见的实施意见》,表示积极支持上海证券交易所国际板建设,适时启动符合条件的境外企业在该证券交易所上市,推进红筹股公司在上海证券市场发行 A 股。2009 年 5 月 11 日,在伦敦召开的第二次中英经济财经对话的成果之一是"中方同意按照相关审慎监管原则,允许符合条件的境外公司(包括英国公司)通过发行股票或存托凭证形式在中国证券交易所上市"。上述政策的出台以及第二次中英经济财经对话之后,"红筹股"公司回归以及外国企业发行 A 股并上市的话题重新成为人们关注的焦点。[①]

然而,需要注意的是,香港作为"红筹股"公司的重镇,对于"红筹股"公司回归还是存在不少担忧。第一,目前两地市盈率相差巨大,A股市盈率远远高于香港市场,如允许"红筹股"回归发行 A 股,巨大的市盈率差必然导致巨大的股价差,内地与香港将重新出现类似于 A、B 股和 A、H 股的分割市场,不但对两地投资者不公平,而且容易为跨境套利炒作提供空间,还可能出现两地股价相互影响造成市场波动问题。第二,"红筹股"公司纷纷回到 A 股市场,原来必须在香港进行的交易,现在可以在 A 股市场交易,这将带走部分香港的交易流。第三,随着 H 股公司的回归以及股权分置改革的推进,绝大多数 A+H 股公司在 A 股市场的流通股份将超过 H 股流通股份,根据价格发现理论,交易所定价权与交易量正相关,香港市场将更多地参考内地市场价格走向。[②]

(二)"红筹股"公司回归的必要性分析

有学者认为我国境内证券市场尚不能完全满足境内企业的需求,每年排队等待核准的上市企业多达上百家。而"红筹股"公司由于历史原因,虽然大部分公司主营业务在内地,但公司注册管辖地、经营理念等方面还是参照了境外的市场规则,特别是这些公司规模都比较大,吸引它们回归

[①] 郭洪俊:《境外公司发行 A 股的法律适用问题研究》,《证券法苑》2009 年第 1 卷,第 211 页。

[②] 吴秀波:《红筹股公司回归 A 股市场遥遥无期?》《国际融资》2008 年第 5 期。

境内上市，必将给境内市场带来巨大冲击。① 这一观点具有一定合理性，但它并没有注意到"红筹股"公司回归的必要性问题。正如胡汝银先生所说的那样："我一直主张内地应该有一个全球蓝筹股的交易平台，可为国内的投资者提供更多的投资选择，并能促进股权市场竞争，改善市场效率和市场质量，提高内地市场的国际竞争力。"② 与此同时，根据业界人士分析，七年熊市后，A股会迎来十年牛市，事实证明的确如此。在他们看来："上证指数的7年熊市却是中小板和创业板的震荡上升市，A股已经发生了新的深刻变化。在宏观经济逐步趋稳，改革红利显现的局面下，A股将迎来十年不一样的新牛市。"③ 这将为"红筹股"公司的回归创造良好的外部条件。另一方面，诸多大型红筹股公司也具有强烈的回归意愿。如学者所言："从主观因素分析，目前不少红筹股公司已经表达了较强的回归意愿，因为对这些主要业务或资产集中于国内且盈利增长来自于国内的海外上市公司而言，尽早登陆国内资本市场不仅有助于满足公司的本地化经营需要，同时也便于公司开辟本地化的融资渠道、树立本地化的公众形象。"④ 本书认为"红筹股"公司回归具有其相当的必要性，主要体现在如下几个方面。⑤

1. 增加投资者投资渠道，让境内投资者分享更多收益。鼓励"红筹股"公司回归A股市场，可以将一部分优质上市资源引入境内证券市场，

---

① 乔炜：《红筹公司回归境内市场上市发行相关问题研究》，《宁夏大学学报》（人文社会科学版）2010年第6期。

② 陈慧颖：《红筹A梦》，《财经》2007年第4期。

③ 林中："七年熊市后，A股迎来十年牛市"，《证券市场导刊》，2014年6月第22期。目前条件下，我国股市泡沫在很大程度上已被清理。

④ 有学者分析了境外企业回归A股市场的动因。首先，从表层动因上看，主要包括如下三点：A股市场更高的发行市盈率及较低的资本成本；境内外再融资惯例的差异；政府制度推动。其次，从深层动因看，包括如下两个方面：控制权隐性收益与我国上市公司所有权结构；控制权隐性收益与过度融资。简言之，国内A股市场过高的发行溢价导致低廉资本成本、境内外融资惯例的差异以及政府制度推动是境外上市企业回归A股市场的表层原因，而境外上市企业控股股东追求控制权隐性收益则是推动其回归A股市场的深层次动因。丁岚、董秀良：《境外上市公司回归A股市场交叉上市动因研究》，《中国工业经济》2010年第8期。

⑤ 有的学者认为红筹股公司回归的必要性体现在如下三个方面：第一，环节流动性过剩，抑制股市泡沫。第二，降低证券市场系统风险。第三，促进上市公司整体质量提高。陈岱松：《红筹股公司境内上市相关问题的法律分析》，《经济与管理研究》2008年第9期。

对境内投资者而言，可以获得新的投资产品和投资机会，使他们可以公平地与海外投资者共同分享这部分优质企业高速成长的收益。同时，应当看到"红筹股"公司的飞速发展无法离开境内不断发展的经济以及广阔的市场这一肥沃的土壤。换言之，境内消费者为众多"红筹股"公司提供了高额的利润来源。鉴于此，积极合理引导"红筹股"公司回归是回馈境内投资者和消费者的重要渠道。

2. 提高上市公司质量，壮大 A 股市场规模，不断改善市场行业结构。"红筹股"公司回归会给 A 股市场带来众多好处，例如，能有效提高 A 股市场的流动性，提高机构投资者的比重和参与度；"红筹股"公司大多具有良好的资质，具有较高的经营管理水平和利润水平，它们的回归有利于提升整个 A 股市场上市公司的业绩水准；"红筹股"公司长期接受海外市场监管和海外投资者监督，对海外市场的规则更为熟悉，其回归后良好的示范效应必将带动整个 A 股市场健康发展。① 同时，"红筹股"公司中有许多是业绩非常优秀的蓝筹企业，其在宏观经济中的影响和比重也非常大。因此，"红筹股"公司的回归，无疑会进一步增加蓝筹公司在市场中的权重，改善市场行业结构。②

3. 深化 A 股市场改革，推进我国资本市场"引进来"战略。"红筹股"公司的回归是我国继允许境外合格投资者进入境内资本市场后的又一重要举措，有利于进一步提高我国资本市场的国际化程度。同时，"红筹股"公司虽然是注册地在境外的公司，但更是根植于境内的公司，"红筹股"公司的回归必将推进我国证券市场对外开放的步伐，进而为探索引入外国公司境内上市创造有利条件。③

4. 提升境内资本市场环境的重要渠道。香港资本市场具有较高的监管水平与丰富的监管经验、良好的投资文化、投资者保护制度与公司治理架构，长期接受香港资本市场监管和投资者监督的"红筹股"公司的治理水平与信息披露较境内上市公司更为规范，其在境内上市后良好的示范

---

① 程惠芳：《红筹股回归 A 股市场研究》，上海证券交易所第十七期联合研究计划课题，2007 年，第 20 页。

② 李斌：《对话红筹股回归》，《新财经》2007 年第 8 期。

③ 乔炜：《红筹公司回归境内市场上市发行相关问题研究》，《宁夏大学学报》（人文社会科学版）2010 年第 6 期。

效果将促进境内上市公司整体质量的提高,带动境内证券市场的健康发展。① 换言之,这些"红筹股"公司的回归,一方面可以为内地市场上市公司树立良好的公司行为"楷模",另一方面,其在成熟市场的合理估值也为内地投资者提供估值的借鉴,促进内地证券市场逐步走向成熟。

(三)"红筹股"公司回归的可行性分析

针对"红筹股"公司回归问题,在我国现行法律制度是否允许这一问题上存在不同的观点。第一种观点认为"红筹股"公司在境内发行 A 股可以适用《证券法》,并没有法律障碍。例如,有学者认为,就《证券法》第 2 条而言,它并未禁止境外公司在我国境内发行证券与挂牌交易;另一方面,《公司法》虽然本身没有适用于境外公司的专门规定,但根据《证券法》、《公司法》的立法精神应当也可以适用在我国境内发行 A 股并上市的境外公司。② 也就是说,有关证券发行行为的主体,《证券法》并未予以规定,即《证券法》并未禁止境外公司在我国境内发行股票。而根据"法未禁止即允许"之法理,境外公司在我国境内发行股票只要不违反《证券法》及相关法律法规的规定,即为合法。③ 换句话说,"……分析可以看出对境外公司在境内直接上市问题并无法律禁止性规定,其在境内直接上市是合法的。只是囿于我国转轨时期政府对证券市场的强力监管,形成了'未允许即禁止'的政策习惯,因此境外公司境内上市的障碍更多是在政策层面,而不是法律层面。而在政府鼓励境外公司回归的今天,政策上的障碍已经消失,从而进一步强化了境外公司境内上市的正当性。"④ 申言之,有学者认为 2007 年 6 月 12 日由证监会向部分券商所下发的《境外中资控股上市公司在境内首次公开发行股票试点办法(草案)》标志着监管机构已经为"红筹股"公司回归初步确定了门槛和规范。同时,在《公司法》适用问题上,由于"红筹股"公司在香港市场经营多年,其公司治理架构已较为规范,无须进行特别调整。⑤

---

① 李霖:《红筹股公司回归 A 股市场法律问题研究》,《金融理论与实践》2007 年第 7 期。
② 郭洪俊:《境外公司发行 A 股的法律适用问题研究》,《证券法苑》2009 年第 1 卷,第 211 页。李霖:《红筹股公司回归 A 股市场法律问题研究》,《金融理论与实践》2007 年第 7 期。
③ 陈岱松:《红筹股公司境内上市相关问题的法律分析》,《经济与管理研究》2008 年第 9 期。
④ 陈岱松:《浅析境外企业境内上市的法律问题》,《甘肃政法学院学报》2009 年第 5 期。
⑤ 陈岱松:《红筹股公司境内上市相关问题的法律分析》,《经济与管理研究》2008 年第 9 期。

第二种观点认为境外公司如直接在境内发行 A 股存在一定的法律障碍。其理由是在境内发行股票并上市的公司，必须是依据《公司法》在境内设立的股份有限公司，境外公司系在境外注册设立的股份公司，故不能在境内直接发行 A 股，更不能在境内证券交易所上市。[①] 例如，有学者认为从《证券法》、《公司法》和《首次公开发行股票并上市管理办法》的规定来看，通篇都是以境内股份有限公司为基础对其在我国境内发行证券进行规范。运用体系解释的方法，应当取其核心部分，结合立法目的进行限缩解释。即将在我国境内公开发行股票的主体限定在"在我国境内设立的股份有限公司"范围之内。境外企业在我国境内发行股票并上市也没有明确的法律依据，境外企业境内上市的市场准入障碍显然存在。[②]

综合以上观点，本书认为由于证券法律在规制境内企业上市与境外企业境内上市方面存在诸多差异，因此单靠我国目前的《证券法》根本无法予以应对，必须在规制境内企业上市相关法律规定的基础上，仔细甄别境内企业与境外企业在上市方面的差异性，制定适用于境外企业境内上市方面的特别规则。从这一角度看，本书赞同第二种观点，即"境外企业直接在境内上市存在着一系列的法律障碍，并且我国现有证券法制并不足以对境外企业境内上市进行有效的调整和规范。"[③] 基于此，本书认为在借鉴他国有益经验的基础上，设计我国有关境外企业境内上市的相关规定实有必要，而且也是可行的。

三 "红筹股"公司回归的方式选择与对比分析

"红筹股"公司回归境内市场在性质上属于在一个国家（地区）按照当地法律注册的公司在非注册地的国家（地区）发行证券并在发行地证

[①] 郭洪俊：《境外公司发行 A 股的法律适用问题研究》，《证券法苑》（2009）年第 1 卷，第 211 页。坚持这一观点的还有：乔炜：《红筹公司回归境内市场上市发行相关问题研究》，《宁夏大学学报》（人文社会科学版）2010 年第 6 期；徐明、蒋辉宇：《外国公司在我国证券发行与上市的法律问题》，《东方法学》2009 年第 2 期；陈岱松：《浅析境外企业境内上市的法律问题》，《甘肃政法学院学报》2009 年第 5 期。

[②] 冯果、袁康：《国际板背景下证券法制的困境与变革》，《法学杂志》2013 年第 4 期。

[③] 唐应茂：《国际板建设的理论、制度和操作层面障碍》，《上海金融》2010 年第 6 期；张琢、王皓雪：《浅析我国建设国际板是否存在法律障碍》，《中国证券报》2010 年 4 月 7 日第 10 版。

券交易所上市。在目前可以借鉴的发行方式中，"红筹股"公司回归有以下三种可能的方式予以选择。

(一) CDR 方式发行

CDR 是中国存托凭证（China Depository Receipts）的简称。① 如前所述，存托凭证又称存券收据或存股证，是指在一国证券市场流通的代表外国公司有价证券的可转让凭证，属公司融资业务范畴的金融衍生工具。在我国境内市场交易，面向中国境内投资者发行的存托凭证就称作 CDR。换言之，CDR 是指在我国境内外上市的公司将部分已发行上市的股票托管在当地的托管银行，再由我国境内的存券银行发行、在境内上市交易、以人民币交易结算、供国内投资者买卖的投资凭证。② 以股票为例，存托凭证的基本流程为：境内市场投资者需要投资于境外上市红筹股票时，向境内投资银行发出指令，境内投资银行与其境外合作的境外投资银行（或其境外分支机构）联系确认，境外投资银行根据指令从境外市场购买相应的红筹基础股票，并存放于境外托管银行，完成托管工作后，境外托管银行向境内存券银行（托管机构）发出指令，由其发出 CDR 交境内投资银行，并由投资银行交付投资者。③ 其基本构造如下图所示：

CDR 方式实现"红筹股"公司在境内上市，有其独特优势。这种优势表现在：既可以通过控股股东减持上市公司的股份，也可以发行新股转

---

① 美国存托凭证（American Depositary Receipts，简称"ADR"）由美国 J.P. 摩根集团与 1929 年首创。对于发行公司而言，ADR 具有许多突出的有点。ADR 的发行有利于提高公司的国际知名度，还可使公司深入了解国际资本市场，为股票的发行获得更好的定价，获得更广泛的股东基础，有助于拓展其股票市场，利于其今后的收购或兼并。吴献金、刘晓兰：《中国企业利用 ADR 方式境外上市研究》，《湖南大学学报》（社会科学版）2002 年第 4 期。

② 陈岱松：《红筹股公司境内上市相关问题的法律分析》，《经济与管理研究》2008 年第 9 期。

③ 通常，CDR 的运作流程包括如下几个方面：第一，有融资需求的红筹公司增发一部分股票或由大股东拿出部分存量股票交与香港的券商；第二，香港券商将所持股票交付给托管银行；第三，预托银行在内地证券市场发出相应的 CDR 交于内地券商；第四，内地券商在证券市场上将 CDR 发售给内地投资者，同时国内券商将所筹款项通过预托银行、托管银行交付香港券商；第五，CDR 发行结束后，在交易所挂牌交易；第六，CDR 的注销。当 CDR 在内地的证券市场上不能转让出去时，内地券商将委托香港的券商出售托管银行手中的股票，并将款项通过预托银行转给内地券商，同时内地券商将 CDR 交付给预托银行注销。刘澎：《红筹股回归 A 股模式比较及制度安排》，《湖南大学学报》（社会科学版）2009 年第 2 期。

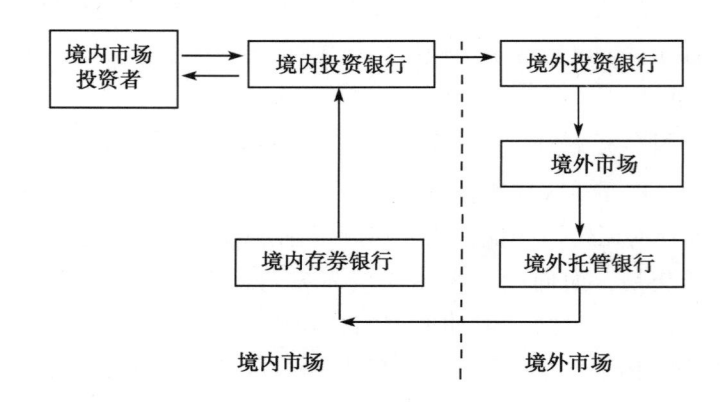

```
境内市场        境内投资银行   →   境外投资银行
投资者      ←                          ↓
                                   境外市场
                ↑                      ↑
            境内存券银行   境外托管银行

        境内市场    |    境外市场
```

化成 CDR 在内地市场挂牌买卖，投资者通过购买 CDR 而间接购买了境外公司的股票；CDR 实行两地互通，可以保证同一公司在内地与香港交易的股价一致。① 具体而言，这一模式的优势主要体现在如下几个方面：第一，CDR 具备的迂回性，使其成为渐次开放资本市场的一种选择。另外，这一方式绕开了我国《公司法》、《证券法》对 A 股上市的注册地等的要求。"发行 CDR 模式的优点在于 CDR 只是红筹股的衍生证券，因此其在我国境内发行受到的监管将小于直接发行 A 股所受到的监管。"② 第二，在我国资本市场尚未完全开放的背景下，CDR 模式为境外企业提供了一个在我国内地资本市场融资的工具，为将来真正意义上的外资公司到我国资本市场融资和我国证券市场的国际化提供了可能性，而且也丰富了我国资本市场的投资品种。第三，鉴于"红筹股"公司的内在制度原因和香港股市市场环境的变化，"红筹股"公司在海外的再融资存在一定的困难，而国内股市的市盈率较香港股市高，发行 CDR 可以实现较低成本的再融资。第四，"红筹股"公司基本上都是具有垄断性资源的大型国有控股公司，相比国内资本市场上众多的国有控股公司，质地较优良，业绩较好。因此，CDR 在大陆发行，可以扩大国内证券市场的容量，丰富市场

---

① 吴秀波：《红筹股公司回归 A 股市场遥遥无期？》《国际融资》2008 年第 5 期。有关 CDR 这一方式的优劣分析还可参阅刘澎《红筹股回归 A 股模式比较及制度安排》，《湖南大学学报》（社会科学版）2009 年第 2 期。

② 陈岱松：《红筹股公司境内上市相关问题的法律分析》，《经济与管理研究》2008 年第 9 期。

投资品种，改善市场上的公司结构。第五，通过提升效应促成香港市场和内地市场的互动，增强两地市场在国际上的综合竞争力。第六，由于"红筹股"公司的信息披露和公司治理均按照香港证券市场的规范执行，通过引入"红筹股"公司可以起到示范效应，从而规范国内股市和上市公司的发展。

当然，这一方式也存在其缺陷和不足。如学者所言："发行 CDR 模式最大的障碍在于我国目前的外汇管理制度。CDR 制度的核心在于基础证券和存托凭证之间的相互转换，而基础证券和存托凭证之间相互转换的前提则是外汇在资本项目下的自由兑换。"[①] 目前，我国的资本市场还无法实现这一点。面对这一背景，"红筹股"公司以 CDR 方式回归境内市场，存在境内外的转化和套利机制，由于人民币巨大的升值潜力，可以在境内外投资的市场参与者，如 QFII、QDII，有可能将手中的基础股票换成 CDR，形成实质上的人民币资本项下可兑换，这将进一步增加人民币升值的压力，干扰人民币汇率改革的战略安排。此外，CDR 作为基础证券的衍生品种，其发展受制于基础证券和基础证券上市的证券市场，其主要作用体现在增强基础证券的流动性，这不符合境内市场的发展方向。同时，从国际资本市场的操作实践来看，CDR 一般应用于真正的境外企业，即经营和股权持有人均在境外的公司，CDR 方式解决的是一般意义的外国公司的两地发行上市，针对"红筹股"公司本质而言，CDR 方式涵盖的范围太大，未必是有针对性地解决"红筹"公司回归的最佳方式。[②]

最后，需要提及的是采用 CDR 方式，还应对如下问题作一通盘考虑：首先，采用 CDR 模式挂牌的市值并不计入交易所的总市值范围内，这样达不到交易所通过扩容发展壮大的目的，对证券交易所在世界的市值排名也会有影响；其次，按照国际通行的规则，CDR 在国内上市交易后，可以随时注销，而直接通过 IPO 上市的证券不可注销，如果开了先河之后，可能导致内地交易所的话语权旁落；再次，"红筹股" CDR 可能会造成国内 A 股市场被边缘化；复次，作为一项全新的金融工具，在

---

① 陈岱松：《红筹股公司境内上市相关问题的法律分析》，《经济与管理研究》2008 年第 9 期。

② 乔炜：《红筹公司回归境内市场上市发行相关问题研究》，《宁夏大学学报》（人文社会科学版）2010 年第 6 期。

创设初期需要做大量相关配套工作。① 此外，"发行 CDR 模式的另一不足之处在于其涉及的法律关系主体及环节较多，操作步骤复杂，从而造成发行成本上升。"②

（二）SPV 方式发行

SPV 即"特殊目的公司"（Special Purpose Vehicle，以下简称"SPV"），是指接受发起人的资产组合，并发行以此为支持的证券的特殊实体。过去 SPV 常被"红筹股"公司用来在境外上市。采用 SPV 方式发行，要在境外"红筹股"公司之上再在国内设立一家 SPV，以其作为境内发行上市的主体。SPV 无实际运营业务，属于控股型公司，如下图所示。假如"红筹股"公司回归境内市场发行，则需境内集团公司以其持有的非上市"红筹股"公司的大部分股权以及其他股东的出资，共同设立境内拟上市公司（SPV），通过上述设计，在原境内集团公司与非上市"红筹股"公司之间增加一个境内拟上市公司，而且由于该公司持有非上市"红筹股"公司的股权比例较高，可以合并非上市"红筹股"公司及其实际拥有的运营实体公司，从而满足境内上市的相关要求。③

中国联通在境内上市就是这一模式的典型案例。该公司的境内上市是通过重新设立一个纯粹以控股为目的空壳的投资公司——中国联通 A 股公司——作为在 A 股市场上发行新股的主体，该公司事实上不执行任何与其经营范围有关的业务操作，仅仅是联通红筹公司在 A 股上市的载体，即所称的协议控制模式。④ 中国联通 A 股公司所募集到的资金用于购买联通

---

① 吴秀波：《红筹股公司回归 A 股市场遥遥无期？》，《国际融资》2008 年第 5 期。
② 陈岱松：《红筹股公司境内上市相关问题的法律分析》，《经济与管理研究》2008 年第 9 期。
③ 这一模式典型的例子就是联通所进行的实践，因此又常被称作"联通模式"。在香港上市的联通红筹和在内地上市的联通 A 股并非是一家公司，前者注册于香港，母公司为联通 BVI 公司；后者注册于上海，母公司是中国联合通信有限公司。联通 BVI 公司持有联通红筹 76.53% 的股权，而联通 A 股则持有联通 BVI 公司 82.09% 的股权，并将这些股权作为其全部资产（因为存在认股权证，所以联通 BVI 所持的联通香港公司的股份比例在不断变化）。联通 A 股公司与红筹公司是祖孙关系。2000 年 6 月，联通红筹在香港成功发行上市；2002 年 10 月 9 日，经国务院特批，联通 A 股成功发行 50 亿股，募集资金 115 亿元，实现融资意义上的回归。
④ 协议控制模式是一种在境外设立并上市的壳公司依靠合同安排控制境内实体公司，从而实现境内实体公司境外间接上市的法律结构。它包括协议控制和可变利益实体两个基本概念。在协议控制模式下，境外上市主体与实际运营业务的境内实体公司之间的连接并非股权关系，而是合同关系。刘燕：《企业境外间接上市的监管困境及其突破路径》，《法商研究》2012 年第 5 期。

第五章　跨境上市："红筹股"回归的途径

```
┌─────────────────────┐        ┌─────────────────────┐
│   境内集团公司       │        │   境内集团公司       │
│                     │        │                     │
│                     │        │ 境内拟上市公司（SPV）│
│ 境外上市红筹公司     │   ⇒    │                     │
│                     │        │ 境外上市红筹公司     │
│   运营实体公司       │        │                     │
│                     │        │   运营实体公司       │
└─────────────────────┘        └─────────────────────┘
```

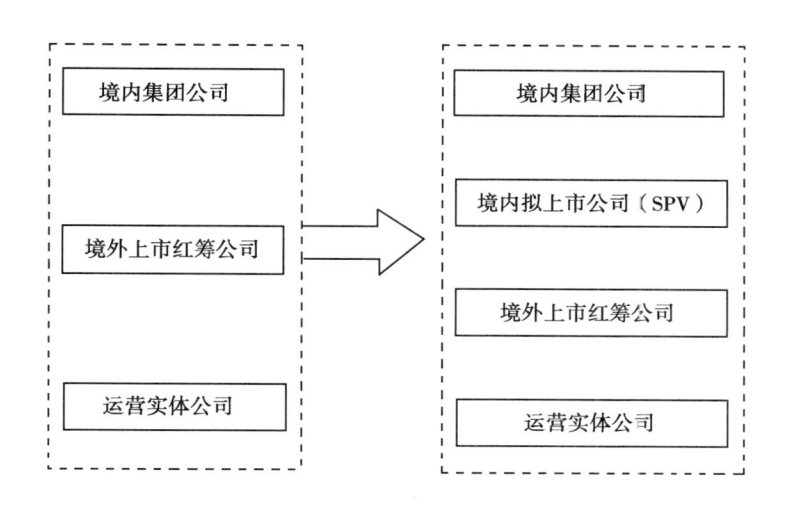

BVI 公司的股权，相应地，股权设置也发生了变化。同时，出让所得的资金，中国联合通信有限公司将全部注入联通新时空用于以往 CDMA 网络的建设。由此，顺利实现中国联通在 A 股市场上的发行和资金筹集。[①]

SPV 方式发行的操作优势是可以较好地适应国内现有法律、法规和规章，不用对现行法律法规进行大幅度的修改和调整。"……在于其完全在现有法律框架下进行，不存在法律上的障碍，而且也不涉及外汇管制的问题。"[②] 需要注意的是，中国联通的这一模式得到了国务院的特批，即采取的是"特事特办"的处理方式。在现实中，这一做法尽管从逻辑与法理上讲都不存在障碍，但其本身是一个特殊样本，不具有普遍推广的意义。另外，中国联通所设立的"壳"并不是出于经营上的需要，它的目的直接针对 A 股上市筹资。由于经营性资产没有任何实质性的改变，壳公司无疑增加了管理成本。[③] 而且，在有的人看来，中国联通

[①] 刘澎：《红筹股回归 A 股模式比较及制度安排》，《湖南大学学报》（社会科学版）2009年第 2 期。

[②] 陈岱松：《红筹股公司境内上市相关问题的法律分析》，《经济与管理研究》2008 年第 9 期。

[③] 吴秀波：《红筹股公司回归 A 股市场遥遥无期?》，《国际融资》2008 年第 5 期。有学者认为："该模式操作过程复杂，成本较高，境内上市的公司只是一个空壳公司，其存在的意义仅仅在于作为红筹股公司在境内间接上市的载体，而这无疑增加了公司的管理成本。"陈岱松：《红筹股公司境内上市相关问题的法律分析》，《经济与管理研究》2008 年第 9 期。

回归的模式"由于两地上市公司并非一个主体,因此不能视为真正意义的回归"。①

(三) 直接发行 A 股

直接发行 A 股方式是以境外合法注册的公司在国内发行 A 股的方式进行。其主要特点是在境内发行股票的主体是在境外注册,A 股投资者直接在境内以人民币购买其新发的股票,该部分股票将在境内股票交易所上市流通(如下图所示)。

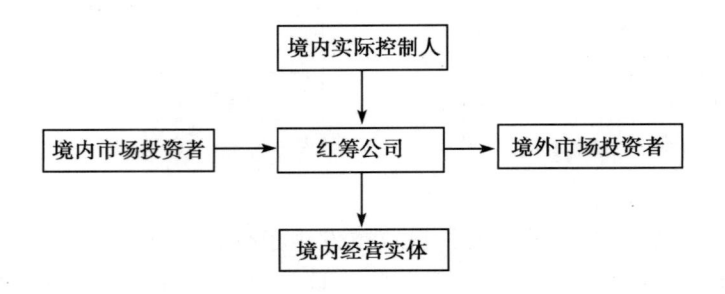

```
              境内实际控制人
                    ↓
境内市场投资者 → 红筹公司 → 境外市场投资者
                    ↓
              境内经营实体
```

在国际资本市场上,实现两地跨境上市有很多可以借鉴的实践经验,很多国家和地区的证券交易所均不限于接受在本国(地区)注册的公司上市,如香港联交所就接受来自香港本地、中国内地、开曼群岛和百慕大等地注册的公司的上市申请。最具借鉴意义的应该是我国境内企业,尤其是我国 A 股上市公司在香港申请上市的操作实践。② 由于我国境内企业具有一定的特殊性,香港联交所在要求我国境内企业满足一般条件的基础

---

① 陈慧颖:《红筹 A 梦》,《财经》2007 年第 4 期。

② 如学者所言:"为了充分利用境内外两个市场、两种资源,这些到境外上市的企业从上市的初期就开始谋求到境内证券市场上市。"丁岚、董秀良:《境外上市公司回归 A 股市场交叉上市动因研究》,《中国工业经济》2010 年第 8 期。我国企业的跨境上市最早始于 1993 年的青岛啤酒股份有限公司,1993 年 7 月 15 日青岛啤酒在香港联交所主板市场上市后仅隔一个多月,即 1993 年 8 月 27 日就又在上海证券交易所挂牌上市成为首家跨境交叉上市公司。此后,在内地和香港两地市场交叉上市现象时断时续,但从来没有停止。按照学者的观点,红筹股直接发行上市的操作路径与以往的 A+H 发行的情况类似,差别在于之前 A+H 两地同时发行股票的企业的注册地在大陆,即国内企业在 A 股市场和香港市场同时发行其股票。刘澎:《红筹股回归 A 股模式比较及制度安排》,《湖南大学学报》(社会科学版)2009 年第 2 期。在这一过程中,我国境内企业境内外同时上市的经验值得学习、借鉴。

上，增加了一些与我国有关的风险和法律的申报和披露要求，"红筹股"公司发行 A 股就可以参照这种模式进行。

就美国资本市场而言，相较于在美国注册的公司，该国的法律、法规和相关规定为非美国注册的未上市公司在美国申请上市提供了更多的灵活性，比如说可以仅提供美国会计准则调节表而不按照其准则编制报表，在公司治理某些方面可以申请豁免，更少的披露要求等。在伦敦证券交易所，其上市规则规定如果非欧盟国家注册的公司未在其注册地所在国家或其主要股份持有者所在国家上市，并且其未上市的原因是当地监管部门出于保护投资者的需要，这种情况下伦敦证券交易所不会接受其上市申请。该规则的目的在于防止存在问题的公司在伦敦申请上市。在实际操作中，保荐人需要提供函件表明发行人满足上市规则的要求，一般情况下，监管机构会信赖保荐人的意见来保证其合规性。除此之外，对非欧盟国家公司的上市申请并无特别条件限制。

根据学者的观点"红筹股"公司直接发行 A 股有很多便利性。首先，直接发行 A 股在法律层级结构上最为简单。直接发行 A 股可以利用现行合法有效的法律结构，而无须重新构造新的发行主体，从而避免了同一资产人为地在不同层次上多次发行、多重股东结构利益难以协调等问题。"直接发行 A 股的优点在于操作过程简便，发行成本较低，可以更快地实现上市融资。"[1] 其次，直接发行还避免了 CDR 模式所需要的存管银行等制度，所有中介机构和发行形式均可以在现有框架内进行。再次，直接发行 A 股可最低限度地触及现有外汇制度。CDR 方式不可避免地涉及两地市场是否可以自由转换从而触及资本项下的外汇流通问题，直接发行可以通过过渡性措施，形成"境内募集人民币，直接投资于境内"的实际结果，可以随着外汇制度的开放程度逐步放宽。最后，直接发行 A 股可以增加境内证券市场的市值，最终促进境内市场的发展。[2]

---

[1] 陈岱松：《红筹股公司境内上市相关问题的法律分析》，《经济与管理研究》2008 年第 9 期。

[2] 乔炜：《红筹公司回归境内市场上市发行相关问题研究》，《宁夏大学学报》（人文社会科学版）2010 年第 6 期。还有学者认为，直接在 A 股上市有如下两个优势：第一，上市公司可募集较多的资金。现在海外上市，再回到 A 股市场上市，可以取得较好的溢价发行收益。第二，与其他模式相比，这一方式要走的法律程序最简单，配套的机构设置也最少。吴秀波：《红筹股公司回归 A 股市场遥遥无期？》，《国际融资》2008 年第 5 期。

当然，这一模式本身也存在不少缺陷，这主要表现在：第一，在公司治理方面，内地有关监事会、独立董事、公司章程、股东大会通知召开和表决方式、高管兼职等方面的规定，与香港存在差异。此时，"红筹股"公司面临着双重监管的问题。第二，"红筹股"公司均在海外注册，主账户也在境外，A股上市募集的人民币资金无法汇到境外账户，只能在境内使用，从而影响"红筹股"公司资金的整体使用率。另外，在实施这一方式时，尚存在一些障碍需要克服：首先，现行《证券法》对境外公司境内上市并没有做出明确的规定，更谈不上有详细、具体、完善的规定。其次，境内与境外证券立法在会计标准、公司治理要求等诸多方面尚存在不少差异。再次，明确"红筹股"公司发行A股是否与内地上市股票面值统一。境内上市公司股票面值均为人民币1元，但"红筹股"公司不仅不以人民币标明股票面值，而且面值大小不等。"红筹股"公司回归境内市场时，是把港元或美元面值折算成人民币面值，还是在发行前按境内惯例，股票面值统一为1元人民币的问题，需要明确。最后，市场分割问题。当前A股、B股、H股之间都存在"同股不同价"的现象，归根结底是因为市场分割，而导致市场分割的主要原因是我国对资本账户的管制。与CDR的回归模式一样，"红筹股"公司在A股直接发行上市的模式并不能解决当前的市场分割问题。①

综上所述，通过对以上各种方式的优缺点分析，本书赞同采用直接在A股上市的方式实现境外企业在境内上市交易。② 申言之，本书所重点研究的跨境上市是"红筹股"公司回归境内市场并上市应采取的渠道。正因如此，本书最后一部分也是围绕这一点展开相关制度设计的。

---

① 刘澎：《红筹股回归A股模式比较及制度安排》，《湖南大学学报》（社会科学版）2009年第2期。

② 前几年，中国证监会负责人曾经表示证监会倾向于红筹股回归直接以IPO方式上市。红筹股公司中市值最大的中国移动也明确表示将采用直接发行A股的方式回归。陈岱松：《红筹股公司境内上市相关问题的法律分析》，《经济与管理研究》2008年第9期。

第六章

框架结构：我国跨境上市法律制度的构建

一　全球证券市场多元化格局：塑成与强化

（一）证券市场多元格局的形成：来自"约束理论"的观点

按照"约束理论"的观点，全球范围内证券市场间的竞争不会导致市场的完全趋同，也不会出现只有一个胜者的情况。同时，竞争也不会导致公司治理结构朝一个方向发展的局面。相反，由于企业偏好不同，竞争将导致多元化证券市场的出现，而绝非统一化的市场。① 证券市场走向多元化的重要前提是企业需求的差异化，需求上的多元将导致证券市场以及证券交易所服务多元化格局的出现。② 进一步言之，不同的证券市场对应着不同的"客户"——境外企业。其中，有的企业试图推动自身股权分散的改革，吸引投资组合的投资者并提升股票价值，因此可能希望采用更加严格的上市标准，并使企业更加透明化；而有的企业则会选择相对成本较低、透明度相对较差的证券交易所，因为它与企业股权集中的特质相协调，控制股东从中可以获得较高的收益。可以说，在很大程度上，股权集中型与股权分散型两类企业的长期并存奠定了证券交易市场多元化格局的重要基础。"一种二元的均衡的存在成为可能，在其中，信息披露要求严格与宽松的证券交易所同时存在，这也反映了股权集中与股权分散企业同时存在的基本事实。"③

---

①　John C. Coffee, Jr. Racing towards the Top?: The Impact of Cross-listings and Stock Market Competition on International Corporate Governance, 102 *Colum. L. Rev.* 1757, p. 1761.

②　Ibid., p. 1765.

③　Ibid..

基于上述事实，对那些不愿意遵守美国严格法律的企业而言，宁可选择去法律较为宽松的证券交易所上市。正如学者所言："对那些希望实现获取低成本股票融资或与股东绑定在一起的战略计划的高品质企业而言，美国可能是理想的上市地点。与此同时，伦敦（还有其他市场）则为那些控股股东意欲享受控制所带来的私人利益或不受约束自由的企业提供了场所。"① 就证券市场重要载体的证券交易所而言，亦是如此。尽管证券交易所之间的竞争不断加剧，但由于存在企业需求多元化的特征，证券交易所之间同样不会完全一致，也会出现分化。"有些证券交易所（美国最为典型）基于严格执法的特点会向企业提供价值溢价并保证融资成本的降低；同时另外的证券交易所则会通过提供宽松的监管以吸引境外企业上市。"②

对于以上观点，可以用证券市场发展的事实予以证实。近几年来，境外企业在美上市的数量锐减。在解释这一事实情况时，学者给出了不同的解答。尽管造成这一现象的原因可能是多方面的，学者彼此间也"见仁见智"。但是，有一个事实却是颠扑不破的：自2001年开始，诸多境外企业不再选择美国作为上市地点，或者离开美国证券市场。③ 随着欧盟及亚洲等证券市场的勃兴，它们已经成为企业境外上市的重要可能选择，同时也成为美国证券市场的重要竞争者。④

以上论述表明，在竞争日益趋于激烈的背景下，证券交易所自身的准确定位变得异常关键。在这一过程中，有的证券交易所趋向的是严格信息披露制度、较高透明度，即迈向严格法律制度的方向；有的证券交易所则倾向于采取宽松法律制度、较低透明度，即迈向宽松法律制度的方向。⑤ 在这一背景下，由于发展中国家证券市场建设起步较晚，因此普遍存在上市资源"外流"的现象。针对这一问题，某些国家（地区）证券交易所在流动性与交易量输给国际性的证券交易所时，应当采取一定的措施予以

---

① John C. Coffee, Jr., Law and the Market: The Impact of Enforcement, 156 *U. Pa. L. Rev.* 229, p. 237 (2007).

② Ibid., p. 246 (2007).

③ Steven M. Davidoff, Regulating Listings in a Global Market, 86 *N. C. L. Rev.* 89, p. 103.

④ Ibid., p. 112.

⑤ John C. Coffee, Jr. Racing towards the Top?: The Impact of Cross-listings and Stock Market Competition on International Corporate Governance, 102 *Colum. L. Rev.* 1757, p. 1830.

第六章　框架结构：我国跨境上市法律制度的构建

应对："那些证券市场受到严重负面影响的国家会进行立法与监管的改革，强化公司治理与信息披露，希望依此阻却企业及交易流向境外市场。"①自二十世纪开始，包括阿根廷、巴西、智利、墨西哥等国家都对本国的证券法进行了较大程度的革新便是很有说服力的佐证。②

同样，我国境内企业境外上市早已司空见惯。尽管采取跨境上市的方式可以迅速实现企业融资的目的，但另一方面，诸多优秀的高成长型企业纷纷选择跨境上市，对国内证券市场的建设与发展而言并不是一个利好的消息。"一方面，那些股权集中的企业希望继续保持原有的治理结构不变；另一方面，这些市场的生存能力受到严重威胁，除非交易流向境外交易所的趋势得到逆转。"③ 在全球证券市场走向多元发展格局的背景下，针对我国存在的这一问题，确立合理、科学的证券市场法律制度以留住国内的这些上市资源，同时在最大程度上吸引境外企业在国内跨境上市，对于促进我国证券市场发展具有重要的战略意义。

（二）多元化证券市场格局的强化：市场参与者的多维视角阐释

通常，无论是在国内证券市场还是在境外证券市场中，参与证券买卖、交易的主体包括投资者、企业、监管者以及证券交易所四类。④ 其中，监管者在其中扮演着"服务者"的角色，通过制定合理化的法律规范，提高投资者、企业以及证券交易所日益增长的发展需求，从而不断提高本国资本市场的国际竞争力和吸引力。现如今，证券市场对上市资源的竞争日趋白热化，这使得证券市场中任一主体类型都希望提高本国证券市场的竞争力。

1. 投资者

"在经济全球化背景下，资本就是王道。那些拥有投资资本的人将会

---

① John C. Coffee, Jr. Racing towards the Top?: The Impact of Cross-listings and Stock Market Competition on International Corporate Governance, 102 *Colum. L. Rev.* 1757, p. 1766.

② 2001年，智利通过了新的《要约收购法》。2001年，阿根廷、墨西哥也通过了《新型资本市场法》。经过四年多的斗争和论证，巴西于2001年通过了旨在修改公司治理标准的妥协性法律，希望依此达到进一步保护中小股东权益的目的。John C. Coffee, Jr. Racing towards the Top?: The Impact of Cross-listings and Stock Market Competition on International Corporate Governance, 102 *Colum. L. Rev.* 1757, p. 1766.

③ John C. Coffee, Jr. Racing towards the Top?: The Impact of Cross-listings and Stock Market Competition on International Corporate Governance, 102 *Colum. L. Rev.* 1757, p. 1767.

④ Steven M. Davidoff, Regulating Listings in a Global Market, 86 *N. C. L. Rev.* 89, p. 114.

竭力使其收益最大化，而不会顾及国界或忠诚。"① 可以说，投资者具有充分的动力去获取资本收益的最大化。在投资过程中，多样化的投资渠道是投资者分担风险、获取收益的重要渠道。"投资选择是投资者的基本权益，而在行使选择权利时，多样化则是值得推荐的最优手段。"②

与此同时，充分参与到国际资本市场中去也是投资者获益的重要渠道，因此，采取措施吸引更多境外企业跨境上市就是拓宽境内投资者投资渠道的重要方式。除了吸引更多境外企业上市之外，包括信息的充分披露、有效的法律制度、充分的投资者权益保护以及有效的资本市场也是保护投资权益的积极方面。③ 当然，要使上述要素充分发挥其功能，还有赖于强化对资本市场的监管和企业的规制。④

2. 企业

从理论上讲，企业欲求上市会选择那些能带来证券较高溢价并能有效缩减资本成本的制度。"按照经典的资本市场理论，企业上市的利益与其投资者之间应当是一致的。企业希冀并将在那些提供监管最优，即投资者所希望的效果的地方上市。"⑤ 基于此，企业跨境上市谋求更多利润是其选择上市地点时考虑的首要原则。然而，现实与理论的假设之间总存在一定的偏差，在现实中存在的诸多壁垒使得企业自由选择的空间大打折扣。

概括地讲，这些障碍主要包括：路径依赖、传统文化、法律制度、企业管理与决策等。详言之，首先，很多国家（尤其是发达国家）的企业都有在本国先上市的传统，长此以往所形成的"路径依赖"（path dependency）将成为企业境外上市的重要障碍。其次，文化之间的差异也是企业跨境上市的"拦路虎"。企业跨境上市过程中不仅要克服语言方面的差

---

① Richard C. Breeden, The Globalization of Law and Business in the 1990's, 28 *Wake Forest L. Rev.* 509, p. 513 (1993).

② Steven M. Davidoff, Regulating Listings in a Global Market, 86 *N. C. L. Rev.* 89, p. 116. 例如，有学者认为美国的投资者尤其是个人投资者从境外企业在美上市这一行为中获益良多。首先，为投资者提供了分散风险的多样化选择；其次，这些境外企业往往是新兴行业中具有高成长性的优秀企业，对投资者具有较强的吸引力。Christopher Hung Nie Woo, United States Securities Regulation and Foreign Private Issuers: Lessons from the Sarbanes - Oxley Act, 49 *AM. BUS. L. J.* 119, p. 124. (2011).

③ Steven M. Davidoff, Regulating Listings in a Global Market, 86 *N. C. L. Rev.* 89, p. 119.

④ Ibid..

⑤ Ibid..

异，而且要克服不同文化所造成的企业在治理结构、信息披露等方面的深层次差异。再次，囿于时代背景，诸多国家的证券法律制度仅规范境内企业，而往往无视或忽略境外企业境内上市的特殊性，从而使得境外企业境内上市变得无法可依。[1] 最后，企业管理层基于寻租的考虑，可能会做出与投资者所希望的上市地相背离的决策。在上市地点选择过程中，这一点往往发挥着重要的作用。"尽管不存在其他障碍，适用的法律也可以自由选择，由于管理机会主义及寻租可能，企业仍会选择在并不理想的资本市场上市。"[2] 正是看到了这一点，有学者称："对境外企业的控制股东而言，关键的问题是上市之后所舍弃的私人利益是否超过股票价值上升所带来的收益以及在美上市所减少的资本成本。"[3] 概言之，由于受到上述因素的影响，境外企业在选择上市地点时并没有出现趋同的现象，而是出现了分化的局面。"这些外部性叠加的效果使得单个企业的上市程序独具特色。基于自身地位，每一企业具有自身不同的利益选择和上市方式。"[4]

3. 监管者

在趋于国际化的资本市场中，投资者与企业对此反应较迅捷，纷纷希望借国际化的渠道以获取更多的利润。相比之下，国家的证券监管者则是典型的保守偏爱类型的机构。换言之，在调整证券市场进程中，监管者往往注重调整境内企业以及本国投资者，对境外企业在境内上市则抱持漠不关心甚至是反感的态度。正如学者所言："监管者的目标是在基本法律框架范围内监管本国资本市场，并保护参与者的合法权益；对该机制可能引发多少境外企业境内上市则漠不关心。"[5] 作为资本市场监管的"垄断

---

[1] 例如，按照学者的观点，德国证券交易所（Deutsche Börse）的上市条件主要规制德国公司，从而使得该规定适用于其他国家（尤其是英美法系）的公司时变得捉襟见肘。Mark I. Steinberg & Lee E. Michaels, Disclosure in Global Securities Offerings: Analysis of Jurisdictional Approaches, Commonality and Reciprocity, 20 *Mich. J. Int'l L.* 207, pp. 210-224 (1999).

[2] Steven M. Davidoff, Regulating Listings in a Global Market, 86 *N. C. L. Rev.* 89, p. 122.

[3] John C. Coffee, Jr., Law and the Market: The Impact of Enforcement, 156 *U. Pa. L. Rev.* 229, p. 232 (2007). 通常情况下，绝大多数在美上市的境外企业都有控制股东，同时该公司注册所在地法律基于上市的需要允许其从公司中抽取一定的利益。John C. Coffee, Jr., Law and the Market: The Impact of Enforcement, 156 *U. Pa. L. Rev.* 229, p. 232 (2007).

[4] Steven M. Davidoff, Regulating Listings in a Global Market, 86 *N. C. L. Rev.* 89, p. 122

[5] Steven M. Davidoff, Regulating Listings in a Global Market, 86 *N. C. L. Rev.* 89, pp. 124-125.

者",证券监管者根本没有动力从国际资本市场的角度以及强化竞争的视角及时调整其法律规范,相反,却往往肆意使用其监管权不断增加对国内被监管者的监管力度。①

4. 证券交易所

随着证券交易所"公司化"进程的不断推进以及全球范围内证券交易所并购趋势的强化,竞争已成为证券交易所发展的主旋律,而要在竞争中立于不败之地,获取利润成为其本身发展的圭臬。② 作为证券市场的枢纽,证券交易所的竞争必然有力地推动一国证券市场法律制度建设,进而不断提升证券市场的整体质量。

综上,投资者希冀能够为他们提供国际化的多样投资机会、基本的保护型权利、执法能力强以及有效率的资本市场;对企业而言,由于其需求的多元化,再加上企业自身特点及内生偏好,应提供满足不同企业需求的跨境上市场所。对证券交易所而言,获取更多的上市资源以及交易量则是它们追求的目标。③ 认真分析并重视上述证券市场参与主体的需求,适时进行相关法律制度的修改,不仅是监管者的重要职责,也是一个合格的证券监管者应负的责任。如若无视或怠于履行这一重任,则必将导致证券市场竞争力的削弱,从而使构建一个成熟且有竞争力的证券市场的目标变得虚无缥缈。在这一方面,SEC 在某种程度上就是一个"反面教材",在学者看来,作为监管者的 SEC 并没有满足上述主体的诸需求,在很大程度上"导致过分监管、疏于监管、错误监管,从而削弱了美国在全球资本市场中的竞争力"。④

---

① William J. Carney, Introduction to the 2003 Randolph W. Thrower Symposium: Business Law: The Impact of Competition on Regulation, 52 *Emory L. J.* 1285, p. 1287 (2003). 有学者说:"在垄断型监管体制下,他们往往迷恋于追求自身官僚利益的增加,而将公共利益抛却脑后。" Frederick Tung, From Monopolists to Markets?: A Political Economy of Issuer Choice in International Securities Regulation (2002) 2002 *Wis. L. Rev.* 1363, p. 1382.

② 有关全球证券交易所的并购、公司化问题的论述,可参阅徐明、卢文道《从市场竞争到法制基础:证券交易所自律监管研究》,《华东政法学院学报》2005 年第 5 期;卢文道《证券交易所自律管理理论》,北京大学出版社 2008 年版;李海龙《全球并购背景下的证券交易所》,《清华法学》2014 年第 3 期。

③ Steven M. Davidoff, Regulating Listings in a Global Market, 86 *N. C. L. Rev.* 89, p. 153.

④ Ibid..

二 多元化的证券市场监管：模式分类与定位选择

二战之后，在包括证券在内的金融领域中，美国取得并牢牢地保持着优势地位。然而，近些年来，学者普遍认为美国的这种优势地位已慢慢开始被侵蚀。[①] 换言之，尽管美国仍旧拥有世界上市值最大的证券交易所及最为发达、完善的证券市场法律制度，但是，与此同时，诸多国家的证券市场也日益成熟，并逐渐形成了证券市场相互竞争的格局。[②] 现如今，在全球范围内，各证券交易所所制定的上市条件各不相同，以监管严格程度为标准，可以将其分为监管松散、适中监管以及监管严格三种基本的监管模式。世界上主要证券交易所的上市条件比较如下图所示：

交易所	上市标准	规模 市值	规模 股东权益	规模 现金流量	销售额（收入）	盈利 上年	盈利 3年	公众股 人数	公众股 比例	公众股 市值
HKEX	盈利	25.70	—	—	—	2.57	6.42	—	29%	6.42
	收入	514	—	—	64.25	—	—	1000	29%	6.42
	现金流量	257	—	12.85	64.25	—	—	300	29%	6.42
KRX	收入	17.96	8.98	—	26.93	2.24	4.49	1000	29%	—
	市值	89.78	—	—	44.89	—	—	1000	29%	—
	现金流量	89.78	—	1.80	44.89	—	—	1000	29%	—
NYSE	盈利	—	—	—	—	25	100	5000	29%	100
	市值	500	—	25	100	—	—	5000	29%	100
	收入	750	—	—	75	—	—	5000	29%	100
NASDAQ	盈利	—	15	—	—	1	—	400	—	8—20
	权益	—	30	—	—	—	—	400	—	8—20
	市值	75	—	—	—	—	—	400	—	8—20
	收入	75	—	—	75	—	—	400	—	8—20

[①] Craig Doidge et al., Why Are Foreign Firms Listed in the U.S. Worth More?, 71 *J. Fin. Econ.* 205, 206 (2004); Robert G. DeLaMater, Recent Trends in SEC Regulation of Foreign Issuers: How the U.S. Regulatory Regime is Affecting the United States' Historic Position as the World's Principal Capital Market, 39 *Cornell Int'l L. J.* 109, 109 (2006).

[②] World Federation of Exchanges, 2011 Market Highlights 6 (2012), http://www.world-exchanges.org/statisucs.

续表

交易所	上市标准	规模			销售额（收入）	盈利		公众股		
		市值	股东权益	现金流量		上年	3年	人数	比例	市值
AMEX	盈利	—	4	—	—	0.75	—	—	—	3
	权益	—	4	—	—	—	—	—	—	15
	市值	50	4	—	—	—	—	—	—	15
	规模	75	—	—	75	—	—	—	—	20

资料来源：各大证券交易所网站。

（一）松散型监管模式（The Low Regulation Model）

这一模式的典型代表是英国伦敦证券交易所推出的"另类投资市场"（Alternative Investment Market，以下简称"AIM"）。设立之初，AIM 仅是一个为企业公开募集资本的小盘股市场。[1] AIM 并不是简单地仰仗于伦敦证券交易所的名气，由于它宽松的上市条件，因此一度被视作相当具有吸引力的上市选择地点。"AIM 的成功是因为其向市场提供了一种稀缺产品：向具有高成长潜力的小型企业提供低成本、快捷进入证券市场的通道。"[2] 另一方面，在 AIM 上市的公司在适用相关条件时具有较大的灵活性、可伸缩性以及较强的自律性。[3] 正如学者所言："AIM 避开了在英国执行的欧盟指令中的绝大多数强制性规定以及伦敦证券交易所制定的适用于上市公司的规则。"[4]

AIM 之所以规定如此灵活、宽松的条件，有一个关键的制度作为保

---

[1] Jose Miguel Mendoza, Securities Regulation in Low-Tier Listing Venues: The Rise of the Alternative Investment Market (Aug. 2007) (unpublished manuscript), available at http://ssrn.com/abstract=1004548.

[2] Jose Miguel Mendoza, Securities Regulation in Low-Tier Listing Venues: the Rise of the Alternative Investment Market, 13 *Fordham J. Corp. & Fin. L.* 257, p. 287. 在 AIM 上市的公司的市值平均为700 万美元，而在纳斯达克上市的公司平均市值则达到 10 亿美元。

[3] Jose Miguel Mendoza, Securities Regulation in Low-Tier Listing Venues: the Rise of the Alternative Investment Market, 13 *Fordham J. Corp. & Fin. L.* 257, p. 295. 按照 AIM 的规定，意欲上市的企业可不受制于其规定的准入条件；上市之后其所需遵循的要求以及履行的义务也远远少于其他交易所的规定；有关公司治理的条款不具有强制性。

[4] Jose Miguel Mendoza, Securities Regulation in Low-Tier Listing Venues: the Rise of the Alternative Investment Market, 13 *Fordham J. Corp. & Fin. L.* 257, p. 296.

第六章 框架结构：我国跨境上市法律制度的构建

障。申言之，按照 AIM 的规定，意欲上市的企业除需确定提名咨询人（nominated advisor）并提交准入证明文件之外，再无其他实质性的要求。[①] 可以说，提名咨询人系在 AIM 上市的关键，它负责辅导企业完成上市的各种条件，同时，它也成为该上市企业的重要担保主体。"提名咨询人在确保 AIM 市场健全方面发挥着重要作用。基于其连接公司与投资者之间的纽带功能，它能在信息披露的时间选择、披露方式以及信息披露内容等方面向上市公司提供重要建议。"[②] 由于所设条件较宽松、灵活，AIM 吸引了大量境外企业前来上市。据统计，1995 年 AIM 设立时只有 10 家英国的上市公司，然而截至 2010 年年底，在这里上市的公司达到 1182 家，而且外国公司就达 226 家，其增长速度可谓惊人。正因如此，这一模式一度成为其他国家证券交易所模仿、学习的对象。例如，意大利、以色列、德国等均设立了类似的证券交易场所。[③]

当然，需要注意的是，AIM 自身也有其缺陷。在 AIM 上市的证券的高波动性、流动性不足以及价差较大等历来被学者所诟病。[④] 尽管如此，AIM 的确形成了自己独特的竞争力，在资本总额规模较小的企业这一领域中，它已然成为这些企业所青睐的地方。而且，相较于其他吸引中小企业的证券市场而言，它对企业类型的要求更宽泛，并不仅限于高科技企业，从而大大增加了可选择的空间。

[①] 按照 AIM 的规定，如果该企业此前在指定的市场上市已经超过 18 个月，则提交准入证明这一规定不再需要遵守。

[②] Jose Miguel Mendoza, Securities Regulation in Low-Tier Listing Venues: the Rise of the Alternative Investment Market, 13 *Fordham J. Corp. & Fin. L.* 257, p. 309.

[③] 2003 年，Borsa Italiana 设立 Mercato Expandi；2005 年，以色列证券交易所设立 Irish Enterprise Exchange；2005 年，Euronext 设立 AAlternext 板块；2005 年，德国证券交易所设立 Eentry Standard segment；2007 年，Nordic OMX 设立 First North segment。Jose Miguel Mendoza, Securities Regulation in Low-Tier Listing Venues: the Rise of the Alternative Investment Market, 13 Fordham J. Corp. & Fin. L. 257, p. 286. 对于其他效仿者，有学者这样说道："2007 年 10 月，东京证券交易所宣布将与英国伦敦证券交易所合作，通过借鉴 AIM 模式，在现有创业板之外新建一个针对新兴企业的市场……2007 年 12 月，新加坡交易所将 SESDAQ 整体转化为新的'凯利板'。"曲冬梅：《国际板市场标准的定位》，《法学》2011 年第 6 期。

[④] Steven M. Davidoff, Regulating Listings in a Global Market, 86 *N. C. L. Rev.* 89, p. 138. 按照学者的观点，这些负面后果在监管松散的小型资本市场中普遍存在。Frank B. Cross & Robert A. Prentice, The Economic Value of Securities Regulation, 28 *Cardozo L. Rev.* 333 (2006).

(二) 适中型监管模式 (The Middle Regulation Model)

这一类型主要集中在欧洲与亚洲的资本市场。例如，伦敦证券交易所、香港证券交易所、德国证券交易所、纽约证券交易所皆属此列。[①] 根据企业股权是否集中，又可以将这一模式划分为股权集中型与股权分散型两个子类型。在欧洲资本市场中，英国的伦敦证券交易所上市的企业多属股权分散型的企业，而在欧洲大陆以及亚洲资本市场上市的企业多属于股权集中型企业，其中较为典型的有日本的东京证券交易所和德国证券交易所。[②] 在适中型监管模式中，与美国形成竞争的主要是英国伦敦证券交易所、德国证券交易所。随着欧洲以及亚洲资本市场的不断发展，包括香港证券交易所、东京证券交易所等在内的交易所都极有可能对美国证券市场构成严峻挑战。2002 年，美国 SOX 法案颁布之后，情况更是朝着有利前者的方向发展。"SOX 规定了较高的规制成本，尤其使小型公众公司的负担加重。这一法案导致的结果是：诸多企业不打算在此上市，同时还有诸多已上市的公司准备私有化并退市。"[③]

这里以英国为例来说明适中型监管模式与以美国为典型代表的严格型监管模式的差异。从境外企业跨境上市这一视角来看，按照学者的考察，英国适用于境外企业跨境上市的条件远松于适用于境内企业的相关规定。根据英国法律的规定，境内企业应当满足保护投资者权益的相应条款，然而这一标准对境外企业则不适用。例如，在证券上市交易这一方面，按照英国上市规则要求，境外企业无须遵守境内企业需要服从的中小股东权益保护条款。换言之，在英国跨境上市的境外企业只需要满足如下条件即可：第一，已在被认可的公开市场上市；第二，确保最低比例的股份由公众所持有；第三，选择同一类型的已经上市的证券再次上市交易；第四，向英国金融服务局 (The Financial Services Authority，简称 "FAS") 提供

[①] 纽约证券交易所有本国和全球两套上市标准。本国标准较为严格，属于严格型监管模式之列，而全球上市标准则属于适中型监管模式。按照学者的说法，存在这种区别是因为："随着其他交易所的兴起，上市资源竞争压力的增大，纽交所过于严格的上市条件成为许多外国公司上市的障碍。为此，纽交所开始和 NASDAQ 一起游说美国证监会，要求放松对外国公司的上市要求。" 曲冬梅：《国际板市场标准的定位》，《法学》2011 年第 6 期。

[②] Steven M. Davidoff, Regulating Listings in a Global Market, 86 *N. C. L. Rev.* 89, pp. 140-141.

[③] Stephen M. Bainbridge, Sarbanes-Oxley: Legislating in Haste, Repenting in Leisure 15 (UCLA Sch. of Law, Law-Econ. Research Paper No. 06-14, 2006, p. 13.

第六章　框架结构：我国跨境上市法律制度的构建

相应的资料和文件。①

（三）严格型监管模式（The High Regulation Model）

毋庸置疑，美国是这一类型的典型代表。这一方面体现在对证券交易与上市规定的繁多、复杂，②另一方面体现在执法、法律救济相对苛刻。③除了美国，也有其他国家的证券市场试图朝着这一方向改革和尝试。其中最具代表性的则属德国证券交易所（Deutsche Börse）推出的"Neuer Markt"以及巴西圣保罗证券交易所（BM&F Bovespa）推出的"Novo Mercado"。上述两个新型的市场所规定的上市条件都极为严格（在诸多方面已经超越美国），试图以此来吸引来自国内外的知名企业前来上市。下面对这两种改革尝试予以简要阐释。

1. 德国新市场（Neuer Markt）

"Neuer Markt"设立于1997年，曾经一度发展迅速。④设立之初，它就将自身定位于像美国的纳斯达克那样的证券交易市场，因此曾经吸引过诸多境外高科技企业来此上市。⑤该市场以上市标准的严格和透明著称，它要求所欲上市公司用英语和德语两种语言披露季报，并采用IAS或者GAAP编写财务报表。⑥然而，2001年至2002年，科技泡沫的破裂造成了"Neuer Markt"市值下降90%的惨重损失，再加上由此所引发的其他丑闻，到2003年，"Neuer Markt"已斯文扫地，彻底破碎。是年年初，该市场关闭，并将剩余上市公司并入德国证券交易所主板，按照主板的标准和条件予以管理。⑦至此，德国证券市场的这一改革以失败而告终。

---

① John C. Coffee, Jr., Law and the Market: The Impact of Enforcement, 156 *U. Pa. L. Rev.* 229, n20.

② Stephen M Bainbridge, Corporate Governance and U. S. Capital Market Competitiveness (UCLA School of Law, Law – Econ Research Paper No. 10 – 13, 2010), available at http://ssrn.com/abstract = 1696303, p. 13.

③ John C. Coffee, Jr., Law and the Market: The Impact of Enforcement, 156 *U. Pa. L. Rev.* 229, p. 309 (2007).

④ 数据显示，2000年11月27日，在此上市的公司共318家，市值达1600亿美元。

⑤ 20世纪90年代，试图模仿纳斯达克以吸引更多高成长型企业的尝试陆续在欧洲展开。这些市场都规定了较高的要求和条件，最后的结果是陆续关闭或转移到其他板块。Jose Miguel Mendoza, Securities Regulation in Low – Tier Listing Venues: the Rise of the Alternative Investment Market, 13 *Fordham J. Corp. & Fin. L.* 257, pp. 290–291.

⑥ 曲冬梅：《国际板市场标准的定位》，《法学》2011年第6期。

⑦ Steven M. Davidoff, Regulating Listings in a Global Market, 86 *N. C. L. Rev.* 89, p. 1441.

2. 巴西新市场（Novo Mercado）

近几年来，巴西在公司治理改革方面花费了不少力气。众所周知，巴西的大型公司通常为国有或家族企业，治理结构存在着较为严重的问题。另外，20世纪初在公司领域不断爆出的丑闻也使政策制定者格外关注公司治理问题。① 尽管已经发现本国证券法律存在的严重缺陷，但修改法律的过程却较为漫长，而且在此过程中存在的争议较多，从而使得立法修改变得异常艰难。面对这样的情况，巴西证券交易所试图通过设立 Novo Mercado 以最快的速度阻止本国企业纷纷前往境外上市的步伐。

在这一理念的指导下，"Novo Mercado"由巴西圣保罗证券交易所于2000年12月设立。② 该市场的设立旨在吸引国内及拉美地区中小型企业前来上市，如同"Neuer Markt"一样，"Novo Mercado"也制定了严格的上市条件。当然，与"Neuer Markt"不同，"Novo Mercado"并不仅是高科技企业的孵化器，它重在提升所有愿意遵循该市场基本条件的企业的公司治理结构。③

为配合公司治理改革战略的推进，"Novo Mercado"制定了严苛的上市条件，其中最具特色的当属它制定了比本国公司法更为严格的上市条件，而这些条件多与公司治理密切相关。具体而言，"Novo Mercado"所规定的条件主要包括如下几个方面：第一，上市条件。④ 要

---

① William W. Bratton & Joseph A. McCahery, The Equilibrium Content of Corporate Federalism 43 (Eur. Corp. Gov. Inst., Law Working Paper No. 23, 2004), available at http://ssrn.com/abstract = 606481.

② 2002年，《纽约时报》曾这样记述时任巴西证券交易所主席的 Magliano 的改革意图，"我们希望将巴西证券交易所进行适应市场化的改革……我们是改革者，同时我们将点燃改革的火花。"然而，自1997年至2002年，每天平均交易量从10亿美元跌至2000万美元。旨在拯救市场的改革结果导致了市场流动性的下滑。John C. Coffee, Jr. Racing towards the Top?: The Impact of Cross-listings and Stock Market Competition on International Corporate Governance, 102 Colum. L. Rev. 1757, p. 1766.

③ 为了强化对企业的吸引力，巴西证券交易所除了规定传统的上市条件之外，还设立了三种特殊的上市板块，即公司治理Ⅰ、公司治理Ⅱ及 Novo Mercado。其中，第一种类型仅仅需要符合信息披露与透明度的标准，无须对公司治理结构进行更改。

④ 第一，公司权益由普通股组成；第二，所有股东均具有投票权；第三，股票至少占流通权益资本的25%；第四，没有利益参与者。

第六章　框架结构：我国跨境上市法律制度的构建

在"Novo Mercado"上市，公司除了要满足巴西证券交易所规定的条件之外，还必须满足其制定的更加严格的条件。所有这些条件旨在大幅提升公司治理品质。第二，信息披露。同样，在"Novo Mercado"上市，除了要达到巴西证券交易所有关信息披露的规定，还必须满足"Novo Mercado"所提出的更高要求。[①] 第三，有关控制股东、董事会及管理层的规定。有关控制股东、董事会以及管理层的相关规定旨在防止内幕交易、严重自我交易以及利益冲突行为的发生。[②] 第四，公开发行证券的规定。通过公开发行的方式以分散股权是巴西公司治理的重要方面。

简言之，公司治理在强化公司股份流动性以及促进资本市场发展方面具有重要的意义。巴西证券交易所以及其所设立的"Novo Mercado"都朝着这一方向努力。当然，尽管付出了不少心血，但是按照学者的观点，这一市场的设立并没有取得预想的结果。[③] 据统计，到2002年2月只有一家公司在此处上市。到2006年年底，国内外上市公司的数量也只有45家。截至2010年12月，巴西圣保罗证券交易所全部国外上市公司的数量只有8家。[④] 从当前情况看，并不乐观，当然，其最终效果如何，还有待进一步的观察和实证分析。

（四）对不同监管模式的简要评析

对于这一问题，有学者指出："在理想的资本市场中，面对需求的多元化，资本市场的最优竞争定位应当是提供一系列选择可能以满足企业不同的需求。"[⑤] 在这一方面，无论是伦敦证券交易所的 AIM、香港证券交易所的"Growth Enterprise Market"，还是德国证券交易所推行的"Neuer

---

[①] 信息披露的内容：第一，统一化的财务报表；第二，现金流证明材料；第三，股份超过公司资本5%的股东权益情况；第四，控制股东直接或间接股东情况，董事会成员情况；第五，公司发行股票份额与公司流通股份额比例。

[②] John William Anderson, Jr., Corporate Governance in Brazil: Recent Improvements and New Challenges, 9 *L. & Bus. Rev. Am.* 201, p. 215 (2003).

[③] 有学者说"Novo Mercado"仅是理论上的大胆想法，实际上没有多少企业打算在这一市场上市。Robert A. Prentice, Regulatory Competition in Securities Law: A Dream (That Should Be) Deferred, 66 *Ohio St. L. J.* 1155, p. 1199 (2005).

[④] 曲冬梅：《国际板市场标准的定位》，《法学》2011年第6期。

[⑤] Steven M. Davidoff, Regulating Listings in a Global Market, 86 *N. C. L. Rev.* 89, p. 148.

Markt"都是朝着这一方向迈进的典型代表。① 换言之,这些证券交易所在已有的传统证券上市交易业务基础上,皆推出了满足不同企业需求的新型板块,从而在最大程度上吸引境外企业前来上市。证券交易所上市板块不断丰富后,能满足不同需求企业的上市要求。与此同时,可供意欲上市的企业选择的市场并不单一,尤其是在松散型监管模式与适中型监管模式层面,已形成了较为激烈的竞争格局,尽管在严格型监管模式领域,其他国家证券市场仍无法与美国相抗衡。② 也就是说,"在可供选择的范围内,小型企业倾向于在监管松散型资本市场上市,同时中等及较大企业倾向于在监管适中型市场上市。"③ 正是看到了这一点,有学者认为"基于企业跨境上市原因的多样性,在适中型监管模式中提供可能选择的能力是一个重要的竞争优势"。④

在证券交易所致力于多元化建设进程中,美国的证券交易所针对企业上市采取"一刀切"的呆板做法颇显落伍。对此,有学者曾称:"美国已将松散型监管市场拱手相让。同时,如我们看到的那样,在适中型监管市场中,随着其他市场的不断成熟以及这些市场所赋予的股票溢价与美国市场的相靠拢,美国正在丧失其竞争优势。"⑤

综上,无论是香港证券交易所、伦敦证券交易所等的成功经验,还是美国证券交易所做法单一的缺陷,都在向我们提醒着我国证券市场走向多样化发展道路的必要性、紧迫性这样一个道理。只有如此,才能较好地满足不同企业(包括境外企业)的多样化发展需求。"证券交易场所配置不同强度的监管规范能够满足不同类型企业和投资者的需求,而且不会破坏市场的完整性。"⑥

---

① Steven M. Davidoff, Regulating Listings in a Global Market, 86 *N. C. L. Rev.* 89, p. 150. 尽管美国纳斯达克也试图进行如同德国那样的分层处理,但由于美国基准条件过高,因此并没有取得成功。

② Steven M. Davidoff, Regulating Listings in a Global Market, 86 *N. C. L. Rev.* 89, p. 145.

③ Steven M. Davidoff, Regulating Listings in a Global Market, 86 *N. C. L. Rev.* 89, pp. 147-148. 按照学者的观点,中型及较大型企业不愿意在监管松散型的市场上市。Steven M. Davidoff, Regulating Listings in a Global Market, 86 *N. C. L. Rev.* 89, p. 149.

④ Steven M. Davidoff, Regulating Listings in a Global Market, 86 *N. C. L. Rev.* 89, p. 150.

⑤ Ibid., p. 151.

⑥ Jose Miguel Mendoza, Securities Regulation in Low-Tier Listing Venues: the Rise of the Alternative Investment Market, 13 *Fordham J. Corp. & Fin. L.* 257, p. 261.

三 我国境外企业跨境上市监管模式选择：他国的经验及启示

（一）跨境上市监管革新尝试：来自互认制度的经验

如前所述，互认制度具有独特的优势，这也使得该制度在当今社会中被广泛运用。最早使用这一制度的当属欧洲，自 20 世纪 80 年代末期开始，它成为一种克服欧洲国家之间在金融领域中存在障碍的重要方法。1991 年，美国与加拿大所签订的 MJDS、2008 年美国与澳大利亚所签订的互认协议（针对对方证券交易所与证券经纪商在本国开展证券业务）、2006 年澳大利亚与新西兰签订的互认协议（针对证券发行）以及澳大利亚与我国香港特区所签订的互认协议（针对集合投资计划）等皆属对这一制度践行的典型事件。除此之外，这一制度也将在东南亚国家联盟（Southeast Asian Nations，简称"ASEAN"）资本市场建设过程中发挥重要作用。[①]

当然，需要提醒的是，无论是已经实施的互认制度，还是尚在构想中的互认制度，在其具体的实施中均会遇到各种难题。例如，在执行互认协议过程中，过分注重如何进入对方证券市场，而忽视或者故意避开原本相互承认且应承担的保持严格监管及开放自身市场的义务。而且，在签订互认协议后，一国很难发现对方遵守相关约定的情况，加上法律存在频繁修改的可能，因此将会带来诸多不确定性。[②] 学者对欧盟等运用互认制度比较成熟的国家（地区）考察后得出如下基本启示：互认制度在使用过程中如要取得成功，应有一个超越国家的机构协调在互认过程中出现的诸种问题。换言之，要解决并避免如上所阐述的采行互认制度之后可能出现的问题，各国应当授权集体性的机构行使一定的立法权、监管权以及执行权。[③]

然而，除欧盟之外，其他国家间所签订并实施的互认制度，均无法达

---

① Press Release, ASEAN Capital Markets Forum, Implementation Plan Endorsed at the 13th ASEAN Finance Ministers Meeting (April 9, 2009), available at hrtp://www.theacmf.org/ACMF/report/ImplementationPlan.pdf, p.58.

② Pierre-Hugues Verdier, Mutual Recognition in International Finance, 52 *Harv. Int'l L. J.* 55 2011, p.59.

③ Ibid., p.60.

到上述要求与条件,因此,这一制度要在除欧盟之外的国家间发挥一定的作用尚存在不少实质性困难。就这一制度而言,如下几点具有较大的启示意义:第一,参与签订互认制度的各国应当是金融市场发展成熟的国家,而且相互之间的监管目标、监管水平及执行能力相似;第二,市场彼此间必须有足够的需求以吸引境外金融服务机构提供相应的服务;第三,在监管与执行领域,除了相互间的备忘录以及 IOSCO 等国际组织的支持与指导外,还需要提供更加强大的跨境合作;第四,在互认制度中,一国旨在提升他国监管水准的做法将使这一制度不能发挥其应有的效果。①

基于如上几点启示,并结合我国的实际情况,可以得出如下几点结论:第一,适用互认制度的重要前提是参与签订互认协议的国家间在法律上具有相当的相似性,彼此之间在具体制度上具有某种程度上的可对比性。第二,尽管参与互认协议签订的国家在法律制度上具有较大相似性,但不能由此过分夸大其在促进国家间证券法律制度融合方面的功效。第三,发展中国家加入互认协议的可能性不大,即便加入也要付出更多的成本,尤其是要对现行法律制度体系进行革新。② 第四,为了确保其他国家维持令人满意的规制标准和监管措施,双方应当签署"备忘录"(memorandum of understanding)。另外,由于证券市场情况变化莫测,学者认为即使签订了备忘录,对对方监管情况的动态调查以及定期的制度评估也是极为必要的。③

(二)合理监管模式与标准的确定:成功经验及失败教训

1. 英国 AIM 的成功经验

可以说,在很大程度上,英国伦敦证券交易所推出的 AIM 取得了成功。在争夺上市资源过程中,尽可能降低其对企业上市的标准,从而吸引了更多的境外企业前来上市。AIM 大胆降低上市要求的做法,尽管遭到了学者的猛烈攻击,例如,有学者认为 AIM 宽松的信息披露规定和公司治

---

① Pierre-Hugues Verdier, Mutual Recognition in International Finance, 52 Harv. Int'l L. J. 55 2011, p. 60.

② Ibid., p. 107.

③ Eric Pan, The New Internationalization of US Securities Regulation:Improving the Prospects for a Trans-Atlantic Marketplace, Benjamin N. Cardozo School of Law (working paper No. 217), http://ssrn.com/abstact=1089491, p. 11.

理标准，极易诱发市场操控、欺诈行为。① 但是，英国证券市场健全的中介机构有足够的能力保证证券上市活动的正常运行以及整个市场的安全、稳健。"英国 AIM 的快速发展与英国对 AIM 宽松的监管环境，从财政到税收一整套的政府支持以及终身保荐人制度的设立密不可分。"② 可以说，英国 AIM 的成功与英国整个金融制度体系的保障与支撑分不开。如果抛开这一大背景，任意调整、改变上市条件及相关制度，则只能陷入"盲人摸象"的片面境地。

2. 德国、巴西的失败教训及启示

与英国伦敦证券交易所的 AIM 不同，无论是德国证券交易所推出的"Neuer Markt"，还是巴西圣保罗证券交易所推出的"Novo Mercado"，针对前来上市的企业皆制定了较高的上市标准。就前者而言，旨在打造成为高成长企业最优上市场所，"Neuer Markt"声称自己是欧洲"最规范的市场"（most regulated market），注重强调其严格的信息披露与透明化条件。③然而，非常不幸的是，自 1999 年年底开始，Neuer Markt 经历了丑闻事件的侵扰，市值下降达 73%，损失极为惨重。其间，尽管相关方面采取了多种应对措施，但仍无力回天，"Neuer Markt"风光不再，德国证券交易所最终决定在 2003 年年底关闭这一市场。

值得反思的是，"Neuer Markt"快速成长又迅速垮塌的历程与其上市企业类型单一不无关系，所有企业的股票均具有低股价、高风险的特点，当一家企业出现问题时，极易产生"多米诺骨牌"效应。④ 对于"Neuer Markt"的迅速垮塌，有学者认为股票价格存在泡沫固然是其主要原因，但诸多喜欢宽松的上市与退市法律制度的企业缺乏对内幕交易以及违反这

---

① Iain Dey, You Have to Go Into AIM with Your Eyes Open, The Sunday Telegraph (London), June 18, 2006, at 6.

② 曲冬梅：《国际板市场标准的定位》，《法学》2011 年第 6 期。

③ Neuer Markt 的上市条件有：第一，企业会计标准采用 IAS 或者美国 GAAP；第二，每一季度完结后的两个月内公布季度财务报告；第三，每年至少召开一次分析师大会；第四，财务会计年度结束后的三个月内准备并公布经审计的财务报表；第五，存有至少 20% 的自由浮动现金流；第六，IPO 之后，企业内部人员经 6 个月的封闭期才能销售其所持股票份额；第七，披露公司、董事会成员、高级管理人员所有的股票交易行为。

④ John C. Coffee, Jr. Racing towards the Top?: The Impact of Cross-listings and Stock Market Competition on International Corporate Governance, 102 Colum. L. Rev. 1757, p 1805.

些规则有效惩处的事先公开制度可能也是一个不可忽视的因素。① 概言之，"Neuer Markt"失败带来的启示是："在短时间内试图借助具体的措施建立证券交易所的名声极为困难。与此相反，新兴板块名声的提升是需要付出相当成本的，其收益也将在长远的将来才能看到。投资者需要时间去学习、理解新兴市场板块的可靠性及可信赖度。"②

如果说 Neuer Markt 是德国希望模仿美国 NASDAQ 设立一个利于高科技企业成长的本土化孵化基地的话，那么，巴西"Novo Mercado"的设立则主要应对本国大量企业在美上市以及拉美证券市场流动性不高的不良局面。③"Novo Mercado"制定了较为严格的上市条件，并于 2000 年 12 月正式宣布运营，然而直至 2002 年 2 月第一家企业才在这一市场上市。④ 冷淡的市场反应不得不让人们思考如下问题：严格的上市条件以及公司治理制度是否同样能产生"约束效应"？对此，有学者称："新型证券交易所或其上市板块在同 NYSE 这样的老牌证券交易所竞争时面临不少困难。"⑤ 换言之，"Novo Mercado"的改革实验表明："尽管设立了严格信息披露制度，但是新兴市场中的企业并不愿意进行实质性的公司治理改革。"⑥ 与此相反，NYSE 针对境外企业上市却豁免了诸多公司治理方面的规定，因此颇受它们的青睐。

综上，不论是英国 AIM 革新取得成功的事实，还是德国"Neuer Markt"及巴西"Novo Mercado"尝试失败的事实均表明制定科学、合理的监管模式以及相应的上市标准，都应基于本国国情，利用已有的优势通过制度完善补充其不足，形成有关境外企业跨境上市完善的制度体系，从而保证在较长的时间跨度里证券市场的稳健运行。申言之"不管是 AIM

---

① Hans-Peter Burghof, Adrian Hunger, Access to Stock Markets fo Small and Medium Sized Growth Firms: The Temporary Success and Ultimate Failure of Germany's Neuer Markt, p. 22.

② Ibid., p. 25.

③ 巴西证券交易所的交易量一度从 10 亿美元跌至 1500 万美元。

④ "Novo Mercado"规定的上市条件有：第一，不发行没有投票权的股票，并遵循"一股一权"规则；第二，保持至少 25% 的自由浮动现金流；第三，赋予股东"跟随权"，非控制股东有权按照同一规定在同一时间向控制股东转让其股份；第四，每年股东大会选举全部的董事会成员。

⑤ John C. Coffee, Jr. Racing towards the Top?: The Impact of Cross-listings and Stock Market Competition on International Corporate Governance, 102 Colum. L. Rev. 1757, p. 1807.

⑥ Ibid., p. 1808.

的功成名就,还是德国新市场的黯然离场,在外国公司上市标准的选择上,并不存在普遍适用的成功模式,成功的基础根植于一国的国情,成功的关键是对证券市场环境变化的及时反应。"①

(三) 最严格监管标准的适用:来自美国的经验及启示

1. 证券监管标准的强化

毋庸置疑,美国证券领域的立法是世界上最严格的。② 近几年来,有学者将美国证券市场优势地位的式微归因于其繁琐法律规范带来的制度成本,"造成这一趋势的重要原因在于与其他发达及应予重视证券市场中心相比,美国的遵守制度的成本以及责任风险不断增加。"③ 详言之,就责任风险(liability risk)而言,美国有关反证券欺诈的详尽、严格条款为集团诉讼、派生诉讼提供了法律依据。随着诉讼数量的不断攀升,将给境外企业带来更大的压力,在一定程度上会对美国证券市场的竞争力造成一定的损伤。④ 另一方面,与其他国家相比,在美国证券市场从事证券发行、上市交易行为,由于市场监管主体的多元化,因而需要遵守数量惊人的复杂条款及制度规定。针对这一情形,有学者曾言:"这一'拼盘式'结构与美国证券市场超常规及国际化发展趋势不相契合。"⑤

就境外企业跨境上市而言,假如境外企业在一定程度上由于美国证券市场的过分监管而不再选择前往,美国是否应当正视这一事实,并在缓解过于严厉的监管问题上有所作为呢?申言之,保护投资者合法权益的边界在哪里?如何平衡吸引境外企业前来跨境上市与保护投资者权益之间的关系?⑥ 针对美国证券市场明显增加了企业制度成本这一问题,也有诸多学

---

① 曲冬梅:《国际板市场标准的定位》,《法学》2011 年第 6 期。

② Natalya Shnitser, A Free Pass for Foreign Firms? An Assessment of SEC and Private Enforcement against Foreign Issuers, 119 *Yale L. J.* 1638, p. 1642.

③ Stephen M Bainbridge, Corporate Governance and U. S. Capital Market Competitiveness (UCLA School of Law, Law-Econ Research Paper No. 10-13, 2010), available at http://ssrn.com/abstract=1696303, p. 6.

④ Ibid., p. 7.

⑤ U. S. Chamber of Comm., Capital Markets, Corporate Governance, and the Future of the U. S. Economy (2006), p. 5.

⑥ Steven M. Davidoff, Regulating Listings in a Global Market, 86 *N. C. L. Rev.* 89, p. 92.

者建议缓和现行的严格规定以吸引更多的境外上市资源，至少在最大程度上保证本国企业仍旧愿意在国内上市。① 然而，由于受到诸如金融危机、经济萧条之类不可预测事件的影响，不断强化监管力度则成为监管者所使用的惯常手段。事实表明，对全球金融体制的重大介入均源自资本市场危机出现时，即在投机泡沫的破裂及公司丑闻爆出之时。② 其中，在证券法领域中最明显的表现就是对上市公司治理结构联邦层面立法的强化。对此，有学者用"棘轮效应"指称这一现象，在此过程中，"战争及严重违法往往诱发政府机构的膨胀，同时伴随出现的是税负的提高、监管力度的加大以及民事自由的丧失。"③

2. 美国证券市场的单一化趋势明显

在当今全球竞争的背景下，美国证券市场无法根据境外企业多样化的需求提供适合的多元上市选择，这与其他证券市场提供多元化的上市选择形成了鲜明对比。换言之，与伦敦证券交易所、德国证券交易所、香港证券交易所、东京证券交易所等面对经济发展的形势变化所采取积极应对措施不同，美国的证券交易所在吸引中小型企业方面灵活性明显不足，从而使得在这一领域中的诸多上市资源被其他国家证券交易所轻易获取。在一定程度上，这也能够解释为什么美国资本市场对境外企业的吸引力越来越小这一事实。

另一方面，尽管美国对境外企业境内上市制定了不少变通的规定，也陆续出台了不少豁免制度，但是所有这些统一适用于所有意欲在美上市的境外企业，并没有具体将这些企业予以划分，而是一视同仁地予以适用。例如，某一在伦敦证券交易所上市，并且按照英国立法组建的公司如要在美上市，其所适用的制度与依照菲律宾法律成立且在美国首次上市所适用

---

① Eric Pan, The New Internationalization of US Securities Regulation: Improving the Prospects for a Trans-Atlantic Marketplace, Benjamin N. Cardozo School of Law (working paper No. 217), http://ssrn.com/abstact=1089491, p. 8.

② John C. Coffee, Jr., Gatekeeper Failure and Reform: The Challenge of Fashioning Relevant Reforms 5 (Columbia Law & Econ., Working Paper No. 237, 2003), available at http://ssrn.com/abstract=447940.

③ Robert Higgs, Crisis and Leviathan: Critical Episodes in the Growth of American Government, pp. 150-156 (1987).

的法律制度并无二致的。① 就这样一种"一刀切"（one-size-fits-all）的做法而言，其弊端是非常明显的："某些境外企业可能会因 SEC 以及国内法律重复、冗赘监管而造成过度规制的后果，而那些来自发展中国家的境外企业事实上可能管制不够。"②

3. 豁免条款：从得利举措到蹩脚工具

在很长一段时间里，为了吸引更多境外企业在美跨境上市，豁免条款成为 SEC 实现这一目标的"利器"。境外企业一方面可以从美国实力雄厚的证券市场中募集其发展所需要的资金，同时还能在一定程度上"豁免"美国严苛的法律制度，因此，这一举措大幅提升了境外企业在美跨境上市的数量。然而，随着境外企业占在美上市数量比重的不断增大，如何考量境内企业与境外企业在适用法律上的差异化处理方式？如何平衡境内企业与境外企业在美国证券市场竞争中的关系问题？在这一过程中，SEC 曾犹豫不决，从而使得原本作为得力手段的豁免条款变成了不知该如何恰当使用的棘手工具。

事实上，20 世纪 80 年代末至 90 年代初，SEC 已经注意到境内企业与境外企业在上市方面的差异，并试着推出诸多豁免条款。随着豁免条款的不断增多，逐渐形成了与调整境内企业不同的另一套制度体系。然而，非常遗憾，SEC 并没有确立这一制度体系背后的指导原则，也没有对跨境上市竞争市场的机构或美国投资者多样化投资需求等问题做出回应和更深入的思考。换言之，在针对境外企业的美国规制体系的竞争性结构中，SEC 并没有形成可供坚信并贯彻始终的理论。相反，在一定程度上，却只有基于 SEC 所秉持的保护美国投资者的理念基础上所制定的散乱规定。③ 正因如此，有学者这样说道："SEC 对境外企业的不同监管体制的解释是唐突草率的。"④

4. 美国在证券市场竞争中的独特优势

对于美国立法者对证券市场采取严格监管的做法，"约束理论"持肯定态度。在该理论看来，尽管严苛的法律规定会"吓跑"一部分境外企业，然而，这一做法将会为美国经济发展提供低成本的资本，并确保证券

---

① Steven M. Davidoff, Regulating Listings in a Global Market, 86 *N. C. L. Rev.* 89, pp. 131-132.
② Ibid., p. 132.
③ Ibid., p. 152.
④ Alan R. Palmiter, Toward Disclosure Choice in Securities Offerings, 1999 *Colum. Bus. L. Rev.* 1, p. 48.

维持较高的价值。① "尽管其他证券市场可通过提供日益增长的流动性以及不断减少的监管与美国证券市场竞争,但是它们却无法提供较好的估值溢价(valuation premiums)。"② 可以说,基于美国严格的法律规定以及高效的执法体系,从宏观的视角看,它可以减少企业融资成本,提供更加稳健、有序的证券市场环境。

基于这一观点,美国的资本市场是否正在丧失其竞争力?对这一问题的回答有赖于如何界定"竞争"。按照学者的观点,"竞争"可以指吸引境外企业前来上市和发行的能力;"竞争"也可指减低资本成本的能力。尽管如上两种含义并不存在直接冲突,但它们之间却相互关联。放宽企业上市条件尽管可以吸引更多的境外企业前来上市,但由此可能会增加资本的使用成本。③ 也就是说,一方面是上市交易量的增加,另一方面却带来了资本使用成本的增加。证券专业人士从中获益,然而投资者和公众却遭受损失。同样道理,尽管如同美国那样的严格执法可以实现减少资本成本的目的,却无法更大程度上吸引更多企业前来上市。"公众利益与在证券市场中活跃着的证券专业人士及中介机构之间存在着基本利益冲突。"④

另一方面,尽管严格立法的确吓阻了意欲前往美国跨境上市的企业,也让部分已在美国上市的境外企业采取了退市的对策,但是美国立法者对此并非袖手旁观。相反,为了保持美国证券市场的竞争力,境外企业被允许进入美国证券市场,同时无须遵守诸多严苛规定以及 SEC 的监管就成为立法者所要思考的重要问题。在此背景下,包括 144A 等在内的私募手段以及离岸证券交易(Regulation S)自然成为在美国证券市场融资的"迂回"措施。事实证明,私募已成为那些希望避开在美证券市场公开发行、上市交易严格、繁多法律规定的主导方式,这在很大程度上保证了美国证券市场的吸引力和竞争力。⑤

---

① John C. Coffee, Jr., Law and the Market: The Impact of Enforcement, 156 *U. Pa. L. Rev.* 229, p. 230 (2007).

② Ibid., pp. 236-237 (2007).

③ Ibid., p. 308 (2007).

④ Ibid., p. 311 (2007).

⑤ 据统计,2005 年,境外企业通过私募所募集的资本数量是通过公开募集所募集的总额的 10 倍。John C. Coffee, Jr., Law and the Market: The Impact of Enforcement, 156 *U. Pa. L. Rev.* 229, p. 234 (2007).

(四) 我国境外企业跨境上市监管模式：基本背景与选择定位

1. 我国制定境外企业跨境上市制度的背景：必要性及不足

有学者曾言："中外股市都存在着下述三大定理。第一大定理是：'会有越来越多的公司上市'；第二大定理是：'会有越来越多的资金入市'；第三大定理是：'牛市总比熊市长'。"[①] 如果如上观点是确当的，那么就我国证券市场而言，应当"使越来越多的公司上市以扩大供给；使越来越多的资金入市以扩大需求"。[②]

我国从 2002 年 12 月开始施行 QFII 制度以来，2004 年允许外国公司到中国资本市场发行债券，2005 年开启破解制约证券市场发展的股权分置改革，2006 年允许外国投资者并购境内企业等举措，一直在积极稳妥地推进我国证券市场国际化。[③] 据央行 2014 年 6 月发布的《中国人民银行年度报告 (2013)》，2014 年将积极稳妥推进人民币资本项目科学兑换，进一步扩大合格境内机构投资者 (QDII) 和合格境外机构投资者 (QFII) 主体资格，增加投资额度；条件成熟时，取消资格和额度审批，将相关投资便利扩大到境内外所有合格机构。进一步言之，外国企业来我国国内证券市场上市是我国建设国际金融中心的需要。"当前正在酝酿和探索的境外企业在境内 A 股上市，正是实现建设多层次国际化资本市场的有效探索，是建设国际金融中心的必要途径。"[④] 在学者看来国际金融中心之所以称为国际金融中心，就不能仅仅是为国内企业或居民服务。我们要把上海建成国际金融中心，就应该允许外国企业到上海证券交易所上市。近年来，包括纽约证券交易所、英国伦敦证券交易所、东京证券交易所、香港交易所等在内的全球实力强大的证券交易所之所以在国际范围内吸引更多的上市资源，一个极为重要的原因是试图"巩固其国际金融中心地位"。或者说，"一个国际金融中心，需要的是越来越多的好企业来上

[①] 邢会强：《外国企业来我国上市的必要性及法律准备》，《中央财经大学学报》2007 年第 12 期。

[②] 同上。

[③] 邱润根、郑勇："论我国证券市场国际化的立法方式"，《南昌大学学报》(人文社会科学版) 2013 年第 1 期。Qualified Foreign Institutional Investors 是"合格的境外机构投资者"的英文名称。

[④] 冯果、袁康：《社会变迁视野下的金融法理论与实践》，北京大学出版社 2013 年版，第 166 页。

市，需要越来越多的资金来入市。只有越来越多的好企业来上市，才会有越来越多的资金来入市。"① 在此基础上，带动相关联产业的全面、整体发展，从而推动我国经济的快速增长。

简言之，我国证券市场的发展已经融入在金融全球化的大背景中，通过立法来推进我国证券市场国际化既是促进国际金融中心竞争的不二之选，也是完善本国证券市场的必然要求。换言之，在金融全球化的今天，我国证券市场国际化也必将面临国际金融中心的残酷竞争，而法律制度正是各国金融中心的重要竞争力，因此，我国在推进证券市场国际化进程中必须强化立法。② 当然，需要注意的是，强化立法的前提是对我国证券市场存在的问题有所把握和了解。按照学者的观点，我国证券市场尽管通过股权分置改革解决了证券市场的分置问题，但我国资本市场仍然是不完善的。根据学者的研究其缺陷主要表现在以下三个方面：

（1）证券市场上市公司的整体质量不高

截至 2014 年 6 月，对沪深两市公司和香港"红筹股"公司总市值比较可以发现，129 家"红筹股"公司总市值达 371770224 亿元，远远高于 2516 家 A 股公司 239723612 亿元的总市值。③ 这两份研究报告的结果表明境外"红筹股"公司在赢利能力上明显高于 A 股公司。这意味着如果类似于"红筹股"公司的外国公司跨境上市的话，至少可以为我国的投资者提供更好的投资机会，从而使投资者可分享来自世界公司成长所带来的收益。另一方面，由于类似于"红筹股"公司的外国公司都接受过较高的监管水平的历练，使得它们大多形成了良好的投资文化、投资者保护制度以及公司治理结构，因此，这些外国公司如果跨境上市则可以有效地对 A 股公司形成示范效应，同时带给 A 股市场其他上市公司以经营上的压力，促使其不断地提高上市公司的管理水平以更大的投资回报来吸引投资者。这就可以有效地提高上市公司的整体上市质量，推动我国证券市场的健康发展。

---

① 邢会强：《外国企业来我国上市的必要性及法律准备》，《中央财经大学学报》2007 年第 12 期。

② 邱润根、郑勇：《论我国证券市场国际化的立法方式》，《南昌大学学报》（人文社会科学版）2013 年第 1 期。

③ 数据来源于 Wind. 访问日期：2014 年 6 月 11 日。

(2) 证券市场的结构不合理

目前,我国证券市场的系统风险主要表现在金融股所占市场的比重过大。据统计,截至 2014 年 6 月,金融业总市值达 72298.05 亿元,排名第二,仅低于制造业(108788.52 亿元)。① 股票市场虽然要防止流动性泛滥,但过低的流动性也表明板块的不活跃。在金融股由于比重大而导致流动性差的情况下容易产生板块效应,出现"一荣俱荣、一损俱损"的现象。因此,寻找一些大型的境外企业跨境上市可以有效地降低金融股的主导地位,从而使得股指在行业上的分布更加平衡,通过单只股票对股指操纵的可能性越来越小,进而降低整个证券市场的系统风险。

(3) 证券市场的操作存在投机和操纵行为

通过对比 A 股公司市净率与成熟市场的市净率发现,A 股市场可能存在一定程度的泡沫,因为 A 股市场单位账面的股东权益价格水平远远高于成熟市场的价格水平。这种投机氛围所导致的股价泡沫如果不能很好地予以化解,将可能转化为金融风暴乃至引发金融危机。化解泡沫的根本出路在于为投资者提供更多的可供投资的业绩良好的公司,而包括"红筹股"在内的境外企业在一定程度上可以满足这一要求。尽管"红筹股"公司回归会导致 A 股股价下降,但一定幅度上的下降有助于防止 A 股市场泡沫的滋生和积累。对于泡沫滋生的防止可以有效地减少证券市场的投机行为。

尽管我国证券市场不论是股票市值还是成交量都进入全球前列,但上述情形的存在不利于我国证券市场自主发育成一个有序的充满活力且具有竞争力的国际性证券市场,因而,通过立法培育以形成一个完善的证券市场有助于我国证券市场国际化发展。②

2. 我国境外企业跨境上市监管模式的基本定位

"新兴资本市场设立新兴'严格信息披露'市场以及更新其公司治理标准的尝试和努力源于他们希望刺激经济发展的良好愿望,以及随着本国企业及交易日益转移至境外证券交易所,此时再不进行改革,其证券市场日益枯萎的共同担忧。"③ 在这一背景下,我国制定合理化的境外企业跨境上市监

---

① 数据来源于 Wind. 访问日期:2014 年 6 月 11 日。

② 邱润根、郑勇:《论我国证券市场国际化的立法方式》,《南昌大学学报》(人文社会科学版) 2013 年第 1 期。

③ John C. Coffee, Jr. Racing towards the Top?: The Impact of Cross-listings and Stock Market Competition on International Corporate Governance, 102 *Colum. L. Rev.* 1757, p. 1821.

管模式应从以下两个方面着手展开：分析前来上市的潜在企业相关信息；在此基础上再确定我国境外企业跨境上市监管模式的基本定位。

"知彼知己，百战不殆。"有针对性地分析可能会在我国跨境上市的境外企业的特征是制定相关政策的重要前提。也就是说，我国境外企业跨境上市监管模式的定位"同样应当立足于我国证券市场的现实，全面分析拟在我国上市的外国企业的特点，积极稳妥地推进外国公司在我国交易所的上市"。[①] 不可否认，包括"红筹股"公司在内的"中概股"公司是我国境外企业跨境上市所考虑的重点对象，甚至可能成为优先考虑的对象，从最低层面上讲，至少是我国政府机构及主管部门极力推行这一制度的重要考量因素。基于此，对这些企业相关特征进行深入分析和归纳是确立合理、科学境外企业跨境上市制度的基础。

数据统计显示，截至 2014 年 4 月，在海外主要交易所上市且以海外为第一上市地的中概股总数为 699 只，主要分布在中国香港及美国市场。[②] 其中，514 只在中国香港上市，占比 73.5%；154 只在美国上市，占比 22%。其他 31 只分布在中国台湾、澳大利亚、加拿大、法国、德国、日本市场，合计占比 4.4%。可见，在中国香港上市的"红筹股"公司是"中概股"公司核心组成部分。统计数据如下图所示。

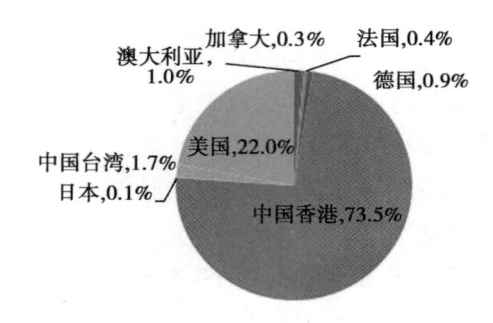

加拿大,0.3%　法国,0.4%
澳大利亚,1.0%
德国,0.9%
中国台湾,1.7%　美国,22.0%
日本,0.1%
中国香港,73.5%

资料来源：根据 Capiral TQ 提供的原始数据整理而成。

以 2014 年 4 月 18 日收盘价计算，所有中概股总市值为 89363 亿元人民币。其中香港市场红筹股总市值为 77313 亿元人民币，美国市场中概股总市值为 11268 亿元人民币。从市值分布来看，纳斯达克中概股市值较

[①] 曲冬梅：《国际板上市标准的定位》，《法学》2011 年第 6 期。
[②] 有关"红筹股公司"的基本情况，参阅陈希《海外市场中国概念股概况》，《上海证券交易所工作报告》，2014 年 4 月。

小，超过一半的公司市值不到 10 亿元人民币。港交所红筹股市值相对较大，市值在 50 亿—200 亿元的占比达 25%，该比例显著高于纽交所和纳斯达克。从这一分析中同样可以得出"红筹股"公司在市值方面同样异军突起的结论。统计数据如下表所示：

香港与美国中概股总市值

市场	总市值（百万元人民币）
澳大利亚	13991
加拿大	66
法国	222
德国	6999
中国香港	7731296
日本	71
中国台湾	56880
美国	1126814
总计	8936339

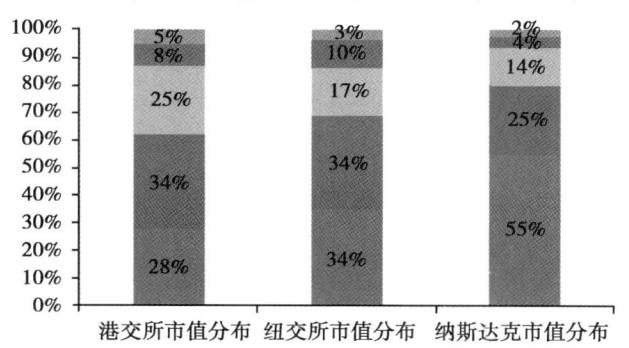

资料来源：根据Capiral TQ提供的原始数据整理而成。

香港"红筹股"公司行业分布较均衡，美国中概股以信息技术企业为主。从行业分布来看，香港"红筹股"公司行业分布较均衡，可选消费占比最大，达到21%，其次是金融行业，占比17%。纽交所和纳斯达克以信息技术企业为主，占比30%—40%，其次是可选消费，占比20%—30%。

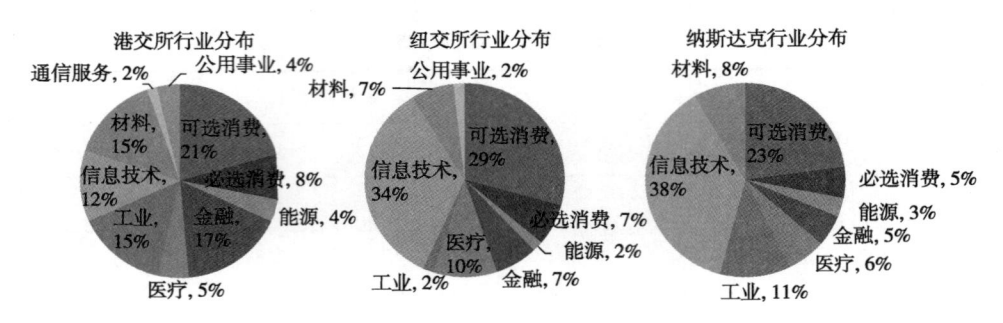

港交所行业分布
通信服务,2%　公用事业,4%
材料,7%
材料,15%　可选消费,21%
信息技术,12%　必选消费,8%
工业,15%　金融,17%　能源,4%
医疗,5%

纽交所行业分布
公用事业,2%
材料,7%
可选消费,29%
信息技术,34%
必选消费,7%
医疗,10%　能源,2%
工业,2%　金融,7%

纳斯达克行业分布
材料,8%
可选消费,23%
信息技术,38%　必选消费,5%
能源,3%
金融,5%　医疗,6%
工业,11%

通过对"红筹股"公司占中概股比重、市值、行业分布等方面的分析，可以发现这些公司具有良好的市场前景和发展潜力，同时由于受到香港地区法律制度的规制，在公司治理及信息披露方面都相对较为规范、合理。从这一意义上来讲，香港地区证券监管模式对于国内有关境外企业跨境上市监管模式的选择具有较好的启发意义。概言之，我国在确立境外企业跨境上市监管模式时，应排除诸如英国 AIM 那样的松散型监管模式；同时，由于受市场发展各方面条件所限，采取如美国证券市场那样的严格型监管模式也不现实。相对而言，适中型监管模式是我国确立境外企业跨境上市监管模式的理想选择。

具体而言，本书基于如下几个方面的理由建议选择适中型监管模式作为我国境外企业跨境上市的基本定位。[①] 首先，从我国投资者利益维护的角度看，适中型监管模式可以有效地平衡投资者的效益与风险，实现投资者利益的最大化。目前，我国资本市场流动性过剩，投资者投资渠道狭窄，因此积极吸引境外企业实现跨境上市，可以满足投资者多样化的投资需求。为了吸引境外企业而降低监管标准，甚至不设门槛，在我国后续监管措施不健全的情况下，则会造成对国内投资者的不负责任的局面。相反，采用适中型监管模式可以将一些劣质公司拒之门外，同时不对优质公

---

① 有关确立这一定位的理由，参阅了曲冬梅《国际板上市标准的定位》，《法学》2011 年第 6 期。

司形成制度性障碍。

其次，就境外企业需求看，适中型监管模式的定位与境外拟上市企业来我国上市的意愿相吻合。诸如汇丰、恒生、奔驰等国际知名公司之所以初步打算在我国境内上市，主要看中的是我国庞大的国内市场以及我国经济持续增长的潜力，通过在我国市场上市融资不仅可以保证在我国本土的生产经营更加便利，而且能够扩大客户群体，增强市场知名度。

再次，从全球资本市场的竞争格局看，松散型监管模式不具有竞争优势。尽管这一模式取得了一定的成绩，但是随着效仿者数量的不断增加，对中小型上市企业这一领域的竞争已十分激烈，再在这一领域进行竞争则很难确保能够实现预定的目标。而且，由于我国证券市场起步较晚，相关的中介服务及配套措施缺乏，在不断降低监管标准的条件下很难保证证券市场运作的有序、稳健。

最后，从我国资本市场的现状看，适中型监管模式比较符合我国国情。我国资本市场经过二十余年的发展，市场规模不断扩大，上市公司治理水平不断提高，但依然处于新兴加转轨阶段，我国资本市场的发展在面临机遇的同时也需要应对各种挑战。在目前世界各国主要的证券交易所中，采用适中型监管模式的交易所占大多数，也是主流模式，这些交易所业绩优良、发展稳健，是我国构建境外企业境内上市监管模式的不二选择。

四 制度设计：我国境外企业跨境上市法律框架的构设建议

美国 SEC 前主席 Cox 曾言："假如美国资本市场没有竞争力，遭受损失的将是投资者……"[1] 这句话同样适用于我国资本市场。美国资本市场竞争力趋于式微的事实给我们带来了重要启示和教训。犹如学者所说的那样，越来越多的境外企业放弃美国而选择在其他国家的资本市场募集资本，这是一个不争的事实。尽管造成这一现象的原因是多方面的，但监管制度上存在的问题属于绝对不可忽视的重要因素。SEC 制定了对企业而言负担过重且整齐划一的诸多规则，然而这些规则并没有考虑到不同企业应适用不同规则的多样化期许。这一做法在 SOX 之前便存在已久。[2] 基于此，学者建议对那些在美国以及其他国家交叉上市的企业提供不同的规制

---

[1] Stephen Labaton, S. E. C Eases Regulations on Business, *N. Y. TIMES*, Dec. 14, 2006, at C6.
[2] Steven M. Davidoff, Regulating Listings in a Global Market, 86 *N. C. L. Rev.* 89, p. 89.

手段。此时，在美上市的境外企业只要遵守其本国法律制度便可，除非该国的法律制度与美国制度相比在保护投资者权益方面差距甚远。依据这一模式，不仅可以吸引更多的境外企业前来上市，而且还能有效地保护个人投资者的合法权益。①

（一）境外企业跨境上市法律框架搭建应注意的问题

毋庸置疑，科技发展与资本市场国际化发展在推动全球经济与资本市场发展的同时，也给证券发行与跨境监管带来了新挑战。在搭建法律框架时，对这些新问题应给予充分的重视。

1. 豁免条款的合理使用

当境外企业采取跨境上市方式在境外上市时，东道国往往在法律适用上采取一定的变通。例如，按照美国法律的规定，在信息披露、公司治理方面都存在诸多豁免条款。如前面所阐述的那样，这些豁免条款在一定时期内促进了美国资本市场境外企业前来融资的数量的快速增长。另一方面，境外企业与我国境内企业在诸多方面存在差异，制定豁免条款也可以避免刚性条款忽略它们之间差异性的不足。因此，本书认为在我国建立境外企业跨境上市制度时，应当学习美国的有益经验，有针对性地制定相关的豁免制度。当然，需要注意的是，制定豁免条款的过程中应当结合境外企业数量变化巧妙地平衡其与境内企业之间的微妙关系：一方面能够积极吸引境外企业前来上市；另一方面又不会因为豁免条款的设置而对境内企业的竞争地位造成不利影响。

自 1933 年至今，美国遇到了诸多金融方面的大事件，或是危机，或是丑闻，不论其性质如何，都在一定程度上对投资者利益造成了损害。在这一过程中，代表民众利益的议员往往借助议会这一立法机构制定严格的法律以威慑那些为非作歹者。② 因此，在严格法律通过的一段时间内，遵守法律的成本升高，此时，尽管存在豁免条款，但与严格的法律相比仍杯水车薪。当然，当事件平息下去，民众的激愤情绪逐渐消弭时，法律再次回归常态，逐步放松监管又开始被默许。如此周而复始，构成了金融法律

---

① Steven M. Davidoff, Regulating Listings in a Global Market, 86 *N. C. L. Rev.* 89, pp. 89-90.

② 例如，美国 1929 年经济萧条出现后，1933 年《证券法》与 1934 年《证券交易法》均是对这一事件做出的有力回应。2001 年的安然丑闻事件以及其后续影响直接导致了 SOX 法案的快速通过。2008 年金融危机肆虐，2010 年出台的多德弗兰克法案（Dodd-Frank Act）是应对这一事件的"力作"。

以及其中豁免条款的生态。"一场真正的危机并不完全是一种浪费。在金融监管的世界里,经验表明——至少从三百年前的南海泡沫开始——只有在灾难性市场坍塌之后,立法者和监管者才会克服金融界的抗性并采取全面的改革立法。"[1]

2. A+H股的实践及对跨境上市的启示

H股公司跨境上市包括三种方式:先在香港上市,然后再在境内上市;先在内地上市,而后再在香港上市;同时在两地证券交易所上市。尽管如上三种模式的上市时机不同,但对跨境上市而言,其对完善我国境外企业在境内上市制度都具有一定的启示意义。我国H股公司尝试在香港、大陆证券交易所两地上市始于1993年。当年7月,青岛啤酒股份有限公司在香港发行A股,同年8月,该公司在大陆证券市场上市。据Wind数据显示,截至2014年,采取香港与内地两地上市的公司达1698家。近年来,大量H股公司纷纷通过双重上市的方式回归境内市场上市,这实际上是我国境外上市企业出于对公司资产估值和融资结果考虑所做出的理性选择。换言之,市场择时所产生的巨大资金效应,是吸引H股公司纷纷回归境内市场,从而实现双重上市的主要动因。[2]

用"市场分割理论"分析可以发现,我国上市公司与资本市场是由原来的计划经济改革而来,使得公共政策呈现不成熟和过渡的特征,与世界市场分割明显。我国上市公司的A股、H股同股同权却不同价格、不同回报、不同风险便是证明。[3] 学者用实证分析的方法同样证明了这一点:两地股票市场分割以及内地资本流动的限制是造成A股、H股价差的根源。具体而言,A股市场之所以具有较高的投机性质,股票换手率较高,一个重要的原因在于内地投资渠道过于狭窄,资本不能自由流动,投资者不能在全球范围内配置资产。同时,境外投资者和境内投资者之间的信息不对称,也是由于两地股票市场分割等因素使得境外投资者不能充分获得

---

[1] John C. Coffee, Jr., The Political Economy of Dodd-Frank: Why Financial Reform Tends to Be Frustrated and Systemic Risk Perpetuated, 97 Cornell L. Rev. 1019, 1020 (2012).

[2] 潘越:《双重上市与市场择时》,《厦门大学学报》(哲学社会科学版) 2008 年第 4 期。有学者称:"对遭受再融资约束的香港上市公司而言,选择内地实现'A+H'双重上市,可以利用多个资本市场的优势改善融资条件。"孔宁宁、闫希:《交叉上市与公司成长》,《金融研究》2009 年第 7 期。

[3] 刘昕:《中国 A、H 股市场分割的根源分析》,《南开管理评论》2004 年第 5 期。

我国上市公司的信息所致。此外，由于内地股票市场没有卖空机制，且资本不能自由进出，这也造成投资者难以利用套利机制缩小 A 股、H 股价差。① 随着国内利率、汇率改革步伐的加快以及"沪港通"业务的积极推进，可以在很大程度上缩小两地之间的市场分割程度，从而逐步消除两地股价差异过大的不利局面。

简言之，H 股公司在香港、内地两地证券市场成功上市的案例，对于监管者不断完善跨境上市具有重要的现实指导意义。由于两地有关监管、信息披露、会计规则等方面的差异，因此 H 股公司在两地证券交易所上市过程中还存在如何协调监管的问题。在不断的实践中，境内证券交易所与香港证券交易所在合作监管以及法律适用等领域将会更加顺畅。在此过程中，香港证券市场的诸多成熟、科学的做法，值得境内证券市场学习、借鉴。"证券监管部门还可以借鉴香港证券市场的经验，逐步完善我国资本市场中的信息披露制度，健全投资者利益保护方面的立法并加大执法力度，以便从根本上改善公司融资环境，提高我国资本市场的资源配置效率。"②

当然，需要注意的是，尽管 H 股公司在境内、香港两地上市的相关经验值得我国在设计境外企业境内上市制度过程中予以借鉴和参考，但是二者之间毕竟存在不少差异，因而不能完全照搬前者的做法和经验。换言之，作为跨境上市的 H 股公司与将来跨境上市的境外企业由于注册地的不同决定了其监管法律的不同。相对于香港较为成熟的证券法律制度以及监管体系，我国境内相关制度还不够完善，因此 H 股公司在香港上市涉及如何完善公司治理、信息披露制度，从而达到香港地区法律的要求。然而，包括"红筹股"公司在内的境外企业在境内上市则涉及如何遵守我国境内法律制度的问题。换句话说，在这一过程中，更应思考的核心问题是我国应设计怎样的法律制度才能保证境外企业愿意在我国境内证券市场上市，并且能保证其良好运行。

3. "红筹股"公司回归所关心的问题

针对"红筹股"公司回归这一话题，有人曾言："对于中国移动这样

---

① 胡章宏、王晓坤：《中国上市公司 A 股和 H 股价差的实证研究》，《经济研究》2008 年第 4 期。

② 孔宁宁、闫希：《交叉上市与公司成长》，《金融研究》2009 年第 7 期。

的大型国企红筹而言,回归母国资本市场几乎是在登陆香港市场之初就已注定的宿命。"① 2007 年之后的一段时间里,"红筹股"公司回归话题甚嚣尘上,诸如百度、中国移动等大型"红筹股"公司纷纷表达了回归的意愿。正如有人说的那样:"第一批回归的红筹试点已被舆论炒得沸沸扬扬,中国移动、中海油、中国网通都先后表达了回归的意愿。其中又以中国移动最为引人瞩目,被外界视为回归 A 股急先锋。"② 有的"红筹股"公司甚至设计了回归的基本方案,对包括发行比例与规模、募资规模、募投项目方向等都做出了详细的规划与设计。

与此同时,诸多打算回归的"红筹股"公司也对回归过程中可能遇到的障碍表达了自己的意见和看法。总括起来,它们所关心的问题主要包括如下几个方面:对"红筹股"公司回归的监管;公司治理问题;适用会计准则问题;关联交易披露问题;财务信息披露问题;内控管理问题;股票面值与股票形式问题;股息分配审计问题;A 股上市后的再融资问题;A 股交易的香港印花税问题;人民币账户设立问题;股票回购问题;日常监管问题;募集资金使用问题;财产权属证书检查问题;纳税材料的提交问题。针对上述"红筹股"公司所普遍关心的问题,结合我国境内证券市场的发展现状,本书将给出解决相关问题的基本建议。

4. 境外企业跨境上市可能存在的障碍

(1) 境外企业跨境上市准入的障碍。在现行证券法制条件下探讨境外企业到境内上市问题,首当其冲的便是境外企业是否具备到我国境内发行并上市的资格,即境外企业境内上市是否有法律依据。对于这一问题,如前面所阐述的那样,学者的观点并不一致。有的学者认为现行法律对境外企业跨境上市这一问题是持禁止的立法态度,因而仅依靠现行《证券法》的规定,是无法找到境外企业跨境上市合理根据的。同时,也有学者认为"法无明文规定即允许",尽管我国现行《证券法》对境外企业跨境上市问题没有做出明确规定,但这并不意味着立法者的态度是禁止这一行为的,相反,如果法律没有做出明确的禁止规定,则推定其对这一行为是允许的。

本书认为,我国现行《证券法》,对境外企业在我国境内上市未着一

---

① 陈慧颖:《红筹 A 梦》,《财经》2007 年第 4 期。

② 同上。

字,既未明确禁止亦未明确肯定。① 换言之,现行《证券法》《公司法》还是在证券活动相对封闭背景下的思维模式,对全球背景下证券监管尚未涉及。在这一情况下,"境外企业在我国境内发行股票并上市也没有明确的法律依据,境外企业境内上市的市场准入障碍显然存在。"② 也就是说,"境外公司在境内直接上市不存在法律上的禁止性规定,其在境内直接上市是合法的。只是囿于我国转轨时期政府对证券市场的强力监管,形成了'未允许即禁止'的政策习惯,因此境外公司境内上市的障碍更多是政策层面,而不是法律层面。"③ 基于此,我国在建立完善的境外企业境内上市法律制度过程中,应对这一问题做出明确规定和回应。

(2)市场监管内容上存在的障碍。在境外企业跨境上市中,确立完善、合理的监管机制至关重要。随着证券交易、上市越出国界后,各种违法行为也开始出现,稍有不慎则会给投资者权益造成严重损害,甚至还会危及国家证券市场的有序运行。"证券市场国际化是一把双刃剑,它在使资金实现跨国界的自由融通,促进世界经济发展的同时,也为各种证券跨国从事不法、违法交易行为提供了广阔的空间,这给各国的证券监管者提出了严峻的挑战。"④ 然而,由于各国在本国企业的监管方式、手段、内容等方面存在诸多差异,因此当面对境外企业在我国境内上市这一问题时,必然也会在监管方面出现不少差异。这种差异往往会成为各种不法跨境证券行为产生、存在的温床。经考证与对比,结合学者的观点本书认为在证券监管方面存在的差异主要包括如下几个方面:

首先,上市条件的差异。由于不同国家的证券市场发展程度不一,因此各国法律有关证券上市的条件以及境外企业境内上市的条件都不尽一致,有的国家可能相对较为严格,而有的国家则可能相对较为宽松。而且在这些条件中,不同国家所关注的重点也会存在这样或那样的差别。就我国而言,尽管现行《证券法》对境内企业的上市规定了具体的条件,然而,对于境外企业跨境上市则尚没有规定具体的条件。在制定境外企业跨境上市法律制度过程中,应当结合国外有益经验,在国内证券发展现有基

---

① 冯果、袁康:《国际板背景下证券法制的困境与变革》,《法学杂志》2013年第4期。
② 同上。
③ 陈岱松:《证券上市监管法律制度国际比较研究》,法律出版社2009年版,第247页。
④ 邱润根:《证券跨境交易的监管模式研究》,《当代法学》2006年第3期。

础上，制定合理、科学的上市标准。同时，在制定相应标准的过程中，尽量对证券市场发达国家相关规定有一个较为全面的研究和了解，尽量确保境外企业境内上市条件规定的相对一致性。

其次，上市审核的差异。在包括美国、英国在内的英美法系国家以及日本等部分大陆法系国家，证券的发行审核实行注册制。在注册制发行规则中，证券监管部门一般只对发行证券作形式审查，法律并未对证券发行规定严格的积极条件与消极条件。[①] 另一方面，包括我国香港地区、台湾地区等在内的部分国家（地区）对证券发行以及上市实行一定程度上的实质审核。由于不同国家（地区）证券市场发展程度不一，因此无论采用"注册制"还是"审核制"，都不能简单地认为哪一种方式更合理、科学。相反，应当针对具体的问题进行具体分析，方能得出较为全面、恰当的结论。

按照我国现行《证券法》的规定，对证券发行仍旧实行严格的实质审查。多年来，尽管"审核制"在我国证券市场发展初期曾发挥着积极的作用，但是随着我国证券市场的不断发展，削弱证券监管机构对证券发行、上市的不当干预成为我国证券市场健康发展的内在要求。在这一背景下，对证券发行施行"注册制"改革成为克服"审核制"自身存在的积弊的重要渠道和方式。因此，在我国制定有关证券发行审核方面的法律规范时，不仅应当统筹其本身与《证券法》修改这一重大事项，同时还得充分考虑域外的相关经验和做法。当然，值得注意的是，《证券法》修改工作正在进行中，尽管人们对证券发行注册制改革是一片赞同和支持的声音，但对于如何改以及改成怎样的状况仍存在不少疑问。

再次，信息披露规定的差异。尽管我国《证券法》和《上市公司信息披露管理办法》对发行信息披露和持续信息披露进行了总括性的规定，要求上市公司通过中文文本的招股说明书、募集说明书、上市公告书、定期报告和临时报告等文件就相关信息进行真实、完整、准确和及时地披露。但是，现行规定对境外企业境内上市的企业的信息披露问题却没有规定。一如上述，由于各国文化、政治等方面存在的差异，信息披露同样存在不少差异。面对这一情况，在我国设计境外企业跨境上市制度时，应当

[①] 徐明、蒋宇辉：《外国公司在我国证券发行与上市的法律问题》，《东方法学》2009年第2期。

充分考虑到各国在信息披露制度要求方面的差异性。按照学者的说法，"在境外企业境内上市的背景下，如何对境外发行人课以适当的信息披露义务，做到既不过分增加境外发行人在我国上市的信息披露成本，又充分保障境内投资者及时获知境外发行人的相关信息，是我国证券法制需要解决的重要命题。"①可以说，如若对信息披露规定的差异性这一问题没有充分的认识，将会产生信息披露不恰当、不完全的局面。

最后，会计安排上的障碍。我国证监会发布的《公开发行证券的公司信息披露编报规则第15号——财务报告的一般规定》确定了在我国境内公开发行证券并在证券交易所上市的上市公司在发布财务报告或披露有关财务信息时应遵循我国企业会计准则。尽管我国的做法在一定程度上与国际通用的会计准则并不存在太多差异，然而，必须看到且应当承认的是，我国现行的会计准则与他国会计准则以及国际通行的会计准则之间有所不同，由此造成诸多不便与麻烦，在设计境外企业境内上市制度时，必须对这一问题做出通盘考虑与安排。

（3）法律适用的障碍。针对境外企业境内上市，即使制定了完善的法律制度还不够，如何协调不同国家间法律制度的适用也是一个重要问题。如学者所言："境外公司在境内直接发行 A 股并上市，由于发行、上市主体具有涉外因素，对由此形成的一系列涉外法律关系的调整就必然产生境内外法律的冲突与适用问题，这就需要明确相关法律关系究竟适用境内法还是境外法。"② 就我国与此相关的立法现状来看，对有关境外企业的法律适用问题只有极个别的条文规定，而且内容极为抽象、简略，对一些具体事项的处理缺乏明确适用依据。③ 事实上，我国对境外企业跨境上市的管辖权规定不明的现状与做法不利于维护我国对境外企业相关问题的管辖权。针对法律适用这一问题，应当充分借鉴他国的有益做法，制定我国有关法律适用的法律规定，保证我国对境外企业境内上市法律适用上的管辖权。

（4）跨境上市合作监管的障碍。随着证券市场国际化的迅猛发展，

---

① 冯果、袁康：《国际板背景下证券法制的困境与变革》，《法学杂志》2013 年第 4 期。
② 郭洪俊："境外公司发行 A 股的法律适用问题研究"，《证券法苑》2009 年第 1 卷，第 211 页。
③ 同上。

越来越多的公司在多个国家（地区）上市，证券发行者的商业活动可能遍布全球，不同国家的投资者通过直接或间接的方式对其进行投资。证券发行者和投资者的国际化，使得任何一个监管机构都不能单独完成对一个跨国证券发行交易过程的完整监管。然而，由于监管的措施、力度不一样，两国之间必然会产生冲突。因此，无论是证券发行者和投资者的国际化，还是因为证券监管的冲突，都必须加强我国与各个国家（地区）证券监管机构之间的合作与协调，由此才能对跨国证券发行交易活动进行有效的监管，跨国证券交易活动才能进入有序轨道。[1] 换言之，如果说在证券市场国际化发展之前，跨境上市合作监管的意义并不大，那么，随着证券市场全球化、国际化发展步伐的不断加快，采取有效措施保证跨境上市合作监管质量已成为一国证券市场走向国际化的重要举措。

（二）我国境外企业跨境上市法律制度的构建

在充分把握我国境外企业跨境上市法律制度构建的基本现状以及存在的可能障碍基础上，积极吸收他国有益经验，设计我国境外企业跨境上市法律制度已成为我国境外企业跨境上市发展的前置工作。可以说，对我国境外企业跨境上市法律制度问题的思考，在很大程度上就是对我国资本市场国际板建设的考虑。针对国际板建设问题，学者提出了不少的建议和想法。这些建议包括国际板上市标准、市场准入、法律冲突、市场监管以及投资者保护等诸多方面。[2] 综合起来，本书认为境外企业跨境上市法律制度的构建主要从境外企业跨境上市准入制度、法律适用制度、跨境上市合作监管等方面予以着手。以下将对具体的制度设计作一阐释。

1. 境外企业跨境上市准入制度设计

境外企业跨境上市涉及境外企业的准入问题。在准入制度中，包括上市条件与信息披露两个重要方面。当然，在此之前应当对何谓境外企业这一概念从法律的角度予以严格界定，从而明确制度的调整对象。正如学者所言："境外公司赴境内发行 A 股，具有诸多特殊性。我国《公司法》和《证券法》当时立法时，尚未将国外公司赴境内发行股票事宜进行专门的

---

[1] 陈岱松：《浅析境外公司境内上市法律问题》，《甘肃政法学院学报》2009 年第 9 期。

[2] 邱润根：《论我国证券市场国际板法律制度之构建》，《东方法学》2012 年第 3 期；冯果、袁康：《国际板背景下证券法制的困境与变革》，《法学杂志》2013 年第 2 期；曲冬梅：《国际板上市标准的定位》，《法学》2011 年第 6 期。

关注,现行境内法律尚难以直接适用,因此,即使明确了某事项应适用境内法,也可能无具体的准据法可依。因此,还必须针对境外公司发行 A 股制定专门的管理办法……"① 就这一问题而言,主要涵盖如下几个方面的内容:

(1) 上市条件的设计

在国际上,就在境内上市的境外企业而言,法律通常制定高于境内企业上市更加严格的条件。② 换言之,基于保护境内企业合法权益的考虑,一国法律通常对境外企业在境内上市做出较为严格的规定。按照学者的观点,发达国家证券市场对上市条件通常会在如下几个方面做出规定:首先,欧美各国一般对发行上市公司的经营历史都提出了两至三年的硬性要求;其次,欧美各国对股票市值或者盈利水平作了要求;第三,欧美各国对外国公司股票的公众化结构作了严格要求,以防止大股东操纵;第四,欧美各国还对外国公司跨境上市作了财务报表的要求。③ 当然这一趋势并不是颠扑不破的准则,事实上,为了吸引更多境外企业前来上市,有的国家对有关境外企业境内上市条件的规定从一定程度上进行了降低,甚至有的时候还去除了各种繁琐的条条框框,例如英国 AIM 就是典型的例证。

就我国而言,境内企业上市条件的规定主要体现在《证券法》和证监会的管理办法中,这些规定主要涉及经营年限 3 年、净利润或经营收益为 3000 万元或 3 亿元、股本总额 3000 万元、股票公众化结构 25%和无会计违约等方面。将这些要求与其他发达国家相关规定进行比较可发现,它们之间存在较大差距。例如,美国规定的是要求每年都有盈利且总数也不低于 650 万美元,或者全球资本市场化不低于 5 亿美元且最近 2 个月的收入达 1 亿美元,或全球市场资本化达 10 亿美元且最近一年的财政收入为 1 亿美元。因此,对于外国公司跨境上市的条件,我国完全可以借鉴欧美国家的做法,甚至采取比它们更加严格的实质条件。④ 然而如前所述,我国证券发行、上市监管模式不能采取过于严格的模式,同时也不能采取过于宽松的模式。在这一背景下,适中型监管模式就成为我国证券监管立法的

---

① 郭洪俊:"境外公司发行 A 股的法律适用问题研究",《证券法苑》2009 年第 1 卷,第 217 页。

② 陈岱松:《浅析境外公司境内上市法律问题》,《甘肃政法学院学报》2009 年第 9 期。

③ 邱润根:《论我国证券市场国际板法律制度之构建》,《东方法学》2012 年第 3 期。

④ 同上。

基本定位。此时，属于这一类型的国家的有益做法就值得我国学习、借鉴。当然，应当注意的是，如果法律在境内企业以及跨境上市的境外企业之间存在较明显的差别对待，则不利于我国证券市场的健康发展。在这一过程中，巧妙、合理地利用豁免条款就成为调节我国境外企业跨境上市发展的重要阀门。

（2）上市审核制度的设计

以美国为典型代表的部分英美法系国家以及以日本为代表的部分大陆法系国家对证券发行采取"注册制"审核方式。例如，在美国，其证券发行公开制度就是以强制性信息披露为中心（disclosure based），政府不对发行设置条件，也不对证券是否具备投资价值进行判断，发行人只要按照 SEC 披露规则全面真实进行披露，并在 SEC 进行注册后，就可以公开发行证券。然而，依照我国现行《证券法》的规定，我国证券监管者仍旧对证券发行进行实质审查。为了实现与境外证券市场证券发行审核方式上的统一（至少缩小差距），同时也是为了吸引更多境外企业在我国境内上市，借鉴他国的先进经验，进行"注册制"改革确有必要。事实上，我国正在进行的《证券法》修改工作中，对证券发行朝向"注册制"的改革思路，学者和立法者也持赞同态度，尽管在一些具体细节上仍存在不少尚未解决的问题。在这一改革过程中，不仅从形式上，而且深入内部挖掘支撑"注册制"的配套制度体系就成为我国"注册制"改革成功与否极为关键的一环。例如，法律对中介机构的相关规定、对虚假信息的惩治规定等皆属于需深入探究的重要领域。

（3）信息披露制度的设计

信息披露的重要性自不待言。正如学者所言："我们发现很少的证据支持公力救济有益于证券市场，相反，有充分的证据支撑强制信息披露和通过规定责任条款方便私力救济则更利于证券市场。"[1] 有关信息披露制度的设计问题，通常而言应当注重两个方面，即首次信息披露制度以及后续的信息披露制度。以下将对这两个方面予以阐释。

首先，需要对首次信息披露制度进行合理的设计。众所周知，信息披露是证券市场健康、持续发展的基石。换言之，制度合理、科学的信息披露制度是保证证券市场良性发展的不二法门。根据学者的观点，在首次上

---

[1] Rafael La Porta et al., What Works in Securities Laws?, 61 *J. Fin.* 1, 1 (2006).

市阶段的信息披露要求，目前欧美各国基本都是趋同的，大量借鉴 IOSCO 在 1998 年 9 月发布的《外国发行人跨境发行与首次上市的国际披露标准》的内容。也就是说，国际组织在首次信息披露制度建设的统一性方面逐渐发挥越来越重要的作用。

就我国而言，现行的法律规范为境内企业发行上市阶段的信息披露制定了各种相应的信息披露准则。具体内容涉及公司概况、财务报告、董事监事高管人员及变动、大股东的变化、实际控制人等事项。不过，我国与欧美国家对于披露内容的详细要求还有较大不同。① 按照学者的观点，我国在设计与境外企业跨境上市相关的信息披露制度时，一定要尽可能地披露具体的信息，而不只是一些可以通过文字进行概述的信息。具体的内容尽可能参考其他发达国家的做法。尽管这可能会导致外国企业的信息披露要求比国内企业过高，但实际上对于那些已经在国际证券市场上市的外国企业而言并不困难，并且这样的要求还有助于发现我国现行信息披露和他国信息披露制度间的差距，从而为下一步完善我国的整个信息披露制度积累经验。② 我们认为，在首次信息披露制度设计方面，IOSCO 等国际组织所制定的诸多具有参考价值的"指引"具有可借鉴的价值，在这一基础上，不断实现我国信息披露制度与国际接轨，从而在最大程度上消弭因信息披露差异造成的诸多不便与障碍。

其次，需要对持续信息披露制度进行合理的设计。按照学者的观点，在上市交易阶段，欧美国家对持续信息披露方式的规定并没有实质性差异。不管是欧盟的定期披露和持续披露，还是美国的年度报告、季度报告和临时报告，它们实际上都要求对上市交易证券的整个过程中所发生的情况进行报告。而且，欧美国家在信息披露过程中大量采纳了 IOSCO 提出的披露要求，但同时它们又保持着一些"特色"，这些差异主要考虑到与本国其他法律之间的契合、衔接。可以说，如果说首次信息披露制度不断走向趋同一致的话，西方发达国家在持续信息披露制度设计方面走向趋同、一致的步伐也将变得十分坚定。

根据学者的考察，我国目前为境内企业上市交易的信息披露也制定了各种相应的信息披露准则。尽管在具体方式上也有年度报告、半年度报告

---

① 邱润根：《论我国证券市场国际板法律制度之构建》，《东方法学》2012 年第 3 期。
② 同上。

和临时报告，不过，我国的这些信息披露要求还是与欧美国家的相关披露要求存在较大不同。我国目前在开放证券市场时显然不能出于竞争的需要放松信息披露，相反，我国应该强化外国企业更加详细的信息披露要求，这有助于完善我国证券市场的信息披露制度，对于培育我国的证券市场是有利的。① 简言之，积极借鉴国外有关信息披露制度的规定，对于完善我国境外企业境内上市企业信息的持续披露制度具有重要的现实意义。

（4）会计制度的安排

信息披露中的一个重要内容就是选用会计制度来编制财务报表。在很大程度上，会计准则成为人们读懂一个企业财务状况的基本工具和窗口。尽管国际上会计制度的应用主要有美国的 GAAP 和欧盟的 IFRS 两种。然而，由于国际金融的全球化趋势日益加强，世界各国基于竞争的要求不断地寻求趋同，尤其在过去十年，全球会计方法的趋同趋势更加明显。换言之，尽管从全球范围来看，GAAP 与 IFRS 系两套不同的会计准则体系，但是包括国际组织等在内的主体以及国家间相互磋商、探讨使得两套准则体系越来越相似。这种趋同性对于促进企业的跨境上市以及证券市场的国际化发展不无裨益。

目前，我国采用 IFRS 会计准则制作财务报表。因此，在全球目前都在开始趋同使用会计准则时，我国境外企业境内上市的会计制度安排可以直接继续使用这一国际会计准则。② 当然，应当注意的是，我国的会计准则与国际通用的准则之间还是存在不少差异，在未来的时日内，逐渐实现与国际通行准则的趋同、融合也是我国证券市场国际化发展应当着力解决的重要问题。

2. 法律适用制度设计

学者曾言："由于跨境因素的存在，境外企业在我国境内上市面临着复杂的法律冲突，即发行人本国法与目标市场法存在着不一致的规定，如何适用法律成为亟待调和的矛盾。"③ 换言之，随着证券发行、交易跨出国门步伐的加快，适用哪国法律以及如何适用法律就成为摆在证券监管机

---

① 邱润根：《论我国证券市场国际板法律制度之构建》，《东方法学》2012 年第 3 期。
② 同上。
③ 冯果、袁康：《社会变迁视野下的金融法理论与实践》，北京大学出版社 2013 年版，第 174 页。

构面前的重要课题。按照学者的说法,证券市场中的外国企业市场准入之后,证券市场的涉外因素也将越来越多。对于这些涉外因素如果只是发生在我国境内,当然可以基于"属地原则"由我国行使管辖权。但如果因证券交易所带来的行为发生在我国境外,那么我国法律是否还有管辖权?这就取决于我国证券法律的域外效力。目前,国际上对于跨国证券监管问题,各国的做法是通过强化单边立法下的国际监管协调。[1] 正如学者所言:"从国外的立法规定与实践来看,证券监管机构与证券交易所对于证券融资拥有宽泛的监管权力。"[2] 从实质上说,确定境外企业境内上市法律制度的适用就是确定一国对某一事项是否享有管辖权以及在多大程度上享有管辖权的问题。

针对这一问题,我国必须从立法层面强调我国证券法律的域外效力,只有这样才可能在我国证券法律与其他国家的证券法律冲突时寻求法律适用。否则,我国对于外国公司跨境上市所带来的很多涉外证券案件无法通过我国法律加以管辖而对我国的投资者不利。[3] 换言之,站在国际私法的角度看,在借鉴他国有益做法的基础上,采取合理化的举措一方面要确保我国对境外企业跨境上市相关事宜的管辖权,另一方面也要尽量消除国家间因适用法律所可能造成的矛盾和冲突。

3. 跨境上市监管的建议

当境外企业跨境上市时,不同于境内企业上市,此时涉及境外企业的跨境交易监管问题。如学者说的那样:"证券市场国际化是一把双刃剑,它在使资金实现跨国界的自由融通,促进世界经济发展的同时,也为各种证券跨国从事不法、违法交易行为提供了广阔的空间,这给各国的证券监管者提出了严峻的挑战。"[4]

学者认为,针对证券跨境交易的不法、违法行为,目前各国的做法包括采取单边监管和国际协调监管两种模式。就前者而言,对于证券跨境交易的违法、非法行为,目前主要是由各国依靠单边法律监管的方式进行。然而,由于证券的交易行为已由一国进入另一国,证券的交易行为实际上

---

[1] 邱润根:《论我国证券市场国际板法律制度之构建》,《东方法学》2012年第3期。

[2] 徐明、蒋宇辉:《外国公司在我国证券发行与上市的法律问题》,《东方法学》2009年第2期。

[3] 邱润根:《论我国证券市场国际板法律制度之构建》,《东方法学》2012年第3期。

[4] 邱润根:《证券跨境交易的监管模式研究》,《当代法学》2006年第3期。

已经常常由两国甚至多国依据其各自国内法律的域外效力行使监管，因此监管冲突也就不可避免地存在。① 我国现行的证券法具有严格的属地性特征，其针对的是国内证券的国内交易行为。这使得我国现行的证券监管立法对于证券跨境交易行为的监管具有先天缺陷。② 就后者而言，包括美国、欧盟等在内都在跨境上市合作监管这一问题上进行了积极的尝试，也取得了不少有益的经验。例如，前所阐述的互认制度、证券市场一体化等皆是针对跨境上市合作监管所做出的创新尝试与努力。

境外企业境内上市存在着复杂多元的跨境难题，尤其需要深入有效的国际合作。我国已在国际合作方面取得了一定的成绩，证监会和交易所通过多边或双边形式与国外有关国家或组织进行了有效的合作，签订了一系列的双边合作谅解备忘录和多边协议，而且也参加了 IOSCO、WFE 等国际组织，这都为证券市场的监管方面的国际合作打下了良好的基础。③ 尽管取得了一定的成绩，但是应当看到，我国证券监管者在与他国证券监管者之间的合作方面尚存在不少不足，还有可进一步拓展、挖掘的空间。正如学者所言："从国际合作的基础来看，对证券跨境交易的监管必须建立在各国的国内监管基础之上的合作。而目前我国的证券监管国际合作正是在缺乏国内监管立法基础上的合作。因此，这种合作其实际效果主要是为别国市场服务。"④ 借鉴美国等国家的相关经验，采取有效措施不断践行互认制度以及打造证券市场一体化发展都是深化跨境上市合作监管的重要方面，除此之外还可拓展其他多种的合作机会。

4. 冲突法规范

由于境外企业所属国家（地区）的法律与我国法律存在诸多差异，因而，境外企业在我国国内发行上市必然会遭遇此种差异而导致的法律适用冲突。这种法律冲突如不能得到良好的协调与解决，境外企业也就难以成功实现在我国国内发行上市。证券公司、上市公司和中介组织为了既达到该境外公司在审批、信息披露等方面的要求，又要达到我国的相关要求，往往不得不经过两次程序，甚至采取迂回的办法规避法律法规，这必

---

① 邱润根：《证券跨境交易的监管模式研究》，《当代法学》2006 年第 3 期。
② 同上。
③ 冯果、袁康："国际板背景下证券法制的困境与变革"，《法学杂志》2013 年第 4 期。World Federation of Exchanges 的简称，中文名称为"世界证券交易所联合会"。
④ 邱润根：《证券跨境交易的监管模式研究》，《当代法学》2006 年第 3 期。

然影响发行、交易的效率。因此,双方国家必须对这种法律冲突进行协调与解决,使得境外企业在我国国内发行上市既能满足其本国法律的要求,也能达到我国法律规定的条件与标准,从而保证其合法地在我国国内发行上市。① 否则就会因为严格、繁杂的条件而"赶跑"欲上市的企业。

根据学者的观点,就法律冲突的内容而言,跨国证券融资法律冲突主要分为组织法冲突与行为法冲突两大类。就前者而言,主要是指发行人注册地与证券发行地之间或各证券发行地之间的公司法、证券法等法律法规对于证券发行、上市有密切联系的公司组织构成、治理结构等存在的不同规定,从而导致的多地法律适用冲突。后者主要是指发行人注册地与证券发行地之间或各证券发行地之间的证券法等法律法规对证券发行、上市做出不同规定,从而导致的多地法律适用冲突。② 依据国际通行作法,从如上两个方面设计合理的冲突法规范,一方面利于确保我国司法权,另一方面也利于投资者权益的保障。

5. 其他事项的制度安排

除了上述主要内容之外,基于我国的特殊国情,尤其是证券市场的独特性,在设计境外企业跨境上市法律制度时,应对诸如外汇管理、税收等问题进行通盘的考虑,以保证制度衔接的合理、科学。也就是说,诸如外汇管理问题与税收问题也是在我国制定境外企业跨境上市制度过程中应当考虑的重要问题。

就前者而言,根据学者的研究由于目前我国仍实行外汇管制的政策,尤其对于资本项目下的外汇兑换,由于人民币尚不能自由流通兑换,由此便可能出现如下问题:境外公司在国内筹集的人民币资金如何兑换成外币并汇出;境外公司向境内股东发放的股息、红利是以人民币还是外币支付,如以外币支付又应如何兑换成人民币;如果该境外公司的股票同时还在其他国家上市交易,则还可能出现两地股价不一致的问题等。因此,在研究境外公司在国内发行上市时,必须对这些问题进行仔细地考虑,并提供合理的解决方案。

就后者而言,对于具有跨国性质的股息、利息、证券交易所得,居住

---

① 陈岱松:《浅析境外公司境内上市法律问题》,《甘肃政法学院学报》2009 年第 9 期。
② 蒋辉宇:《跨国证券融资的法律冲突与监管问题研究》,《证券市场导报》2009 年第 11 期。

国和来源国都希望独占征税权或把自己的征税权摆在优先的地位。因为各国政府都有自己的课税主权，所以对股息、利息、证券交易所得，居住国和来源国都坚持分别按居民税收管辖权和来源地税收管辖权予以征税。在这种情况下，必然会产生国际间的双重征税问题。由此，应当通过国际条约或国际组织的规范，统一课征主体，避免双重征税，从而消弭由此可能产生的冲突与矛盾。

而且，对于境外企业境内上市法律制度构建这一问题而言，需要从多个方面予以充分考虑，从而设计出全面化、系统化、合理化的制度体系，以推动我国在这一领域的制度建设及实践保障的积累。

参考文献

一 中文类参考文献

（一）著作类

1. 中文译著

[1]［德］托马斯·莱赛尔、吕迪格·法伊尔：《德国资合公司法》，高旭军等译，法律出版社 2005 年版。

[2]［韩］李哲松：《韩国公司法》，吴日焕译，中国政法大学出版社 2000 年版。

[3]［加］布莱恩·R. 柴芬斯：《公司法：理论、结构和运作》，林华伟、魏旻译，法律出版社 2002 年版。

[4]［美］博登海默：《法理学：法哲学及其方法》，邓正来等译，华夏出版社 1987 年版。

[5]［美］阿道夫·A. 伯利等：《现代公司与私有财产》，甘华鸣等译，商务印书馆 2005 年版。

[6]［美］埃里克·弗鲁博顿等：《新制度经济学——一个交易费用分析范式》，姜建强等译，上海人民出版社 2006 年版。

[7]［美］奥利弗·E. 威廉姆森：《资本主义经济制度》，段毅才等译，商务印书馆 2004 年版。

[8]［美］奥利弗·E. 威廉姆森等：《企业的性质：起源演变和发展》，邢源源等译，商务印书馆 2007 年版。

[9]［美］奥利弗·E. 威廉姆森等：《企业制度与市场组织——交易费用经济学文选》，陈郁等译，格致出版社 2009 年版。

[10]［美］巴泽尔：《产权的经济分析》，费方域译，上海三联书店、上海人民出版社 1997 年版。

［11］［美］伯纳德·施瓦茨：《美国法律史》，中国政法大学出版社 1990 年版。

［12］［美］弗兰克·伊斯特布鲁克等：《公司法的经济结构》，张建伟等译，北京大学出版社 2005 年版。

［13］［美］哈特：《企业、合同与财务结构》，费方域译，格致出版社、上海三联书店、上海人民出版社 2008 年版。

［14］［美］柯武刚：《制度经济学——社会秩序与公共政策》，史漫飞译，商务印书馆 2000 年版。

［15］［美］科斯等：《财产权利与制度变迁——产权学派与新制度学派译文集》，胡庄君等译，上海三联书店、上海人民出版社 2003 年版。

［16］［美］杰克逊等：《金融监管》，吴志攀等译，中国政法大学出版社 2006 年版。

［17］［美］理查德·A. 波斯纳：《法律的经济分析》（上、下册），蒋兆康译，中国大百科全书出版社 1997 年版。

［18］［美］罗伯特·W. 汉密尔顿：《公司法概要》，李存捧译，中国社会科学出版社 1999 年版。

［19］［美］罗斯·斯里格曼：《美国证券监管法基础》，张路译，法律出版社 2008 年版。

［20］［美］曼瑟尔·奥尔森：《集体行动的逻辑》，陈郁等译，上海三联出版社、上海人民出版社 2006 年版。

［21］［美］乌戈·马太：《比较法律经济学》，沈宗灵译，北京大学出版社 2005 年版。

［22］［美］莱纳·克拉克曼等：《公司法剖析：比较与功能的视角》，刘俊海等译，北京大学出版社 2007 年版。

［23］［美］罗伯特·C. 克拉克：《公司法则》，胡平等译，工商出版社 1999 年版。

［24］［日］末永敏和：《现代日本公司法》，金洪玉译，人民法院出版社 2000 年版。

［25］［英］丹尼斯·吉南：《公司法》，朱羿锟等译，法律出版社 2005 年版。

［26］［英］保罗·戴维斯：《英国公司法精要》，樊云慧译，法律出版社 2007 年版。

[27] ［英］亚当·斯密：《国民财富的性质和原因的研究》，郭大力等译，商务印书馆1997年版。

[28] 《法国公司法典》，罗结珍译，中国法制出版社2007年版。

[29] 《日本公司法典》，吴建斌等译，中国法制出版社2006年版。

2. 中文著作

[1] 徐明、卢文道：《判例与原理：证券交易所自律管理司法介入比较研究》，北京大学出版社2010年版。

[2] 徐明：《证券法律制度研究》，百家出版社2002年版。

[3] 顾功耘：《社会公众股股东权益保护》，北京大学出版社2009年版。

[4] 顾功耘：《公司法律评论》（2007年卷），上海人民出版社2008年版。

[5] 顾功耘：《经济法教程》，上海人民出版社、北京大学出版社2006年版。

[6] 顾功耘：《金融衍生工具的法律规制》，北京大学出版社2007年版。

[7] 顾功耘：《社会公众股股东权益保护》，北京大学出版社2009年版。

[8] 施东辉：《证券交易所竞争论》，上海远东出版社2001年版。

[9] 施东辉等：《交易所竞争力分析》，上海人民出版社2010年版。

[10] 胡汝银等：《中国资本市场的发展与变迁》，上海人民出版社2008年版。

[11] 屠光绍：《上市制度：比较与演变》，上海人民出版社2000年版。

[12] 卢文道：《证券交易所自律管理论》，北京大学出版社2008年版。

[13] 柯芳枝：《公司法论》，中国政法大学出版社2004年版。

[14] 王文宇：《公司法论》，中国政法大学出版社2004年版。

[15] 王志诚：《信托之基本法理》，台湾元照出版公司2005年版。

[16] 郑玉波：《公司法》，台湾三民书局1980年版。

[17] 曹兴权：《公司法的现代化：方法与制度》，法律出版社2007年版。

[18] 冯果：《公司法》，武汉大学出版社2007年版。

[19] 郭峰、陈夏：《证券投资基金法导论》，法律出版社2008年版。

[20] 刑海宝：《证券法学原理与案例教程》，中国人民大学出版社2007年版。

[21] 黄仁宇：《资本主义与二十一世纪》，生活·读书·新知三联出版社2005年版。

［22］黄少安：《制度经济学研究》，经济科学出版社 2008 年版。
［23］江平：《法人制度论》，中国政法大学出版社 1995 年版。
［24］范健、王建文：《证券法》，法律出版社 2007 年版。
［25］彭冰：《中国证券法学（第二版）》，高等教育出版社 2007 年版。
［26］雷兴虎：《商事主体法基本问题研究》，中国检察出版社 2007 年版。
［27］李金泽：《公司法律冲突研究》，法律出版社 2001 年版。
［28］李建国：《基金治理结构———一个分析框架及其对中国问题的解释》，中国社会科学出版社 2003 年版。
［29］李开国：《民法总则研究》，法律出版社 2003 年版。
［30］叶林：《证券法教程》，法律出版社 2005 年版。
［31］刘俊海：《股份有限公司股东权的保护》，法律出版社 1999 年版。
［32］刘俊海：《新公司法的制度创新：立法争点与解释难点》，法律出版社 2006 年。
［33］罗培新：《公司法的合同解释》，北京大学出版社 2004 年版。
［34］彭插三：《信托受托人法律地位比较研究》，北京大学出版社 2008 年版。
［35］施天涛：《公司法论》（第二版），法律出版社 2006 年版。
［36］石慧荣：《商法要义与探微》，法律出版社 2009 年版。
［37］石慧荣：《商事制度研究》，法律出版社 2003 年版。
［38］唐义虎：《信托财产权利研究》，中国政法大学出版社 2005 年版。
［39］汪世虎：《商法管见》，法律出版社 2009 年版。
［40］王保树、崔勤之：《中国公司法原理》，社会科学文献出版社 1998 年版。
［41］王连洲、董华春：《"证券投资基金法"条文释义与法理精析》，中国方正出版社 2004 年版。
［42］王苏生：《证券投资基金管理人的责任》，北京大学出版社 2001 年版。
［43］谢哲胜：《财产法专题研究》（三），中国人民大学出版社 2004 年版。
［44］杨瑞龙：《企业理论：现代观点》（第 2 版），中国人民大学出版社 2009 年版。
［45］虞政平：《股东有限责任——现代公司法律之基石》，法律出版社

2001年版。

[46] 张国清:《投资基金治理结构之法律分析》,北京大学出版社2004年版。

[47] 张开平:《英美公司董事法律制度研究》,法律出版社1998年版。

[48] 张路等编:《美英基金法比较与实务》,法律出版社2007年版。

[49] 张民安:《公司法上的利益平衡》,北京大学出版社2003年版。

[50] 张民安:《现代英美董事法律地位研究》(第二版),法律出版社2007年版。

[51] 赵万一:《公司治理法律问题研究》,法律出版社2004年版。

[52] 赵万一:《商法基本问题研究》,法律出版社2002年版。

[53] 赵旭东:《公司法实例与法理》,法律出版社2007年版。

[54] 赵旭东:《企业与公司法纵论》,法律出版社2004年版。

[55] 赵旭东:《上市公司董事责任与处罚》,中国法制出版社2004年版。

[56] 周友苏:《新公司法论》,法律出版社2006年版。

[57] 朱慈蕴:《公司法人格否认法理研究》,法律出版社1998年版。

[58] 朱慈蕴:《公司内部监督机制》,法律出版社2007年版。

[59] 邢会强、申林平:《中国企业境外上市法律实务》,法律出版社2011年版。

[60] 吴伟央:《证券交易所自律管理的正当程序研究》,中国法制出版社2012年版。

[61] 王森、齐莲英:《美国证券市场:制度、运作与监管》,经济科学出版社2002年版。

[62] 吴弘:《中国证券市场发展的法律调控》,法律出版社2001年版。

[63] 李明良:《证券市场热点法律问题研究》,商务印书馆2004年版。

[64] 井涛:《退市法律研究》,上海交通大学出版社2004年版。

[65] 胡光志:《内幕交易其他法律控制研究》,法律出版社2002年版。

[66] 顾肖荣、张国炎:《证券期货犯罪比较研究》,法律出版社2003年版。

[67] 林国全:《证券交易法研究》,中国政法大学出版社2002年版。

[68] 吴光明:《证券交易法论》,三民书局1996年版。

[69] 王京等:《证券法比较研究》,中国人民公安大学出版社2004年版。

[70] 徐明、郁忠民:《证券市场若干法律问题研究》,上海社会科学院出

版社 1997 年版。

[71] 陈岱松：《证券上市监管法律制度国际比较研究》，法律出版社 2009 年版。

[72] 冯果、袁康：《社会变迁视野下的金融法理论与实践》，北京大学出版社 2013 年版。

[73] 任自力：《中国证券市场违规要案点评》，法律出版社 2002 年版。

（二）论文类

[1] 徐明、卢文道：《从市场竞争到法制基础：证券交易所自律监管研究》，《华东政法学院学报》2005 年第 9 期。

[2] 徐明、卢文道：《证券交易"买者自负"原则的司法适用及法制化初探》，《证券法苑》2011 年。

[3] 徐明、蒋辉宇：《外国公司在我国证券发行与上市的法律问题》，《东方法学》2009 年第 2 期。

[4] 徐明、卢文道：《证券交易所业务规则法律效力与司法审查》，《证券法苑》2010 年。

[5] 顾功耘：《证券交易异常情况处置的制度完善》，《中国法学》2014 年第 4 期。

[6] 顾功耘、罗培新：《论我国建立独立董事制度的几个法律问题》，《中国法学》2001 年第 2 期。

[7] 顾功耘：《金融衍生工具与法律规制的创新》，《法学》2006 年第 3 期。

[8] 赖英照：《证券交易所规范权限之检讨》，《月旦法学杂志》2000 年第 8 期。

[9] 傅浩：《证券投资者赔偿制度国际比较研究》，《证券市场导报》2002 年第 1 期。

[10] 傅浩：《经济开放度提高对宏观调控的影响》，《复旦学报》（哲学社会科学版）2000 年第 1 期。

[11] 陈斌彬：《美国对基金关联交易的法律监管及其对我国的启示》，《江西财经大学学报》2005 年第 6 期。

[12] 罗培新：《公司法强制性与任意性边界之厘定：一个法理分析框架》，《中国法学》2007 年第 8 期。

[13] 罗培新：《科学化与非政治化：美国公司治理规则研究述评——以

对〈萨班尼斯—奥克斯莱法案〉的反思为视角》,《中国社会科学》2008 年第 11 期。

[14] 皮六一、陈启欢:《全球证券交易所产业整合新趋势及思考》,《证券市场导报》2013 年第 2 期。

[15] 皮六一:《沪深证券市场交易制度效率的综合评估》,《上海金融》2013 年第 1 期。

[16] 袁志刚、樊潇彦:《房地产市场理性泡沫分析》,《经济研究》2003 年第 3 期。

[17] 袁志刚、朱国林:《消费理论中的收入分配与总消费——及对中国消费不振的分析》,《中国社会科学》2002 年第 2 期。

[18] 刘红忠、何文忠:《中国股票市场上的"隔夜效应"和"午间效应"研究》,《金融研究》2012 年第 2 期。

[19] 田素华、何仁科:《境外上市企业在国内融资的可行性与主要障碍》,《管理科学》2002 年第 5 期。

[20] 邓峰:《中国公司治理的路径依赖》,《中外法学》2008 年第 1 期。

[21] 刘李胜:《中国企业境外上市的背景与经验》,《中国金融》2012 年第 15 期。

[22] 方流芳:《独立董事在中国:假设和现实》,《政法论坛》2008 年第 5 期。

[23] 王化成等:《境外上市背景下治理机制对公司价值的影响》,《会计研究》2008 年第 7 期。

[24] 周煊、林小艳:《国内企业境外上市的动机及市场选择策略研究》,《中南大学学报》(社会科学版) 2008 年第 5 期。

[25] 易宪容、卢婷:《国内企业海外上市对中国资本市场的影响》,《管理世界》2006 年第 7 期。

[26] 雷兴虎、冯果:《论股东的股权与公司的法人财产权》,《法学评论》1997 年第 2 期。

[27] 刘轶:《境内企业境外直接上市:亟需明晰的监管框架和明确的监管标准》,《国际金融研究》2010 年第 10 期。

[28] 刘俊海:《改革开放 30 年来公司立法的回顾与前瞻》,《法学论坛》2008 年第 5 期。

[29] 刘燕:《企业境外间接上市的监管困境及其突破路径》,《法商研

究》2012 年第 5 期。

[30] 王跃龙等：《中国概念股"去红筹架构"相关法律问题研究》，《长江论坛》2012 年第 4 期。

[31] 李霖：《红筹股公司回归 A 股市场法律问题研究》，《金融理论与实践》2007 年第 7 期。

[32] 陈岱松：《红筹股公司境内上市相关问题的法律分析》，《经济与管理研究》2008 年第 9 期。

[33] 唐应茂：《国际板建设的理论、制度和操作层面障碍》，《上海金融》2010 年第 6 期。

[34] 石慧荣：《从英国公司法的改革看中国公司法的修订》，《广东社会科学》2006 年第 1 期。

[35] 刘澎：《红筹股回归 A 股模式比较及制度安排》，《湖南大学学报》（社会科学版）2009 年第 2 期。

[36] 汪世虎：《论破产程序对担保物权优先性的限制》，《河北法学》2006 年第 8 期。

[37] 王保树：《股份有限公司组织机构的法的实态考察与立法课题》，《法学研究》1998 年第 2 期。

[38] 乔炜：《红筹公司回归境内市场上市发行相关问题研究》，《宁夏大学学报》（人文社会科学版）2010 年第 6 期。

[39] 邱润根、郑勇：《论我国证券市场国际化的立法方式》，《南昌大学学报》（人文社会科学版）2013 年第 1 期。

[40] 曲冬梅：《国际板上市标准的定位》，《法学》2011 年第 6 期。

[41] 赵万一：《关于修改我国公司法的几个基本问题》，《中南财经政法大学学报》2003 年第 6 期。

[42] 赵旭东：《公司法人财产权与公司治理》，《北方法学》2008 年第 1 期。

[43] 赵旭东：《论我国公司法的调整对象》，《中国社会科学》1986 年第 6 期。

[44] 邢会强：《外国企业来我国上市的必要性及法律准备》，《中央财经大学学报》2007 年第 12 期。

[45] 朱慈蕴：《公司章程两分法论——公司章程自治与他治理念的融合》，《当代法学》2006 年第 5 期。

［46］朱慈蕴：《资本多数决原则与控制股东的诚信义务》，《法学研究》2004年第4期。

［47］潘越：《双重上市与市场择时》，《厦门大学学报（哲学社会科学版）》2008年第4期。

［48］胡章宏、王晓坤：《中国上市公司A股和H股价差的实证研究》，《经济研究》2008年第4期。

［49］孔宁宁、闫希：《交叉上市与公司成长》，《金融研究》2009年第7期。

［50］冯果、袁康：《国际板背景下证券法制的困境与变革》，《法学杂志》2013年第4期。

（三）中文数据库

［1］Wind（万得）。
［2］CNKI（中国知网）。
［3］北大法律信息网。
［4］超星图书馆。
［5］人大复印资料数据库。
［6］北大法宝、北大法意。
［7］台湾月旦知识库。
［8］龙源期刊网。

二 外文类参考文献

（一）著作类

［1］Ranald C. Michie, *The Global Securities Market*: *A History*, Oxford University Press, 2006.

［2］Jim Bartos, *United States Securities Law*: *A Practical Guide*（Third Edition）, Kluwer Law International, 2006.

［3］Marc I. Steinberg, *International Securities Law*: *A Contemporary and Comparative Analysis*, Kluwer Law International, 1999.

［4］Donovan W. M. Waters, *The Protector*: *New Wine in Old Bottles*？, *Trends in Contemporary Trust Law*, Oxford Univ. Press 1996.

［5］Frank H. Easterbrook et al., *The Economic Structure of Corporate Law*, Harvard Univ. Press（1991）.

[6] Gower and Davies, *Principles of Modern Company Law*, London: Sweet & Maxwell, 7th ed, 2003.

[7] Harold S. Bloomentha, *Securities Law Handbook*, 1 SECLAW – HB (2008).

[8] Jess H. Choper et al., *Case and Materials on Corporations*, 中信出版社 2003 年版。

[9] Lewis D. Solomon et al., *Corporations*, 中国方正出版社 2004 年版。

[10] Margaret M. Blair, *Ownership and Control: Rethinking Corporate Governance for the Twenty first Century*, The Brookings Institution Press, 1995.

[11] Mark J. Roe, *Political Determinants of Corporate Governance: Political Context, Corporate Impact*, published by New York: Oxford University Press, 2003.

[12] Oliver E. Williamson, *The Economic Institutions of Capitalism*, Free Press (1985).

[13] Review of U. K. Governance Arrangements, Inv. Mgmt. Ass'n, Review of the Governance Arrangements of United Kingdom Authorized Collective Investment Schemes (2005).

[14] Robert R. Drury et al., *European Company Laws: a Comparative Approach*, Dartmouth Publishing Company (1991).

[15] Robert W. Hamilton, et al., *Case and Materilas on Corporations including Partnersships and Limited Liability Companies* (ninth editions), Thomson West (2005).

[16] James D. Cox & Robert W. Hillman & Donald C. Langevoort: *Securities Regulation Cases and Materials*, 6th ed., Aspen Law & Business, 2009.

[17] Louis Loss & Joel Seligman: *Fundamentals of Securities Regulation*, 5th ed., Aspen Publishers, 2004.

[18] David H. Ott, *Public International Law in the Modern World*, London: Pitman Publishing, 1987.

[19] Emmanuel Galliard, *Insider Trading: The Laws of Europe*, the United States and Japan, Boston: Kluwer law and Taxation Publishers, 1992.

[20] Allan B. Afterman, *U. S. Securities Regulation of Foreign Issuers*, Kluwer Law International, 1997.

[21] Han Van Houtte, *The Law of Cross-border Securities Transactions*, London: Sweet & Maxwell, 1999.

[22] Jim Bartos, *United States Securities Law: A Practical Guide*, 3rd ed., Kluwer Law International, 2006.

[23] Hal S. Scott, *International Financial Transaction, Policy and Regulation*, 13th ed., New York Foundation Press, 2006.

[24] Reiner Kraakman, John Armour, Paul Davies, Lucaenriques, Henry Hansman, Gerard Hertig, Klaus Hopt, Hideki Kanda, Edwrd Rock: The *Anatomy of Corporate Law A Comparative and Functional Approach*, 2nd ed., Oxford University Press, 2009.

(二）论文类

[1] S teven M. Davidoff, Regulating Listings in a Global Market, 86 *N. C. L. Rev.* 89.

[2] Amir N. Licht, Legal Plug-Ins: Cultural, Distance, Cross-listing, and Corporate Governance Reform, 22 *Berkeley J. Int'l L.* 195.

[3] Karmel, Roberta S, The Securities and Exchange Commission Goes Abroad to Regulate Corporate Governance, 33 *Stetson L. Rev.* 849.

[4] Amir N. Licht, Regulatory Arbitrage for Real: International Securities Regulation in a World of Interacting Securities Markets, 38 *Va. J. Int'l L.* 563.

[5] Daniel Hemel, Issuer Choice after Morrison, 28 *Yale J. on Reg.* 471.

[6] Yuliya Guseva, Cross-Listings and the New World of International Capital: Another Look at the Efficiency and Extraterritoriality of Securities Law44 *Geo. J. Int'l L.* 411.

[7] John C. Coffee, Jr. Racing towards the Top?: The Impact of Cross-listings and Stock Market Competition on International Corporate Governance, 102 *Colum. L. Rev.* 1757.

[8] Larry E. Ribstein, Cross-listing and Regulatory Competition, 1 *Rev. L. & Econ.* 97.

[9] Rafael La Porta et al., Law and Finance, 106 *J. Pol. Econ.* 1113 (1998).

[10] John C. Coffee, Jr., Law and the Market: The Impact of Enforcement, 156 *U. Pa. L. Rev.* 229.

[11] Beck, Thorsten, Ross E. Levine, and N. Loayza. 2000. "Finance and the Sources of Growth," 58 *J. Fin. Econ* 261.

[12] Bernard S. Black, The Legal and Institutional Preconditions for Strong Securities Markets, 48 *UCLA L. Rev.* 781, 848 (2001).

[13] Rafael La Porta et al., Corporate Ownership Around the World, 54 *J. Fin.* 471 (1999).

[14] Richard C. Breeden, The Globalization of Law and Business in the 1990's, 28 *Wake Forest L. Rev.* 509.

[15] James A. Fanto & Roberta S. Karmel, A Report on the Attitudes of Foreign Companies Regarding a U. S. Listing, 3 *Stan. J. L. Bus. & Fin.* 51.

[16] Jose Miguel Mendoza, Securities Regulation in Low-Tier Listing Venues: the Rise of the Alternative Investment Market, 13 *Fordham J. Corp. & Fin. L.* 257.

[17] Michael C. Jensen & William H. Meckling, Theory of the Firm: Managerial Behavior, Agency Costs and Ownership Structure, 3 *J. Fin. Econ.* 305, 325 (1976).

[18] Doidge, G. Andrew Karolyi, and Rene M. Stulz. 2004. "Why are Foreign Firms Listed in the US Worth More?" 71 *J. Fin. Econ* 205.

[19] Doidge, G. Andrew Karolyi, and Rene M. Stulz. 2004. "Why are Foreign Firms Listed in the US Worth More?" 71 *J. Fin. Econ* 205.

[20] Pagano, Marco, Ailsa A. Roell, and Joseph Zechner. 2002. "The Geography of Equity Listing: Why Do European Companies List Abroad?" 57 *J. Fin* 2651.

[21] James D. Cox, Regulatory Duopoly in U. S. Securities Markets, 99 *Colum. L. Rev.* 1200.

[22] Robert A. Prentice, Regulatory Competition in Securities Law: A Dream (That Should Be) Deferred, 66 *Ohio St. L. J.* 1155, (2005).

[23] Natalya Shnitser, A Free Pass for Foreign Firms? An Assessment of SEC and Private Enforcement against Foreign Issuers, 119 *Yale L. J.* 1638.

[24] James A. Fanto, Absence of Cross-Cultural Communication: SEC Mandatory Disclosure and Foreign Corporate Governance, 17 *Nw. J. Int'l*

L. & Bus. 119.

[25] Henry Hansmann & Reinier Kraakman, The End of History for Corporate Law, 89 Geo. L. J. 439, 439 (2001).

[26] Ronald J. Gilson & Curtis J. Milhaupt, Choice As Regulatory Reform: The Case of Japanese Corporate Governance, 53 Am. J. Comp. L. 343, 373 (2005).

[27] Robert J. Jackson, Jr., Curtis J. Milhaupt, Corporate Governance and Executive Compensation: Evidence from Japan, 2014 Colum. Bus. L. Rev. 111.

[28] Afra Afsharipour, Corporate Governance Convergence: Lessons from the Indian Experience, 29 Nw. J. Int'l L. & Bus. 335, 335 (2009).

[29] Frederick Tung, From Monopolies to Markets: A Political Economy of Issuer Choice in International Securities Regulation2002 Wis. L. Rev. 1363.

[30] Stephen J. Choi & Andrew T. Guzman, Portable Reciprocity: Rethinking the International Reach of Securities Regulation, 71 S. Cal. L. Rev. 903 (1998).

[31] Roberta Romano, The Advantage of Competitive Federalism in Securities Regulation (2002).

[32] Roberta Romano, The Need for Competition in International Securities Regulation, 2 Theoretical Inq. L. 387 (2001).

[33] Roberta Romano, Empowering Investors: A Market Approach to Securities Regulation, 107 Yale L. J. 2359, 2427 (1998).

[34] Kenji Taneda, Sarbanes-Oxley, Foreign Issuers and United States Securities Regulation, 2003 Colum. Bus. L. Rev. 715.

[35] Howell E. Jackson, Eric J. Pan, Regulatory Competition in International Securities Markets: Evidence from Europe - Part II, 3 Va. L. & Bus. Rev. 207 (2008).

[36] Chris Brummer, Stock Exchanges and the New Markets for Securities Laws75 U. Chi. L. Rev. 1435.

[37] Hannah L. Buxbaum, Multinational Class Actions Under Federal Securities Law: Managing Jurisdictional Conflict, 46 Colum J. Transnat'l L. 14.

[38] Annah Buxbaum, Regulating Corporations: Who's Making the Rules 97 *Am. Soc'y Int'l. L. Proc.* 269.

[39] Karmel, Roberta S, The Securities and Exchange Commission Goes Abroad to Regulate Corporate Governance, 33 *Stetson L. Rev.* 849.

[40] John C. Coffee, Jr., TheFuture as History: The Prospects for Global Convergence in Corporate Governance and Its Implications, 93 *Nw. U. L. Rev.* 641 (1999).

[41] Karmel, Roberta S, The Securities and Exchange Commission Goes Abroad to Regulate Corporate Governance, 33 *Stetson L. Rev.* 849.

[42] Kate Litvak, Sarbanes-Oxley and the Cross-Listing Premium, 105 *Mich. L. Rev.* 1857.

[43] Chris Brummer, Stock Exchanges and the New Markets for Securities Laws75 *U. Chi. L. Rev.* 1435.

[44] Donald C. Langevoort, The SEC, Retail Investors, and the Institutionalization of the Securities Markets, 95 *Va. L. Rev.* 1025.

[45] William K. Sjostrom, Jr., The Birth of Rule 144A Equity Offerings, 56 *UCLA L. Rev.* 409.

[46] Luis F. Moreno Trevino, Access to U. S. Capital Markets for Foreign Issuers: Rule 144A Private Placements, 16 *Hous. J. Int'l. L.* 159 (1993).

[47] Felicia H. Kung, The Internationalization of Securities Laws: The Rationalization of Regulatory Internationalization, 33 *Law & Pol'y Int'l Bus.* 443 (2002).

[48] Roberta S. Karmel, Will Convergence of Financial Disclosure Standards Change SEC Regulation of Foreign Issuers?, 26 *Brook. J. Int'l L.* 485 (2000).

[49] Eric C. Chaffee, Contemplating the Endgame: An Evolutionary Model for the Harmonization and Centralization of International Securities Regulation, 79 *U. Cin. L. Rev.* 587.

[50] Susan Wolburgh Jenah, Commentary on a Blueprint for Cross-Border Access to U. S. Investors: A New International Framework, 48 *Harv. Int'l L. J.* 69.

[51] Ethiopis Tafara, Robert J. Peterson, A Blueprint for Cross-Border

Access to U. S. Investors: a New International Framework, 48 *Harv. Int'l L. J.* 31.

[52] Pierre-Hugues Verdier, Mutual Recognition in International Finance, 52 *Harv. Int'l L. J.* 55 (2011).

[53] Steven M. Davidoff, Regulating Listings in a Global Market, 86 *N. C. L. Rev.* 89.

[54] Christopher Hung Nie Woo, United States Securities Regulation and Foreign Private Issuers: Lessons from the Sarbanes – Oxley Act, 49 *Am. Bus. L. J.* 119.

[55] Mark I. Steinberg & Lee E. Michaels, Disclosure in Global Securities Offerings: Analysis of Jurisdictional Approaches, Commonality and Reciprocity, 20 *Mich. J. Int'l L.* 207.

[56] William J. Carney, Introduction to the 2003 Randolph W. Thrower Symposium: Business Law: The Impact of Competition on Regulation, 52 *Emory L. J.* 1285.

[57] Craig Doidge et al., Why Are Foreign Firms Listed in the U. S. Worth More?, 71 *J. Fin. Econ.* 205 (2004).

[58] Robert G. DeLaMater, Recent Trends in SEC Regulation of Foreign Issuers: How the U. S. Regulatory Regime is Affecting the United States'Historic Position as the World's Principal Capital Market, 39 *Cornell Int'l L. J.* 109 (2006).

[59] Jose Miguel Mendoza, Securities Regulation in Low-Tier Listing Venues: the Rise of the Alternative Investment Market, 13 *Fordham J. Corp. & Fin. L.* 257.

[60] Frank B. Cross & Robert A. Prentice, The Economic Value of Securities Regulation, 28 *Cardozo L. Rev.* 333 (2006).

[61] Stephen M. Bainbridge, Sarbanes – Oxley: Legislating in Haste, Repenting in Leisure 15 (UCLA Sch. of Law, Law-Econ. Research Paper No. 06-14, 2006.

[62] John William Anderson, Jr., Corporate Governance in Brazil: Recent Improvements and New Challenges, 9 *L. & Bus. Rev. Am.* 201, 215 (2003).

[63] Hans-Peter Burghof, Adrian Hunger, Access to Stock Markets fo Small and Medium Sized Growth Firms: The Temporary Success and Ultimate Failure of Germany's Neuer Markt.

[64] Alan R. Palmiter, Toward Disclosure Choice in Securities Offerings, 1999 *Colum. Bus. L. Rev.* 1.

[65] Ugo Mattei, Efficiency in Legal Transplants: an Easy in Comparative Law and Economics, 14 *Int'l Rev. L. & Econ.* 3 (1994).

[66] Robert A. Prentice, Regulatory Competition in Securities Law: A Dream (That Should Be) Deferred, 66 *Ohio St. L. J.* 1155, 1199 (2005).

[67] Thomas S. Ulen, The Coasean Firm in Law and Economics, 18 *J. Corp. L.* 301, 312 (1993).

[68] Thomas J. Andre, Jr, Some Reflections on German Corporate Governance: a Glimpse at German Supervisory Boards, 70 *Tul. L. Rev.* 1819 (1996).

[69] Stephen M. Bainbridge, Director Primacy: the Means and Ends of Corporate Governance, 97 *Nw. U. L. Rev.* 547 (2003).

[70] Stephen M. Bainbridge, Why a Board? Group Decision-making in Corporate Governance, 55 *Vand. L. Rev.* 1 (2002).

[71] Stephen M. Bainbridge, Director Primacy and Shareholder Disempowerment, 119 *Harv. L. Rev.* 1735 (2006).

[72] Robert H. Sitkoff, Trust as "Uncorporation": a Research Agenda, 2005 *U. Ill. L. Rev.* 31 (2005).

[73] Richard A. Epstein, Holdouts, Externalities and the Single Owner: One More Salute to Ronald Coase, 36 *J. L. & Econ.* 553 (1993).

[74] Oliver Hart, an Economist's Perspective on the Theory of the Firm, 89 *Colum. L. Rev.* 1757 (1989).

[75] Oliver E. Williamson, Michael L. Wachter & Jeffrey E. Harris, Understanding the Employment Relation: The Analysis of Idiosyncratic Exchange, 6 *Bell J. Econ.* 250 (1975).

[76] Michael P. Dooley, Two Models of Corporate Governance, 47 *Bus. Law.* 461 (1992).

[77] Mark J. Roe, German Codetermination and German Securities Markets,

1998 *Colum. Bus. L. Rev.* 167 (1998).

[78] Mark J. Roe, German "Populism" and the Large Public Corporation, 14 *Int'l. Rev. L& Econ.* 187 (1994).

[79] Mark J. Roe, Chaos and Evolution in Law and Economics, 109 *Harv. L. Rev.* 641 (1996).

[80] Margaret M. Blair et al., Team Production in Business Organizations: an Introduction, 24 *J. Corp. L.* 743 (1999).

[81] Luigi Zingales, "Corporate Governance", The New Palgrave Dictionary of Economics and the Law (1998).

[82] Lucian A. Bebchuk, Limiting Contractual Freedom in Coporate Law: the Desirable Constraints on Charter Amendments, 102 *Harv. L. Rev.* 1820 (1989).

[83] Lucian A. Bebchuk et al., Federal Corporate Law: Lessons From History, 106 *Colum. L. Rev.* 1793 (2006).

[84] John C. Coffee, Jr, Liquidity Versus Control: the Institutional Investor as Corporate Monitor, 91 *Colum. L. Rev.* 1277 (1991).

[85] Jeffrey N. Gordon et al., German Corporate Governance, and the Transition Costs of Capitalism, 1998 *Colum. Bus. L. Rev.* 185 (1998).

[86] James W. Fox Jr, Relational Contract Theory and Democratic Citizenship, 54 *Case W. Res. L. Rev.* 1 (2003).

[87] Henry Hansmann et al., The New Entities in Historical Perspective, 2005 *U. Ill. L. Rev.* 5 (2005).

[88] Franklin A. Gevurtz, The Historical and Political Origins of the Corporate Board of Directors, 33 *Hofstra L. Rev.* 89 (2004).

[89] Edward B. Rock et al., Islands of Conscious Power: Law, Norms, and the Self-Governing Corporation, 149 *U. Pa. L. Rev.* 1619 (2001).

[90] Donald C. Clarke, The Independent Director in Chinese Corporate Governance, 31 *Del. J. Corp. L.* 125 (2006).

[91] David Millon, New Game Plan or Business as Usual? a Critique of the Team Production Model of Corporate Law, 86 *Va. L. Rev.* 1001 (2000).

(三) 外文网站类

[1] 证监会国际组织：http://www.iosco.org/.

［2］世界证券交易所联合会：http：//www.world-exchanges.org/.

［3］美国联邦证券交易委员会：http：//www.sec.gov/.

［4］英国金融服务局：http：//www.fsa.gov.uk/；www.fca.org.uk.；www.bankofengland.co.uk.

［5］纽约证券交易所：http：//www.nyse.com/.

［6］伦敦证券交易所：http：//www.londonstockexchange.com/home/homepage.htm.

［7］东京证券交易所：http：//www.tse.or.jp/english/.

［8］法兰克福证券交易所：http：//deutsche-boerse.com.

［9］新加坡交易所：http：//www.sgx.com/wps/portal/marketplace/mp-en/home.

［10］香港联合证券交易所：http：//www.hkex.com.hk/index.htm.

［11］澳大利亚证券交易所：http：//www.asx.com.au/.

［12］韩国交易所：http：//www.krx.co.kr/index.jsp.

［13］资本市场监管委员会：http：//capmktsreg.org/.